中国资金流量金融交易核算

FLOW OF FUNDS FINANCIAL TRANSACTIONS ACCOUNTS IN CHINA

阮健弘　高慧颖　主编

中国金融出版社

责任编辑：亓　霞
责任校对：李俊英
责任印制：程　颖

图书在版编目（CIP）数据

中国资金流量金融交易核算/阮健弘，高慧颖主编．—北京：中国金融出版社，2021.4
ISBN 978－7－5220－1138－7

Ⅰ．①中…　Ⅱ．①阮…②高…　Ⅲ．①流动资金—金融交易—经济核算—研究—中国　Ⅳ．①F832.5

中国版本图书馆 CIP 数据核字（2021）第 080613 号

中国资金流量金融交易核算
ZHONGGUO ZIJIN LIULIANG JINRONG JIAOYI HESUAN
出版发行　中国金融出版社
社址　北京市丰台区益泽路 2 号
市场开发部　（010）66024766，63805472，63439533（传真）
网 上 书 店　www.cfph.cn
（010）66024766，63372837（传真）
读者服务部　（010）66070833，62568380
邮编　100071
经销　新华书店
印刷　北京市松源印刷有限公司
尺寸　185 毫米×260 毫米
印张　19.5
字数　300 千
版次　2021 年 5 月第 1 版
印次　2021 年 5 月第 1 次印刷
定价　68.00 元
ISBN 978－7－5220－1138－7

本书编委会

主　编：阮健弘　高慧颖

编　委：谢保嵩　潘明霞　刘小二
谢云峰　郭元绍　温娇月
谭　娟　仝恩有　刘　安
李　嘉　单漫与　秦子倩

前　言

资金流量金融交易核算是国民经济核算和金融业综合统计体系的重要组成部分，为宏观经济金融分析和政策研究提供了系统、全面、灵活的分析框架和工具。资金流量核算分析自科普兰提出以来，已有70多年的发展历史，目前已形成较为成熟、全面的核算框架。世界上大多数经济体都已按照SNA2008的框架，定期编制和发布资金流量表，尤其2008年国际金融危机后，资金流量核算以其独特的研究视角受到国际组织和各国的高度重视，在宏观经济分析和政策决策中发挥着越来越重要的作用。

我国资金流量核算始于20世纪80年代末，1984年在国务院的领导下成立国民经济统一核算领导小组。国家统计局和中国人民银行分别负责编制资金流量表的实物交易和金融交易部分，目前已发布了1992年以来的年度资金流量表。人民银行不断加强资金流量核算信息化建设，着力提高资金流量表编制和发布效率，2021年3月通过中国人民银行官网等途径首次发布2020年半年度资金流量表。

中国人民银行作为资金流量金融交易核算表的编制者和主要数据使用者，高度关注国际资金流量核算领域的前沿发展，持续深入地研究资金流量核算理论及分析框架。本书系统论述了资金流量金融交易核算的理论框架和国内外编制实践，在此基础上，探索以资金流量金融交易核算视角开展分析研究，努力为我国优化金融资产结构、深化金融改革、加强宏观货币政策调控、维护金融稳定等方面提供得力的信息参考。

资金流量核算理论与实践发展在国际上日益深化，我们在撰写本书过程中，通过认真梳理和反思交流，深刻认识到中国资金流量核算编制及分析多方面的工作仍任重道远。我们终将不忘初心，砥砺前行，致力于持续提升和完善中国资金流量金融交易核算与分析框架，逐步向国际先进水平靠拢。

资金流量核算理论与实践内容丰富，在本书编写过程中不足和错误在所难免，恳请相关专家和读者不吝批评指正。

编者

2021 年 3 月

目　录

第一部分　资金流量金融交易核算理论与实践

第二部分 资金流量金融交易核算情况及图表

第一部分
Part Ⅰ

资金流量金融交易核算理论与实践

第一章　资金流量核算的创立与发展

资金流量核算反映了整个经济社会的资金运动过程，为宏观经济分析提供了丰富的数据信息。资金流量核算的创立与发展已有70多年，经过不断的完善和发展，已经被国际上多数国家采用并纳入各自的统计体系。本章首先介绍资金流量核算提出的背景、理论基础和基本内涵，梳理资金流量核算的发展历史，并对资金流量核算的未来进行了展望。

一、资金流量核算的理论基础和基本内涵

（一）资金流量核算提出的背景

在20世纪30年代以前，资本主义市场经济在自由主义经济学派的带领下得到了充分发展。但是，1930年发生的大萧条促使以美国为首的国家开始寻找新的理论与工具，凯恩斯主义提出国家干预经济的理论，为各国宏观调控提供了理论基础。为了正确运用宏观调控工具、精准干预经济，政府需要对国民经济的运行进行监测记录以获得翔实而准确的经济金融数据。为此，在美国政府的主导下，学术界开始进一步研究国民经济体系，以监测社会资金运动为核心的资金流量核算研究得以发展。

第二次世界大战后，国际金融体系和贸易体系形成，科技和通信技术推进金融创新的进程，金融市场迅猛发展，金融业务逐渐由专业化走向综合化，金融管理体系也趋向集中统一。资金在地域间、行业间、市场间自由流动，衍生金融工具大量涌现，资本流动规模迅速扩张。资金运动方式越来越复杂，如何全面综合地反映国民经济中各种资金运动过程，成为政府面临的重要任务之一，各国对加

强资金流量核算提出更迫切的需求。

在各方面因素的推动下，资金流量核算理论与实务迅速发展。美国经济学家科普兰（Copeland）1947 年发表的《通过美国经济追踪货币流通》一文使资金流量核算受到广泛关注；1952 年科普兰出版专著《美国货币流量研究》，用资金流量的方法对美国主要经济部门的金融活动做了全面的研究，构造了资金流量表的最初表式。在他和之后的相关专家学者共同努力下，资金流量核算成为一个崭新的宏观经济核算分析工具，为后续资金流量核算在世界范围内的推广和发展奠定了基础。

（二）资金流量核算的理论基础

资金流量核算是国民经济核算长期发展的产物，而国民经济核算模式的建立是以一定的经济理论作为基础的。一般认为，资金流量核算是在凯恩斯及其后继者的宏观经济理论基础上建立起来的。

凯恩斯的宏观经济理论从国民收入的流量和均衡分析开始，说明了国民收入的变动和社会就业之间的关系。为分析方便，该理论将经济活动的主体按其活动方式和决策过程的同质性划分为企业、住户、政府和国外四大部门，将繁杂的经济活动划分为生产、消费、积累和国外交易。该理论认为，在不考虑政府干预和进出口因素前提下，住户向企业提供生产要素并索取相应报酬收入，同时用所得的收入购买企业生产的货物和服务进行消费（C），企业用住户提供的生产要素进行生产并向住户支付使用生产要素的报酬，这样就形成了住户和企业之间的收入支出循环（简单再生产）。如果住户只把收入一部分用于消费，而把另一部分储蓄（S）起来，这部分储蓄可以被企业部门用来扩大再生产（投资 I），这时储蓄等于投资 $S=I$。如果考虑政府干预和国外部门参与，收入支出循环就更复杂了，住户要向政府纳税（T），要购买进口货物和服务（M），要进行储蓄（S）；与此同时，企业要将这些储蓄用于投资（I），政府要对企业进行一定的支出（G），货物和服务还要出口（X），这样，社会总供给为：$C+T+M+S$；社会总需求为：$C+I+G+X$。如总需求大于总供给，企业就会增加投资，扩大生产，从而就业增加，收入上升；如总需求小于总供给，企业就会减少投资，压缩生产，从而失业增加，收入下降；只有总需求 = 总供给，社会生产、就业和收入才会处于均衡状态。这一理论为国民账户体系提供了理论基础。

基于凯恩斯理论，可得出两点结论：一是在封闭经济条件下，由于全部生产成果（收入）不是用于消费就是用于投资，全社会总储蓄等于总投资。但从分部门角度看，各部门的储蓄和投资通常不可能相等（如住户部门全部收入不可能都用于消费和投资，是净储蓄部门），由此产生了资金在各部门之间的流动；二是当封闭经济转向开放型经济条件时，新的平衡关系就变为总储蓄等于投资加进出口差额，即投资和储蓄的差额通过国外部门收支来平衡。资金流量核算正是在这两个基本结论指导下，按机构部门对总储蓄和总投资进行分解，以反映各部门资金余缺情况，然后通过对金融交易的核算来观察各部门是如何在金融市场中通过各种金融工具进行资金融通的，从而展示全社会储蓄转化为投资的全过程。

凯恩斯的宏观经济理论为资金流量核算提供了理论指导，但不能解决资金流量核算的口径问题，特别是没有同时考察商品市场和货币市场的均衡，而寻求这种均衡正是一国财政政策和货币政策的核心，是国民经济良性循环的基础。后继的经济学家如希克斯、汉森等采用一般均衡分析方法，将商品市场和货币市场同时考察，建立投资与储蓄、货币供求的均衡关系，提出了著名的 IS－LM 分析模型。在此理论支持下，国民经济各机构部门依据商品价格和货币的比较在消费和储蓄之间作出选择，而对储蓄的运用则根据利率和资本预期收益率的比较进行实物投资和金融投资的选择，还要根据流动性偏好选择是购买证券还是持有现金。资金流量核算正是对消费、储蓄、投资等各种选择和决策结果事后的宏观表现。政府再依此制定货币政策和财政政策进行宏观调控，以实现商品市场和货币市场的均衡。

（三）资金流量核算的基本内涵

资金流量核算，又称资金循环统计，是指将整个社会资金运动过程作为研究对象，围绕收入分配、消费支出、投资和金融等经济活动，考察社会资金在一定时期内的流向、流量、余缺及其调剂平衡等问题的一种社会资金核算方法。它是国民经济核算体系的重要组成部分，系统地反映和描述了社会各部门的资金来源和使用情况。

资金流量核算的主体为国民经济各机构部门与国外部门，核算的主要对象为社会资金流量、流向及存量。流量反映的是经济价值在一个时期内的变化，引起变化的原因主要包括交易、重估价和资产物量的其他变化三个方面。交易是指核算期间发生的资产净获得或负债的净发生。重估价是指由于价格水平和价格结构变化引起的资产、负债和净值的变化。资产物量的其他变化是指由于资产的数量或外观特征改变引起的资产价值的变化。存量是指机构单位（经济体、部门或子部门）在核算期末所拥有的资产或负债的总价值。存量与流量有着密切的关系，存量是资产或负债在一定持有期内伴随某些物量或价值变化而连续增减的结果；流量反映的是在两个时间点之间的以存量测算的经济价值的全部变化。为更好地说明社会融资活动、金融结构等重要经济现象，只有将流量数据和存量数据相互结合起来使用，才能掌握完整的分析数据基础，因此，资金流量核算一般也包括相应存量的核算。

根据资金流量核算的范围不同，各国进行资金流量核算时也有不同的选择。一种选择是金融交易核算模式，即仅就金融交易编制资金流量表，主要描述和反映由国民经济各部门之间，以及国内与国外部门之间发生的由交易因素引起的金融资产和负债的变化情况。但是，要使资金流量核算为宏观调控服务，仅仅关注金融流量是不够的，必须将各种金融交易流量与整个实体经济资金流量联系起来，作为宏观分析工具发挥作用，才能凸显其对宏观调控的重要性。于是，其核算范围被进一步扩大，形成以下两种选择：第一种是以总储蓄为起点，其核算范围从金融交易扩展到非金融投资及其资金筹集，能较好地反映非金融投资所需资金来源与应用情况；第二种是将核算范围进一步扩展到包括收入分配交易，即以增加值作为初始流量，既包含收入分配、收入使用、非金融投资这些非金融交易，又包括金融交易，更为完整地反映了各部门投资资金来源和形成过程及运用和调剂情况。从整个国民经济核算的内容组成来看，资金流量核算在核算范围上的选择主要是看整个核算体系中各部分的组合，不会影响核算的结果。

二、资金流量核算的发展历史

资金流量核算起步于美国经济学家科普兰的研究成果，此后其理论不断发展完善，并被纳入国民经济核算体系，其分析和应用领域不断被拓展。资金流量核算的发展主要有两个方向：一个是资金流量账户体系，另一个是资金流量分析方法。

（一）科普兰的奠基工作

科普兰在其专著《美国货币流量研究》中，首次为国民经济的货币流动情况构建了一套账户体系，并以1936—1942年的详细年度数据进行了验证，标志着资金流量核算理论及分析方法的正式创立。

一方面，科普兰创建了资金流量核算体系的范式和框架，为后续研究奠定了形式基础和基本规则。在科普兰的货币流量账户中，经济主体分为11个部门，交易分为14种类型，基本涵盖了经济中的所有交易行为，并且对每一笔交易行为的双方都进行了记录，形成了核算的"四式记账"规则。科普兰在书中对资金流量核算的探索很大程度上为后续资金流量核算体系的发展和完善提供了范式，而其部门划分、"四式记账"等思想也成为后续资金流量核算领域的基本规则。

另一方面，科普兰对资金流量核算理论分析框架的建立也作出了卓越贡献。第一，根据科普兰的构想，货币流量会计体系的数据以"主要货币循环"为依据，它被定义为包括"在总体经济调整中起到本质性作用的所有货币流"。通过这一定义方式，科普兰的资金流量理论揭示了实体经济活动和债务的净值变化引发的货币流动。第二，资金流量账户能够解释经济活动是如何通过金融渠道扩张和收缩，以及货币和银行体系在其中的作用，为宏观经济分析提供了一个更为广阔的分析基础，从而为宏观经济决策提供依据。第三，科普兰的资金流量分析，在方法论上突破了新古典主义经济学聚焦微观经济个体的研究范围，将研究视角扩大到个体组成的经济部门，并考察各部门之间的资金来源和运用，以了解整个经济的结构和状况。这样的分析方式更加切合宏观经济运行机制，也更具有解释力。

（二）资金流量账户体系发展

20世纪50年代后期，金融活动在世界经济中的地位越发突出，金融机构和金融工具不断创新，金融对经济发展的作用也不断提升。许多国家都认识到要全面地分析和把握金融活动对国民经济的影响，必须要编制资金流量账户。1968年，联合国在对国民账户体系（SNA）进行修订时，将资金流量核算纳入SNA1968中。在之后SNA修订过程中，资金流量核算也随之不断发展和完善。

1. 将资金流量账户纳入 SNA1968

在 SNA1968 中，增加了“资本金融账户”（Capital Finance Account）的介绍，该账户将实物交易流量和金融交易流量结合起来汇总成一张表，即资金流量账户，用于描述经济部门资本的积累形态及为其资本积累进行融资的方式。在金融工具和经济部门的分类上，SNA1968 中的资金流量账户与国民经济核算体系保持完全一致。此时，资金流量账户表现形式为丁字账户形式（见表 1－1－1）。

表 1－1－1　　资本金融账户

存货增加	储蓄
固定资本形成总额	固定资本消耗
土地和无形资产净获得	净资本转移
	净借入
总积累	**总积累资金来源**
净借入	
黄金	短期债券
货币和可转让存款	长期债券
其他存款	公司股权，包括资本参与
短期债券	短期贷款
长期债券	长期贷款
公司股权，包括资本参与	对准公司所有权的净增加
贷款	贸易信贷和其他应收款
贸易信贷和其他应收款	其他负债
其他金融资产	
金融资产的净获得＋净借入	**负债的净发生**

资料来源：SNA1968。

2. 资金流量账户在 SNA1993 中的改进

SNA1993 将 SNA1968 中的资本金融账户进行了拆分，以区分非金融资产的获得与金融资产的获得和负债的发生，形成资本账户与金融账户两个账户。在表式上，SNA1993 采用了矩阵式的表现形式，更好地展现了各部门和各交易之间的关系，并进一步细分不同经济部门和金融工具的子项目，以更好地分析部门内各子部门之间的资金流动，基本形成了目前金融账户的范式（见表 1－1－2）。此外，SNA1993 增加了详细资金流量表（Detailed Flow of Funds Accounts）的介绍，该表分别记录了按资产类型和债务人部门分类的资产交易，以及按负债类型和债权人部门分类的负债交易。

表 1－1－2　　金融账户

资产变化　　负债变化

总计	国外	经济总体	为住户服务的非营利性机构	住户	广义政府	金融公司	非金融公司	交易项目	非金融公司	金融公司	广义政府	住户	为住户服务的非营利性机构	经济总体	国外	总计
								净贷出（+）/净借入（-）								
								金融资产净获得/负债净发生								
								货币黄金和特别提款权								
								通货和存款								
								非股票证券								
								贷款								
								股票和其他股权								
								保险技术准备金								
								其他应收/应付款								

资料来源：SNA1993。

3. 资金流量账户与 SNA2008

SNA2008 基本沿袭 SNA1993 的统计框架，设置了资本账户、金融账户，增加了金融工具的分类，充实了资金流量账户的使用范围，鼓励使用详细的资金流量表来表述资金流量和存量数据，并丰富了其使用功能。

为适应金融交易的发展现状，SNA2008 增加了金融交易项目分类，在七大类的基础上增加了金融衍生工具与雇员股票期权，形成八大类金融工具或金融交易项目，将投资基金份额分列出来作为股票与投资基金份额的子项。

SNA2008 延续了 SNA1993 中对编制详细资金流量表的建议。由于资金流量数据相邻的两个时期之间可能存在较大的波动，存量水平数据则会显得更加稳定，可以提供更多有用的信息，所以 SNA2008 建议除了编制流量意义上的详细资金流量表外，还可以在存量意义上编制类似的表格。此外，对于详细的资金流量表的使用，SNA2008 也有更加具体的建议，即可以用于经济分析以及描述当期金融活动和趋势，可以为制定经济政策提供预测信息；可以将金融交易与非金融经济体的行为联系起来，追踪资金通过各种金融公司、以各种金融资产形式流入最终借入者的渠道，研究促使储蓄和投资达到平衡的过程。

（三）资金流量分析方法的发展

资金流量分析方法基于资金流量账户来理解资金如何产生、如何在各部门间进行调配，能够揭示经济社会中资金的来源和运用渠道等明细信息。探索资金流量分析方法是国际资金流量核算领域的重要内容，资金流量分析方法的发展也一直伴随着资金流量核算的演进。

资金流量核算框架将经济划分为若干经济主体和交易项目，描述了一定时期内各经济主体之间的交易行为，以及期末的资产负债，并以矩阵的形式展现，包含了丰富的结构化信息，能够在所有经济部门间分析交易特征和资产负债结构特征。最早以资金流量账户开展总量和结构分析的是科普兰，他利用货币流量数据描述了1936—1942年美国经济的发展。后继的中外学者采用这种分析方式研究储蓄投资过程、各经济部门的资金来源和资金运用结构、金融结构演进等诸多问题。此类方法虽然较为简单，但能够非常直观地解释经济社会中的资金余缺问题，各经济机构部门资金筹集、使用的基本特征，以及广义金融市场的结构变化，成为资金流量分析方法发展过程中应用最为普遍的分析方法。

自20世纪50年代后，实证经济模型在宏观经济研究领域取得了重大发展，并于60年代开始与资金流量分析结合，产生了资金流量分析的新技术——宏观金融计量模型。道森（Dawson，1958）首先对资金流量“模型方法”领域开展了开拓性的工作，建立了住户、公司、政府、银行和保险公司五个部门各自的金融资产供求函数及利率方程，分析各部门间的资金需求和供给，以及部门间的资金调剂。之后，托宾（Tobin，1963）、布雷纳德（Brainard，1964）把资金流量分析纳入一般均衡模型框架之中，探究资金流动和利率变化之间的关系。后继学者也开展了一些研究，但是由于机构部门和金融工具较多，以及金融体系的复杂性，基于资金流量分析的一般均衡宏观模型很难构建，仍需进一步研究和完善。

随着金融计量模型一同应用到资金流量分析中的还有投入产出分析方法。资金流量表呈现了机构部门和金融工具分类的数据，可以反映部门之间和交易项目之间的资金流动和依存关系。这与国民经济供给和使用表中的投入产出关系较为相似，因此一些学者借鉴列昂惕夫矩阵的分析方式，将投入产出分析法引入资金流量分析中。斯通（Stone，1966）提出基于资金流量的投入产出模型，在模型中将各部门资产负债表之间的依存关系表现为方程组，并以方程组中的固定系数关系显示资金来源与运用间的平衡。投入产出分析方法应用于资金流量数据时，模型中的固定系数会因金融体系的变化而不稳定，但这并没有影响该分析方法对资金流量分析的拓展。诸多学者仍不断将该分析方法应用到资金流量分析中。在数据资料相对缺乏的情况下，仍可利用该分析方法推导出部门间的资金流量，或通过金融交易观察风险在部门间的扩散。

2008 年国际金融危机后，由于基于存量流量一致性（SFC）模型的相关研究能够成功预测到金融危机，引起了宏观经济分析者对该建模范式的高度重视。与其他一般均衡模型不同的是，SFC 模型通过解析资产负债表和资金流量表的逻辑一致性，构建动力学模型，将实体经济部门和金融部门有机衔接，从而能够很好地分析现实经济中的金融化、杠杆、货币政策效果等经济问题。戈德利（Godley）是开创 SFC 模型的代表性人物，2007 年出版的专著《货币经济学：一个信用、货币、收入、生产和财富的综合框架》标志着该模型的成熟。SFC 模型的建模原理与资金流量核算原理相契合，资金流量表数据也是其建模的数据基础，其相关研究也将随着资金流量核算的不断完善而得到进一步的发展。

三、资金流量核算的作用和意义

资金流量核算覆盖了经济中实物交易和金融交易的资金流量和存量信息，记录了经济主体资产负债表变动轨迹，体现了金融和经济实体之间的相互作用，为经济金融领域政策制定提供了丰富的数据信息。开展资金流量核算对货币政策评估、金融稳定和宏观经济分析预测等方面具有重要的作用和意义。

1. 开展货币政策评估

中央银行政策分析依赖于对货币状况和相关经济动态的全面评估，资金流量核算提供了重要的分析框架和方法，可有力地支持货币政策和经济金融形势分析。资金流量核算全面系统地描述了国民经济各部门之间的资金联系，可用于支持货币政策传导、运行等多种分析，更好地评估货币政策传导机制、政策决策的效果及创新政策工具的影响等。各国中央银行普遍将资金流量与金融账户核算框架应用到货币政策分析中，例如，欧洲中央银行已使用金融账户框架，开展货币政策传导机制、非金融公司的融资状况、住户部门投资组合选择、资金流动分析等领域的分析研究工作。

2. 开展金融稳定和宏观审慎分析

资金流量核算框架提供了经济主体和所涉金融工具债务积累的详细时序信息，有助于识别金融体系中存在的主要风险，评估和量化特定部门和特定金融工具的债务风险、脆弱性、风险敞口，以及相关传播机制，为金融稳定和宏观审慎分析提供了重要工具。基于资金流量账户数据，可制定一系列反映期限转换、流动性转换、互联性和杠杆作用的金融风险指标，有助于各国中央银行制定各种宏观审慎监管政策和标准。基于资金流量核算的金融资产负债表能够表示关键部门或跨部门金融资产与负债情况的矩阵，诊断风险和冲击的潜在传导渠道，有助于预测宏观经济走势和监测冲击的影响与传导路径。基于资金流量表的非银行业金融中介部门结构数据，监测各部门的资金提供者和资金用途，有助于及时监控非银行业金融中介机构，发现潜在的监管漏洞，防范系统性金融风险。基于常规资金流量表构建的部门间"谁对谁"表描述了系统内的相互联系，在风险识别、评估金融风险传染性、研究风险的传播效应等方面可以发挥更加积极的作用。

3. 将金融交易与实物交易核算结合起来，全面分析宏观经济总量和结构问题

资金流量核算根据交易活动的性质可以分为实物交易部分和金融交易部分。实物交易会改变实际资源在各部门间的分布，如收入形成、收入分配与再分配，以及收入使用和资本形成等过程。将金融交易与实物交易核算结合起来，可以深入研究经济运行状况、宏观经济总量与结构等问题。

一是研究收入分配与再分配情况。国民总收入的来源和使用之间是否平衡，是国民经济平衡的基本条件。资金流量核算不仅可考察初次分配在产品部门和劳动者之间的分配关系，更注重对通过财政缴拨和资金融通在产业部门、劳动者之间的再分配关系，以及部门间可支配收入构成比例和使用情况的研究。利用资金流量表实物交易核算情况，可以清晰地观察到收入初次分配与再分配的过程，为货币政策等宏观经济政策提供重要信息和分析框架。

二是研究储蓄和投资的平衡关系。宏观经济均衡的条件可以用投资等于储蓄来表述，即投资 = 私人储蓄 + 政府储蓄 + 国外储蓄。从整个经济活动来说，只有在投资等于储蓄时，宏观经济才能实现均衡。分部门看，储蓄和投资往往存在一定差额，需依靠金融交易来调剂，从而达到平衡，比如住户部门的储蓄大于投资，是资金盈余部门，企业部门的储蓄小于投资，是资金短缺部门，从储蓄到投资的过程要靠资金的运动来实现，要以金融活动作媒介，一个部门的储蓄往往由另一个部门当作投资来使用。与其他核算表相比，资金流量账户提供了分部门的储蓄数据，可以追踪净贷出通过各种金融公司以各种资产形式流入最终借入者的渠道，由此将有助于研究使储蓄和投资达到平衡的过程，从而为制定合理的消费政策、

储蓄政策提供依据。

三是研究国际资金往来关系。资金流量核算将国外经济往来作为一个部门，考察了国民经济总体与国外之间的收入分配和资金流转关系，因此，可运用资金流量核算研究国内经济活动与国外经济活动的联系。从全球视角看，资金将从一个过度储蓄国家流入一个过度投资国家，从而实现每个国家的国际收支平衡，资金流量核算与国际收支核算在部门及经济交易的界定是完全一致的，因此可将资金流量核算与国际收支核算衔接起来，全面分析国际收支对一国经济金融的影响及内外部失衡关系。资金流量核算也可用于监测跨国资金流动的特征和结构及相互间联系等。

4. 用于宏观经济预测和建模

资金流量核算不仅涵盖了全社会各部门的资金运动，而且提供了大量的不同频率、不同时间跨度的系列数据，这些信息可以极大地促进基于经济主体行为的建模和宏观经济预测工作，有助于进一步研究经济增长和经济周期等方面的问题，支持宏观经济分析和预测，如俄罗斯联邦中央银行（CBRF）基于金融账户的部门借贷信息来分析经济增长模式的转变和经济周期的演变；美联储利用金融账户的住户部门价值指标建立住户消费模型，用于 GDP 预测。资金流量核算与国家资产负债表、GDP 核算及其他相关报表相结合，可为宏观经济分析如宏观杠杆测算提供重要指引；可建立国民收入动态均衡等相关模型，研究国民收入在政府、企业和居民间的动态分配过程等；可建立总负债关于储蓄、总投资关于非金融投资的模型方程，测算部门储蓄变动对总投资影响、部门非金融投资对资金需求影响等。

四、数据缺口倡议与资金流量核算未来展望

2008 年国际金融危机暴露出现行统计体系存在巨大的信息缺口，为进一步完善统计数据框架，弥补数据缺口，促进数据共享，响应 20 国集团（G20）对探索数据缺口和加强数据收集的要求，国际货币基金组织（IMF）和金融稳定委员会（FSB）提出了数据缺口倡议，在金融账户统一发布标准化数据模板，为进一步完善资金流量核算等方面提供了发展方向。

（一）数据缺口倡议

2009年4月，IMF和FSB提出的数据缺口倡议在G20会议上得到了批准，并于2009年10月和2015年9月分别启动了第一阶段（DGI－Ⅰ）和第二阶段（DGI－Ⅱ）数据缺口倡议（见表1－1－3）。

数据缺口倡议第一阶段实施时间是2009—2015年，包括20条建议，涉及金融部门风险监测、跨境金融联系、部门和其他经济金融数据集、官方统计信息交流等。第二阶段实施时间是2015—2021年，目标是定期收集和披露可比较、及时、综合、高质量和标准化的统计数据，以供政策使用；在内容上，数据缺口倡议第二阶段着重于以下三个方面：一是金融部门风险监测；二是分析脆弱性、互联性和溢出效应；三是数据共享和官方统计数据的交流。

表1－1－3 数据缺口倡议内容概览

DGI－Ⅰ建议	DGI－Ⅱ建议
Ⅰ.1：授权IMF和FSB提出计划并报告进展	Ⅱ.1：授权IMF和FSB提出计划并报告进展
金融部门的风险监测	金融部门的风险监测
Ⅰ.2：增加发布金融稳健性指标的国家，改进发布网站和季度报告	Ⅱ.2：按季度报告金融稳健性指标，鼓励报告非银行金融机构的金融稳健性指标
Ⅰ.3：提供尾部风险、集中度、分布变化和指标波动性的信息	Ⅱ.3：调查定期收集金融稳健指标中集中度和分布信息的可能性
Ⅰ.4：制定金融体系的总体杠杆率和期限错配指标	Ⅱ.4：定期收集和共享全球具有系统重要性的金融机构的数据
Ⅰ.5：完善信用违约掉期统计	Ⅱ.5：加强影子银行数据的收集
Ⅰ.6：进一步完善复杂结构化证券产品的披露	Ⅱ.6：制定在全球收集和共享金融衍生品数据的机制
Ⅰ.7：参与国际清算银行的证券统计	Ⅱ.7：定期向国际清算银行提供证券发行数据
跨境金融联系	脆弱性、互联性和溢出效应
Ⅰ.8：改善金融机构间关联信息的收集和共享	Ⅱ.8：按商定的模板提供年度和季度的部门账户流量数据和资产负债表数据
Ⅰ.9：制定全球系统重要性金融机构数据模板	Ⅱ.9：鼓励编制和发布住户部门的收入、消费、储蓄和财富的分布信息
Ⅰ.10：参与IMF的组合证券投资调查和国际银行统计	Ⅱ.10：向IMF提供季度国际投资头寸数据
Ⅰ.11：单独识别非金融机构信息，跟踪国际金融体系中融资模式，提高数据频率和及时性	Ⅱ.11：向国际清算银行提供国际银行统计数据
Ⅰ.12：增加提供国际投资头寸季度报告的国家数量	Ⅱ.12：向IMF提供半年度组合证券投资调查数据

续表

DGI－Ⅰ建议	DGI－Ⅱ建议
Ⅰ.13：改善跨境监测和测度，包括外汇衍生工具、金融和非金融公司风险敞口等	Ⅱ.13：参与和改善 IMF 的直接投资调查
Ⅰ.14：制定涵盖大型非银行金融机构跨境风险敞口的标准化模板	Ⅱ.14：改善非银行金融机构跨境风险敞口数据的一致性和披露
部门和其他经济金融数据集	Ⅱ.15：发布季度政府财政统计数据
Ⅰ.15：完善资产负债表、资金流量表和部门账户的编制和披露	Ⅱ.16：向公共部门债务数据库提供全面的广义政府债务数据
Ⅰ.16：编制分布信息	Ⅱ.17：发布住宅物业价格指数
Ⅰ.17：改善标准化和国际可比的政府财政统计	Ⅱ.18：加强编制商业物业价格指数
Ⅰ.18：启动建设公共部门债务数据库	
Ⅰ.19：完成房地产价格指数手册并公布指数	
官方统计交流	官方统计交流
Ⅰ.20：加强主要全球指标网站建设，缩小数据可用性方面的差距	Ⅱ.19：促进国际数据合作与交流
	Ⅱ.20：鼓励和促进数据共享

资料来源：根据 2009 年和 2015 年 IMF 关于数据缺口倡议的相关报告整理。

数据缺口倡议第二阶段还确定了 G20 共同认可的优先事项：一是发布一致和可比的金融稳健指标，目的是减少不可预见的风险来源、加强金融业的监督和改善风险监测；二是确保定期收集国际银行统计数据和组合证券投资调查，缩小国际收支差额报告方面的差距，促进 G20 所有经济体高频发布组合证券投资调查数据；三是提供一致的证券统计数据，即报告口径一致的债务和股权证券发行和持有市值的头寸和流量情况；四是提高部门账户数据的可用性，根据核心模板编制季度和年度频率的部门账户和资产负债表数据，监测影子银行和开发“谁对谁”矩阵表；五是按照国际标准及时发布可比的广义政府财政和债务数据。

（二）数据缺口倡议中资金流量核算相关内容

1. 设置部门账户核心模板，加强资金流量核算

数据缺口倡议第一阶段第 15 条呼吁编制和发布更为全面的资产负债表、资金流量表和部门账户数据，第二阶段第 8 条建议设置部门账户核心模板，编制和发布具有国际可比性的部门账户。部门账户核心模板涵盖了非金融和金融机构部门账户的数据，包括三种不同的模板：经常账户和资本账户、金融账户和资产负债表、非金融资产存量。为体现数据收集优先级别，核心模板将金融工具和部门的

子项分为目标项目和鼓励项目，目标项目需按要求填报，鼓励项目可持续完善后逐步填报，如金融工具中养老基金权益为鼓励项目，部门中公共非金融机构为鼓励项目。部门账户核心模板的内容与资金流量核算基本一致，设置部门账户核心模板有利于资金流量核算的发展。

2. 通过资金流量核算刻画影子银行资金运动过程

金融稳定委员会制定了影子银行部门划分的政策框架，将影子银行部门进行进一步细分，并在数据缺口倡议中提出了将影子银行纳入国民账户统计的长远目标，加强对影子银行资金运动过程的监测。金融公司及其子部门包含了游离在传统银行业资产负债表外的影子银行（见表1－1－4），对影子银行资金运用和资金来源监测，可通过进一步细化资金流量核算中的部门分类予以实现。

表1－1－4 影子银行部门划分

经济功能	定义	典型实体类型	SNA中的主要子部门
EF1	对集合投资工具的管理	固定收益基金，混合型基金，信贷对冲基金，房地产基金	货币市场基金和非货币市场投资基金（S123＋S124）
EF2	依靠短期融资的贷款提供者	财务公司，租赁公司，保理公司，消费信贷公司	其他金融中介机构和专属金融机构（S125＋S127）
EF3	依靠短期融资或客户安全资产的市场活动中介	经纪交易商	其他金融中介机构（S125）
EF4	促进信用创造	信用保险公司，金融担保人，债券保险商	保险公司（S128）
EF5	以证券化为基础的信贷中介和金融实体融资	证券化工具	其他金融中介机构和专属金融机构（S125＋S127）
其他	与上述五个经济功能之一相关，但由于其剩余性质暂无法归类	未归类的影子银行	除金融公司（S12）、中央银行（S121）、中央银行以外的存款性公司（S122）和金融辅助机构（S126）外

资料来源：根据IMF关于数据缺口倡议的相关报告整理。

3. 开发“谁对谁”矩阵表

数据缺口倡议更长远的目标是建立账户间的相互联系，根据SNA2008开发“谁对谁”表，即详细的资金流量表。详细的资金流量表可以体现部门到部门的资金转移情况，有助于监测分析各机构部门间资金流动的方向、流量和结构，监测交易对手和评估金融风险，进一步拓展资金流量表数据的应用和研究。数据缺口倡议提出根据现有能力建立包括三级（子）部门的“谁对谁”矩阵，更长远的目标是在非合并基础上编制年度和季度频率的数据，并提出“谁对谁”模板，该模板包括所有金融工具，并涉及了主要的机构部门。

（三）资金流量核算的未来展望

完善统计框架、弥补数据缺口是完善资金流量核算框架的基础，数据缺口倡议提出了统一的金融账户模板，为资金流量核算全面融入国民经济核算体系提供了支撑，为统计汇编、开展宏观经济分析和监测、预测及维护货币和金融稳定等提供了统一、可比的数据信息，也为各国开展资金流量核算提供了发展方向和路径指导。未来，资金流量核算将朝着更加完善的核算制度及广泛应用分析方面发展。

1. 进一步完善资金流量表的编制

目前，资金流量核算制度建立仍需解决许多现实问题。一是资金流量核算有很多数据缺口需要弥补，如季度核算构建的能力、国际投资者头寸明细、外国直接投资公司部门的界定、资产的测度（如房地产价格）等。需要解决的一个重大数据缺口是公共财政即政府债务统计问题，现有债务统计数据通常不能充分反映政府负债，尤其是那些隐性的与现收现付制公共养老金计划及为非金融公司提供担保的项目。政府在当今经济中扮演着关键角色，政府债务的计算往往受国家具体情况的影响，针对不同国家政府债务统计，注意力可以集中在中央政府、广义政府甚至公共部门上，这些问题都还有待进一步研究。二是需完善金融统计基础设施建设，进一步加强部门间的数据共享与协调。无论是在机构层面还是在国家部门之间，有效的数据共享才能解决资金流量核算问题，为此需要完善金融统计基础设施，以支持数据采集的标准化。三是进一步提高数据的及时性和可靠性。通过更多地使用微观数据和临近预测技术来替代长期滞后的数据源，比如加强对人工智能（AI）和机器学习技术的利用，进一步提高数据的及时性；通过提供编制说明和元数据信息来增加数据透明度和可靠性，并及时对数据进行修订。

2. 促进资金流量宏观统计和微观统计的有机结合

2008 年国际金融危机的教训告诉我们，单家公司的发展变化甚至单笔交易可能会影响整个金融系统。未来的统计趋势不仅需要收集各类聚合信息，还需要“看到森林中的树木”，即将从各种统计来源收集的更细粒度的数据与宏观数据整合起来，全面建立与相应的宏观经济账户完全兼容的微观数据库。未来资金流量核算框架需要在实体、交易、工具层面补充更多的细节信息，允许开展跨越宏观和微观分歧的深入分析。一是提升数据的颗粒度。政策制定者要强化对金融机构和市场数据收集，获取更细粒度的原始统计数据。比如制订适当的“桥接表”，将不同来源、不同机构收集的指标转换成符合SNA概念的标准化数据，这需要不断地修订和完善统计制度和编制方法。二是提升数据的可延展性。未来的统计趋势是不改变统计框架，而是探索新的方法来补充额外的统计信息，在不断发展中扩大统计外延，进一步阐述底层微观和宏观数据的联系，进一步“增强”金融账户，为资金流量核算提供更多“备忘录项”类型的信息。

3. 推进国际资金流量核算，应对经济和金融全球化挑战

目前，全球经济活动的有关资料，特别是跨国公司所进行的经济活动相关统计资料获取难度较大，统计分析框架主要以居民为基础，缺少对全球化层面各个国家相关的风险捕捉。为了应对全球化挑战，未来资金流量核算将在以下几个方面进行改进：一是加强资金流量核算的国际间协调，确保数据的跨国一致性，为国际收支平衡表、国际投资头寸表和金融账户建立统一的汇编体系；二是发展基于国籍的统计数据，利用SNA框架，区分国内企业和外资企业部门，明确直接投资者和外国控制的附属公司在每个经济体中的贡献，通过详细的工具和货币分解来评估跨境资产和负债；三是利用全球层面的金融账户信息评估整个网络经济主体之间的关系，如开发全球资金流量图，即一个包含不同类型的经济部门和地理分区的世界性的“谁对谁”矩阵，从而更好地监测全球金融系统、国际风险敞口及国与国、部门与部门之间的相互联系。

4. 深入挖掘分析资金流量核算数据，探索其潜在用途

资金流量核算在经济金融分析领域有着广泛的应用前景。目前，主要发达国家和新兴国家的资金流量核算取得较大进展，并越来越重视对数据的探索和挖掘分析，如通过使用新的IT工具来增强数据可视化。除了进一步加强对资金流量核算进行描述性分析，在应用层面，将进一步加强对资金流量模型方法的应用和研究，提供更多的信息支持，扩展其应用深度和范围，如在宏观经济金融政策分析方面发挥更广泛的作用等。

第二章　资金流量金融交易核算框架与方法

资金流量核算是国民经济核算体系的重要组成部分，按资金运动的性质可分为金融交易核算和非金融交易核算两部分。本章在论述资金流量核算与国民经济核算体系关系的基础上，主要介绍资金流量金融交易的核算原则、基本框架、编制方法及报表体系等。

一、资金流量核算与国民经济核算体系的关系

（一）国民经济核算体系基本框架

国民经济核算是以国民经济为整体所进行的宏观层次的核算，是对国民经济运行过程的系统定量描述。围绕国民经济核算所形成的一整套理论和方法称为国民经济核算体系，又称为国民账户体系。自联合国统计局 1953 年公布人类有史以来第一个国民经济核算体系 SNA1953 以来，国民经济核算体系经历了 SNA1968、SNA1993 及 SNA2008 三次大幅度的修订，核算框架得以不断扩展完善。

国民经济核算体系是一个庞大的体系，覆盖了整个经济体系及其各部门的生产、分配和使用，以及所有的非金融资产、金融资产和负债的存量和流量。其基本框架主要由五大子体系组成，即国内生产总值核算、投入产出核算、资金流量核算、资产负债核算和国际收支核算。每个子体系分别涉及一个领域的核算，既相对独立、各成一体，又联系密切、彼此衔接。其中，国内生产总值核算是整个体系的核心，描述了最终产品的生产、分配和使用，其核心内容集中地表现在生产、分配使用、积累和国外账户四个基本账户上，这四个账户的多层次分配延伸出了其他核算。从账户序列看，国民经济核算体系包括一系列相互一致而又完整

的经济账户（见图1－2－1），主要包含两部分：一部分是经常账户和积累账户，反映的是有关交易和其他流量的一整套相互关联的账户，如生产账户、收入分配账户、收入使用账户、资本账户、金融交易账户、重估价账户、资产物量的其他变化账户等；另一部分是资产负债表，反映的是机构单位和部门在期初、期末持有资产和负债存量的资产负债表。这为衡量经济流量及其带来的非金融资产和金融资产及负债的存量提供了完整的体系。

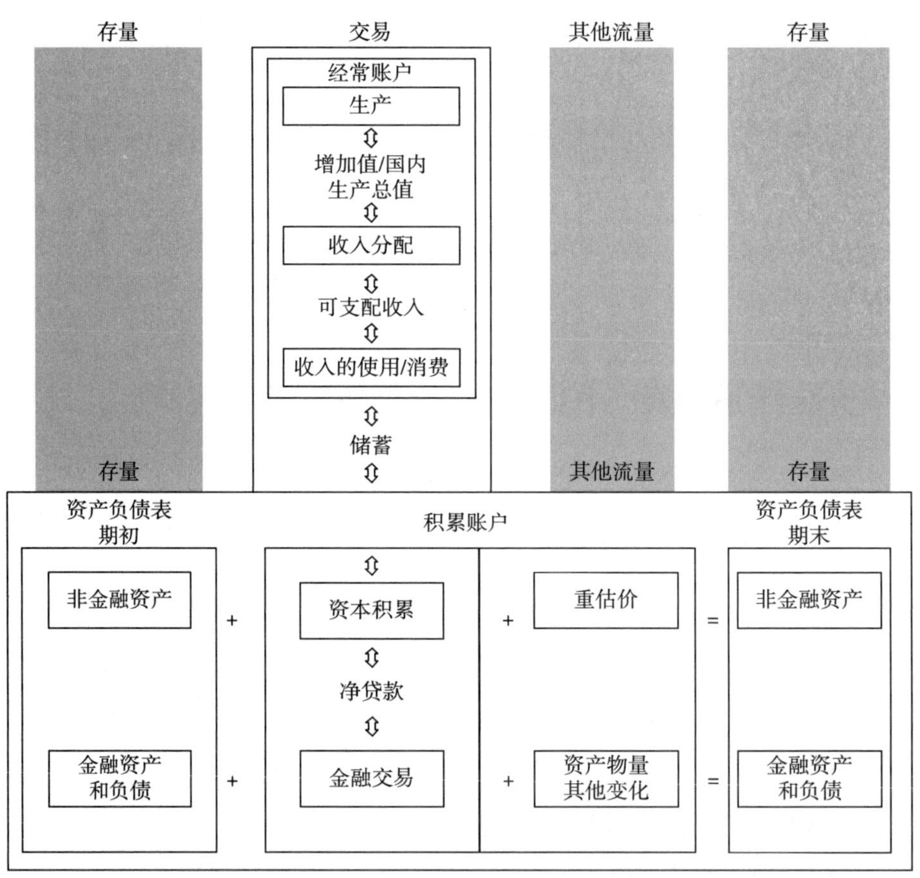

图1－2－1　国民经济核算体系账户及其相互关系

（二）资金流量核算与国民经济核算体系的关系

资金流量核算是在国民经济核算体系框架内不断发展起来的，它通过将金融数据与储蓄和资本形成的数据联系起来，建立了金融运行与实体经济的关联。

1. 资金流量核算是国民经济核算体系的重要组成部分

从国民经济核算五大板块来看，资金流量核算是国内生产总值核算在分配领域的延伸和补充，显示了生产中创造的价值如何通过经济主体之间的收入分配、资金融通转换为对货物和服务的购买能力，并最终实现消费和积累目标。从账户看，资金流量核算就是秉承国民账户体系的收入分配和使用账户、资本账户，反映从收入分配到非金融投资的价值收支过程，以及通过金融交易等流量账户、金融资产负债表反映全社会金融交易的规模，以及各机构部门之间发生的债权债务往来。它既是一个独立的统计体系，又是国民账户体系的重要组成部分。

2. 资金流量核算反映了国民经济核算的资金流动过程

国民经济运行过程包括两个循环：一个是实物循环，显示货物与服务从生产到使用的过程；另一个是资金循环，显示生产中新创造的价值如何以消费和积累目的为导向在各个经济主体间的流转过程。资金流量核算就是对资金循环过程予以系统记录。从资金流动过程（见图1－2－2）看，国内经济主体通过生产活动得到总增加值，加上国外要素收入构成国民总收入。国民收入通过国外转移收入、税收等分配和再分配形成国民可支配收入。国民可支配收入用于最终消费后，形成总储蓄。储蓄在用于投资过程中，各机构部门储蓄和投资之间会有差额。资金

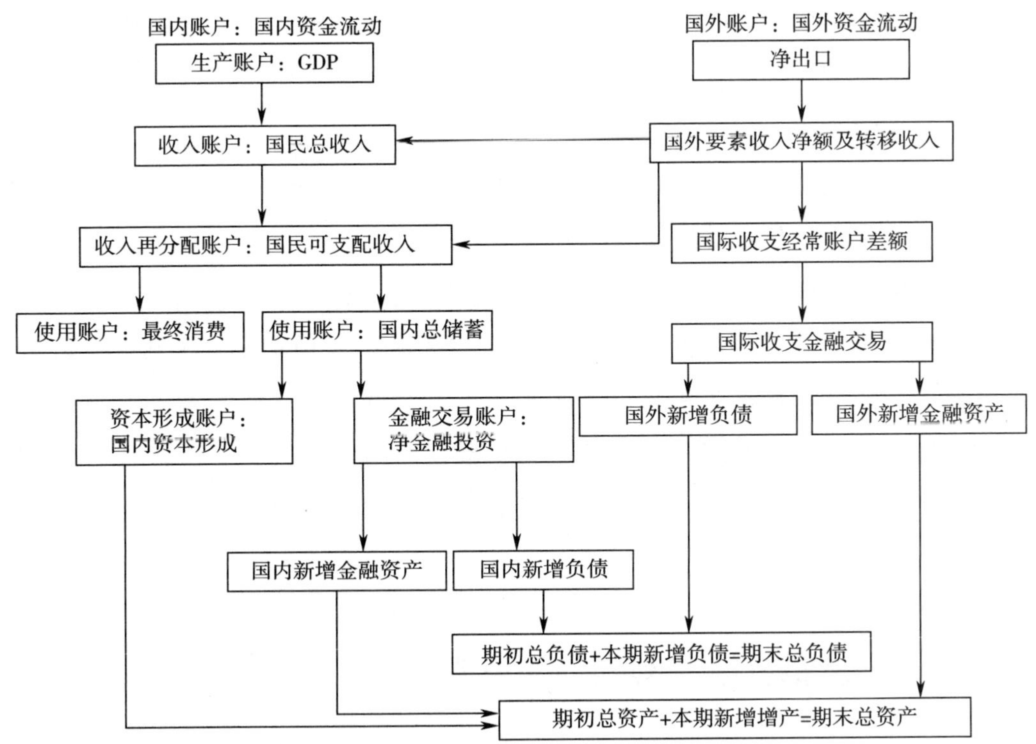

图1－2－2　国民经济资金流动情况

盈余部门（如住户部门）通过金融交易把多余的资金提供给资金短缺的部门（如非金融企业和政府部门），金融部门通过各类金融交易起到资金融通的作用。资金流量表的资金流动规模反映了各机构部门为实现其资金融通所发生的金融交易的数量，体现交易主体之间的债权债务关系，同时也反映了金融交易如何将储蓄转化为投资。

3. 其他国民经济核算的结果是资金流量核算的数据来源

资金流量核算的数据主要是从已有的其他核算体系数据中获取，按照资金流量核算的需求进行加工，从而满足资金流量核算的需要。例如，资金流量核算实物交易的起点是增加值，而增加值是国内生产核算的主要结果；国际收支核算的主要内容是常住单位与非常住单位经济交易流量，其中的进出口贸易及劳务进出口则以差额的形式被包含在常住单位的增加值中，作为初始流量反映在资金流量核算的国外部门中，同时，国际收支核算中的金融账户内容也可作为资金流量核算中常住单位与非常住单位间金融交易的数据来源。

4. 资金流量核算与国民经济核算具有高度的协调一致性

资金流量核算与国民经济核算体系在核算概念和核算方法上是一致的，这样可以保证对金融运行的描述和分析与其他重要经济活动的描述和分析相互协调。概念的一致性主要体现在对机构单位和部门分类的一致性、对金融交易工具分类核算的一致性。核算方法上的一致性主要体现在存量和流量的定义、记账方法、估价原则、记账时间及合并汇总方法等保持一致。

资金流量核算按资金运动的交易性质可划分为两部分：一是非金融交易核算，其资金流动对应国民经济中的实物交易，在与国内生产总值核算相衔接基础上，主要反映了国民经济及其各机构部门的收入分配、收入使用（包括投资和消费）及储蓄投资差（净金融投资）的信息；二是金融交易核算，其资金运动对应国民经济中的债权债务关系，主要反映由金融交易所形成的资金流量和流向。本书将重点阐述金融交易部分的核算。

二、资金流量金融交易核算的原则

资金流量金融交易核算是对国民经济各机构部门之间及国内与国外之间金融交易流量与存量的统计，涉及金融产品如何计价，如何确定金融交易的记录时间，如何加总、合并和轧差等统计核算基本问题。在核算基本原则上，均遵循国民经济核算的一些基本规则。

（一）四式记账原则

资金流量核算采用基于复式记账原理的四式记账原则，即在资金流量核算中，每一笔交易都要在一个部门的来源和运用两个交易项目内进行记录，由此确保一个部门账户内部的一致性；同时每一笔交易都要在交易双方分别记录，一个部门金融资产增加（减少）会对应另一个部门负债的减少（增加），这就形成了四式记账。现实中，各机构单位账户不一定是一致和完整的，甚至是得不到的，资金流量核算可获得的数据可能并不满足一致性要求，协调各种数据来源以满足四式记账原则所决定的一致性要求，是资金流量核算的一项重要内容。

（二）权责发生制原则

资金流量核算在记录各机构部门的收支、转移、资金交易时，采用权责发生制原则，即各种交易在经济价值被创造、转移、交换或取消时记录，无论相应的货币收支是否与交易同时发生。一个机构单位内部的各种交易也要求在经济价值被创造、转移、交换或取消时记录。权责发生制规则下记录时间与资源实际流动时间保持一致，最佳估计了各种宏观经济效应和影响，且记录了全部资源流动（包括内部交易、金融交易、实物交易和其他经济流量），使流量记录与资产负债表的变化保持一致。统计实践中，由于各种原因，如清算时滞、资产标的划拨和相应现金收讫付讫时滞、通信速度等原因，各机构单位得到交易证明文件的时间可能具有差异，即使贯彻了权责发生制原则，也不能保证交易双方对同一笔交易记录时间完全一致，这是资金流量核算存在统计误差的一个重要原因。

（三）计值估价原则

资金流量核算记录各种交易时，以核算期市场价格作为基本计价原则。没有市场价格时，按市场上相同或类似的货物和服务的市场价格计价，或按所发生的实际成本计价。对于交易发生前双方已达成协议（契约）价格，无论交易发生时的通行价格是多少，它均被认定为市场价格。市场价格计值应按照交易实际支付额记录其价值，交易支付中的佣金、手续费、税收及相似支付属于收入流量，不应反映为金融交易和存量的计价。金融资产和负债存量的市场价值（或公允价值）发生变化带来的持有收益或损失，通过“重估价”账户体现。

（四）汇总、合并和轧差原则

汇总是指将某一机构部门或子部门中所有机构单位的流量、存量数据进行加总，或将某一类别中的所有资产或负债进行加总。合并是指去除同一组中各个机构单位之间发生的流量和存量，即如果从事交易的机构单位被合并为一组，就要把这些单位间发生的交易从使用和来源两方面加以冲销，并把相互间存在的金融资产及其相应的负债予以冲销。作为资金流量核算的一项原则，SNA2008 和 MFSMCG2016① 建议以汇总方式报送和编制基本数据，即资金流量核算主要关注核算项目的未合并描述。但实践中，出于分析目的，合并也常作为呈现数据的一种方法，如通过比较合并与未合并数据来呈现一个部门的“外部需求”，使分析信息更加丰富。此外，由于数据的限制有时也只能采取合并的方法，如当住户部门的交易是测算数据时，则这个部门内的债权和债务就无法基于汇总显示。

轧差是指在数据记录过程中，某些基本项目的价值与账户另一方项目或符号相反项目相互抵消的方法，即账户两端核算分录下相同交易项目和相同机构的互相抵消，也称为取净值。SNA2008 和 MFSMCG2016 建议数据应当以总额形式收集和编制，尤其是对某一特定交易人或一组交易人的债权不应与其负债进行轧差。但当分类本身具有取净额内在性质时，应当采用建立在“购买量减销售量”（特定金融资产或负债的净购买量）基础上的轧差，如贷款交易应采取新贷款数额减去还贷数额、证券交易应采取购买证券数额减去出售证券数额，依此类推。此外，一些特殊情况下无法获得总额数据，使用轧差方法也是合理的。

三、资金流量金融交易核算的框架和内容

（一）基本框架

从国民核算（账户）体系角度看，资金流量金融交易核算框架覆盖了国民账

---

① IMF. 货币与金融统计手册及编制指南 2016［M］. 2018.

户体系中的金融交易账户、金融资产和负债其他变化账户和金融资产负债表。这些账户构成了一个完整的核算体系，可用来衡量某个时点的金融资产和负债及在一段时期内资产和负债的数量与价值的所有变化。

1. 流量账户

流量账户包括金融交易账户及金融资产和负债的其他变化账户。金融交易账户显示了由金融资产和负债交易产生的流量，记录了金融资产的净获得和负债的净发生，反映了不同部门之间真实的经济交易，对生产、分配、消费和投资具有经济意义，是资金流量核算的主要内容。金融交易可直接衡量，一般用净金融投资额来表示金融交易账户的平衡项目，是根据金融资产的净获得减去负债的净发生计算而来，区别于非金融交易核算中的净贷出（净借入）。原则上净金融投资额应该与净贷出（净借入）相匹配，但现实中二者往往不等，这种不等通常体现为统计误差等项目。

金融资产和负债其他变化账户包括重估价账户和资产物量其他变化账户。其中，重估价账户记录了持有损益，它以名义持有损益作为起始项，记录了从核算期初到核算期末的时间内，由于资产和负债的价格变化导致的资产或负债价值的全部变化。资产物量其他变化账户记录了各种特殊事项的影响。将流量划分为交易、重估价与资产物量其他变化来反映流量的变化原因，需构建较为完备的流量统计监测框架，具有较好的核算基础。

2. 存量账户

存量账户包括本国所有机构部门和国外部门的金融资产负债表，它显示了一国所有部门某一特定时点的金融资产及负债期初、期末的存量。与存量相比，相邻的两个时期之间的流量可能波动相当大，而存量水平则会显得比较稳定，因此，存量水平的波动程度能传达出特别有用的额外信息。运用金融资产负债表，可以分析各部门的金融资产和负债存量的总额、净额及其变化，通过测算各个部门的资产负债结构、预测变化趋势，进行有效的风险监控。

3. “谁对谁”关系背景下的金融流量和存量框架

国民核算账户的标准展现形式并不能识别金融交易的对手部门，它只是回答了“谁做了什么”的问题，而没有回答“谁和谁做了什么”。而资金流量核算不但要知道某部门以何种金融工具筹集到资金的信息，还要掌握是哪个部门提供了相应资金的信息，促进金融流量和头寸“谁对谁”的统计，这也是弥补金融危机期间发现的数据缺口的关键内容之一。收集、编制和展示“谁对谁”金融流量和存量，是当前资金流量核算框架完善的主要方向。SNA2008 提供了一个综合框架，通过在金融交易中引入交易对手部门，可以按照“谁对谁”的方式编制有关金融交易、其他流量和资产负债表的数据。

（二）部门和交易项目分类

资金流量金融交易核算报表主要由机构部门和金融交易项目构成，反映每一机构部门所发生的各种金融交易的流量与存量。进行资金流量核算时，首先应对机构部门和金融交易项目进行定义和分类。

1. 机构部门分类

机构部门由具有相似功能、行为、目标特征的机构单位集合归类而成，机构单位是指能够以自己的名义拥有资产、发生负债，从事经济活动，并与其他实体进行交易的经济实体。SNA2008 将一个经济体内的机构单位按照主要职能、活动和目标分组，形成非金融公司、金融公司、广义政府、住户和为住户服务的非营利机构五个机构部门，五个机构部门构成经济总体。经济体内的机构单位也可能与经济体外单位开展经济活动，经济体外的单位称为“国外部门”，国外部门在账户结构中角色同机构部门类似。

资金流量金融交易核算采用的机构部门概念和定义与国民经济核算完全一致。其部门分类也是参照 SNA2008 等国际标准进行，一般按照五个常住机构部门和国外部门进行标准的六部门划分。不过，根据各国金融体系的特点和资金流量账户使用者的需求，往往会在上述标准基础上进行扩展和整合，通常是进一步细分金融公司部门和广义政府部门，将住户部门和为住户服务的非营利性机构合并为一个部门。比如，为将广义货币整合到资金流量核算表中，体现货币金融机构和其他常住部门之间交易和头寸方面的经济关系，联合国和欧洲中央银行发布的《国民核算手册：国民账户中的金融生产、金融流量与存量》，提出了七部门划分法（见表 1-2-1）：非金融公司、广义政府、住户和为住户服务的非营利性机构三个非金融部门，货币金融机构、保险公司和养老基金、其他金融公司三个子部门，以及国外部门。

表 1－2－1　　SNA2008 机构部门分类及按七部门法建议的部门分类

部门和子部门			SNA2008 代码
经济总体			S1
非金融公司			S11
金融公司			S12
货币金融机构	中央银行		S121
	其他货币金融机构	中央银行以外的存款性公司	S122
		货币市场基金	S123
除货币金融机构、保险公司和养老基金（ICPF）以外的金融公司	非货币市场投资基金		S124
	保险公司和养老基金以外的其他金融中介机构		S125
	金融辅助机构		S126
	专属金融机构和贷款人		S127
保险公司和养老基金（ICPF）	保险公司		S128
	养老基金		S129
广义政府			S13
住户和为住户服务的非营利性机构			S14
			S15
国外部门			S2

资料来源：联合国，欧洲中央银行．国民核算手册：国民账户中的金融生产、金融流量与存量［M］．中国人民银行调查统计司译．北京：中国金融出版社，2018.

2. 金融交易项目分类

金融交易是影响金融资产和负债变化的各种经济交易，可按不同的标准进行分类，如货币金融统计中的按金融工具类型分类，国际收支平衡和国际投资头寸统计中的按功能分类，以及按照可转让性、收入类型、期限、货币、利率和交易对手的分类。在资金流量核算中，基本与 SNA2008 和 MFSMCG2016 相对应，按照金融工具流动性及法律特征，将金融交易项目主要分为八大类（见表 1－2－2）：货币黄金和特别提款权、通货和存款、债务证券、贷款、股权和投资基金份额、保险、养老金和标准化担保计划、金融衍生工具和雇员股票期权，以及其他应收/应付款。每一大类项目下，还可按期限或品种做进一步的细分。

表 1－2－2　　按金融工具类型对金融资产和负债交易的分类

金融资产和负债交易的类别（大类、子类和明细）	SNA2008 代码		
	大类	子类	明细类别
货币黄金和特别提款权	F1		
货币黄金		F11	
特别提款权		F12	
通货和存款	F2		

续表

金融资产和负债交易的类别（大类、子类和明细）	SNA2008 代码		
	大类	子类	明细类别
通货		F21	
可转让存款		F22	
其他存款		F29	
债务证券	F3		
短期		F31	
长期		F32	
贷款	F4		
短期		F41	
长期		F42	
股权和投资基金份额	F5		
股权		F51	
上市股票			F511
未上市股票			F512
其他股权			F519
投资基金份额/单位		F52	
货币市场基金份额/单位			F521
非货币市场投资基金份额/单位			F522
保险、养老金和标准化担保计划	F6		
非寿险技术准备金		F61	
寿险和年金权益		F62	
养老金权益		F63	
养老金经理人的养老基金债权		F64	
非养老保险金权益		F65	
标准化担保代偿准备金		F66	
金融衍生工具和雇员股票期权	F7		
金融衍生工具		F71	
雇员股票期权		F72	
其他应收/应付款	F8		
商业信用和预付款		F81	
其他应收/应付款		F89	

资料来源：联合国，欧洲中央银行．国民核算手册：国民账户中的金融生产、金融流量与存量［M］．中国人民银行调查统计司译．北京：中国金融出版社，2018.

上述金融交易分类普遍适用于各国资金流量核算，实际中，各国金融市场结构和制度安排存在诸多差异，金融创新工具层出不穷，可根据具体情况和要求考虑其他补充分类。此外，分类标准也需不断完善。资金流量金融交易核算中，将所有金融交易“金融资产净获得”与“负债净发生”相冲抵，得到全部金融交易的差额，即经济总体或各机构部门的“净金融投资额”。同实物交易核算的“净贷出（净借入）”一样，它们都是储蓄投资和资金流量分析中的关键指标。

四、资金流量金融交易核算的数据来源和编制方法

（一）数据来源

资金流量核算具有较强的综合性，需要使用各种数据来源，一般通过获取不同领域统计体系及统计调查中的基础数据，再按照资金流量核算的要求进行加工。根据数据来源的可靠性和及时性，可分为主要数据来源和其他补充数据来源。

1. 主要数据来源

资金流量核算的基础数据主要来源于货币与金融统计、国际收支统计、政府财政统计、非金融公司资产负债表及微观逐笔数据库等（见表1-2-3）。

表1-2-3　主要数据来源

数据源	相关用途
货币与金融统计	金融公司机构部门/子部门和交易对手部门按工具划分的存量数据
国际收支统计	包括国际收支平衡表和国际投资头寸表，分别反映国内和国外部门按工具划分的交易流量和存量数据
政府财政统计	广义政府部门或其子部门的债务，以及按工具和交易对手部门划分的交易数据
非金融公司资产负债表数据	按工具划分的资产负债存量数据
微观逐笔数据库	按债权人/债务人常住性、机构部门划分的金融工具存量和流量数据

资料来源：（1）IMF. 货币与金融统计手册及编制指南2016［M］. 2018.

（2）联合国，欧洲中央银行. 国民核算手册：国民账户中的金融生产、金融流量与存量［M］. 中国人民银行调查统计司译. 北京：中国金融出版社，2018.

货币与金融统计是资金流量金融交易核算最重要、最直接的数据来源，包括中央银行、中央银行以外的存款性公司和货币市场基金在内的货币金融机构资产负债统计，以及非货币市场投资基金统计、保险公司和养老基金统计、其他金融公司统计等。货币与金融统计不仅提供了金融公司部门资金流量核算的数据，还

是交易对手方部门获取本部门金融交易和存量数据的主要来源。

国际收支统计是反映国内与国外部门之间金融流量与存量的主要数据来源，包括国际收支平衡表和国际投资头寸表，其中，国际收支平衡表从流量角度反映各项交易，国际投资头寸表从存量角度反映国内与国外之间的金融资产和负债。国际收支统计基于功能法将金融交易分为直接投资、证券投资、金融衍生工具、其他投资和储备资产等，按金融工具进行分类时，应考虑功能分类与工具分类的对应关系。

政府财政统计是基于公共财政的官方统计数据，它提供了与政府活动及头寸有关的重要信息，如政府收入、支出、金融性交易和资产负债表等数据。要注意的是，政府部门使用的会计准则完全或某种程度上依赖于收付实现制而不是权责发生制，多数情况下，需要转化成基于权责发生制下的数据。

公开的企业资产负债表数据是非金融公司部门资金流量核算最基础的数据源，可转换成资金流量核算金融工具类别的存量数据，通常为年度数据。随着大公司高频资产负债信息时效性普遍提升，以及私营部门基于互联网建立的数据库日益增长，编制人员更易得到企业资产负债表及时、系统的信息。

微观逐笔数据库也是资金流量核算重要数据源，常见微观数据库包括证券逐笔数据库（Security - by - Security Databases，SBS 数据库），以及货币金融机构发放给非金融部门贷款详细数据的信用登记数据库。微观逐笔数据库是提高资金流量账户数据质量、发展“谁对谁”账户核算的重要工具，如 SBS 数据库中储存的单个证券发行、赎回、交易和价格等详细信息，对于金融交易项目的分类、价格及重估值均有重要作用。

2. 其他补充数据来源

补充数据来源包括税务等行政记录、调查数据和宏观经济数据集常规编制外的市场数据等，这些数据源可用于改善数据估计及填补主要数据来源的空白，部分类型的补充数据见表 1 -2 -4。

表 1 -2 -4 补充数据来源

数据源	相关用途
税务数据	非金融公司和非营利性机构的资产负债表数据，通常与公开的企业资产负债表数据结合使用
调查数据	非金融机构部门的金融活动数据，如住户储蓄、借款或企业融资

续表

数据源	相关用途
市场数据，包括汇率和价格指数（如股票价格指数）	特定金融市场活动的数据（包括来自私人供应商），如资产证券化、证券交易和金融衍生品。将交易与重估分开的市场汇率和价格指数
企业会计信息（包括损益表）	将交易与资产物量其他变化（如贷款核销等）区分开来
非国家层面数据源	作为镜像统计数据源使用，如协调的证券投资调查和直接投资调查，或国际清算银行的银行统计

资料来源：IMF. 货币与金融统计手册及编制指南 2016［M］. 2018.

主要和补充数据来源提供了资金流量核算所需的大部分数据，但仍不能有效涵盖双方为非金融公司、住户或为住户服务的非营利性机构的流量和存量信息。此外，持有者（债权人）完全按部门分类的可转让金融工具信息获取难度也较大。数据编制者还需要利用适当的数据源和辅助信息，在发行者（债务人）和持有者（债权人）之间对汇总数据进行分配。在此情况下，通常采用交易对手方数据或计算差额数据的方法进行处理。两种处理方式均适用一个原则：每项金融债权（货币黄金中的金块除外）都是具有对等负债的金融工具，或对于每类金融工具，金融资产净获得合计（包括国外部门净获得合计）等于负债净发生的合计。如果除某个部门外的所有部门数据都可得到，则需要用总额数据扣减已知部门数据作为该部门数据，以确保金融资产/负债类别中交易或头寸的总价值在部门间得到充分分配。

资金流量核算的质量，取决于数据来源的统计体系与资金流量核算体系的协调程度，二者协调性越高，核算的数据质量也越高。因此，资金流量核算会对金融统计标准化起到很大促进作用，如修订货币金融统计来完善机构单位部门划分，提高金融资产负债的定义及明细，调整源数据所用的估值方法等。

（二）编制方法

资金流量金融交易核算报表编制细节上方法多样，SNA2008、MFSMCG2016等国际标准指引提出了一些基本方法，部分发达国家也总结发布了编制经验。主要包括以下方面。

1. 从具体交易项目编制看

从具体交易项目编制看，主要有两种方法：一是以各部门财务报表为基础数据来确定项目数值的垂直编制法；二是将汇总数据分配到持有资产/负债的各部门来确定项目数值的水平编制法。也就是说，前者估算部门数据，后者估算交易数据。由于垂直法以机构单位财务报表为基础计算数据，精确度通常高于水平法。特别是金融机构，如不考虑非银行机构，其财务报表的数据一般可直接使用，这保证了主要项目的精准度。但对于金融机构以外的部门，不一定都可以直接使用财务报表，需要做推算，所以垂直编制法也有局限性。水平编制法是根据各交易项目分别计算出总额，然后将其按照各部门水平分摊推算，对于存贷款这样的交易项目，由于可从银行得到存款者或各贷款者较为准确的统计数据，一定程度上也能编制出精确度较高的统计信息。对于股票这种交易项目，如果有各持有股票部门的统计信息并据此推算，也可以保证一定程度的精确性。运用水平法推算要考虑与其他相关账户的整合协调，保持整个核算程序从头到尾的一贯性，并遵循相关平衡关系。

编制过程中遵循的基本平衡关系主要有三个：一是资金来源和资金运用的横向平衡。各交易项目的资金来源总计（或头寸）等于资金运用总计（或头寸），这种平衡关系适用于所有部门（国民经济总体和国外部门）的合计水平，当把所有常住部门与国外部门数据加总时，总资产（的变化）一定要与总负债（的变化）相等。二是资金来源和资金运用的纵向平衡。对所有机构部门（经济总体或国外部门）来说，所有负债的来源（或变化）之和等于所有资产的使用（或变化）之和。三是存量和流量平衡。流量账户和资产负债表数据之间应保持一致性，这样可使资产负债表核算中资产和负债的变化与由非金融交易、金融交易、重估价或资产物量其他变化所引起的变化相等。存量与流量的关系列等式表述为：期初金融存量 + 交易 + 重估价 + 资产物量的其他变化 = 期末金融存量。

2. 从流量、存量数据关系角度看

从流量、存量数据关系角度看，资金流量表数据编制通常也有两种方式：一是流量法，即直接统计有关各部门的金融交易流量以及其他流量数据，来编制国民经济各部门的资金流量账户，具有代表性的例子是有关国外部门金融交易的数据可直接取自国际收支平衡表的金融账户。存量数据再根据流量、存量的关系计算得出。二是存量轧差法，实际编表中，由于直接掌握的流量项目资料较少，可先编制各部门金融资产负债表，然后由期初、期末的金融资产和负债的存量数据推算出核算期内的流量数据，据此编出所需的资金流量表。由于期初、期末的金融资产和负债差额所反映金融资产和负债的变化，并不能区分出由金融交易、重估价及物量其他变化等非交易因素引起的变化，而且资产负债的价格变化引起的持有损益变化本身也是一个非常复杂的核算问题，需要进行专门处理，完全依靠存量轧差法通常很难编制出高质量的资金流量表，但该方法在推算个别资金流量指标时仍具有可行性和合理性。总之，编制资金流量表的最好方式还是遵循国民账户核算的基本思路，首先编制各部门的完整账户，通过一整套账户，可以规范核算结构，清晰数据关系，提高数据质量，进而促进整个核算体系朝着科学化方向不断完善。

五、资金流量金融交易核算的报表形式

资金流量核算报表形式因分析需要、数据类别的复杂性和详细程度等因素不同而有不同表式，主要体现在部门和金融交易类别详细程度不同，且编制所需统计基础和资源存在较大差异。SNA2008 和 MFSMCG2016 提倡的资金流量核算基本表式主要有两种：一是基本的资金流量表（二维）；二是详细的资金流量表（三维）。基本的资金流量表以常规二维矩阵式框架来展示，可反映各部门及整个经济体的金融交易或存量情况；详细的资金流量表由三维矩阵构成，通过将债权人部门、债务人部门和交易中使用的金融工具联系起来，提供了部门间谁为谁提供融资以及通过哪些金融工具进行融资的信息。

（一）基本的资金流量表

基本的资金流量核算表，又称为常规资金流量表或二维资金流量表，通常采用交易项目×机构部门的矩阵表式（见表1－2－5），主栏为金融交易项目，宾栏为机构部门和经济总体，且下设运用项和来源项，分别反映机构部门资金的流出和流入；其中运用项目记录资金流出，来源项目记录资金流入。基本的资金流量表式可用于反映金融交易、其他流量及存量等，表1－2－5列出了 MFSMCG2016 中列举的一种最基本的资金流量表式。此外，基本的资金流量表还可以采取整合资本账户和金融账户的形式（见表1－2－6），也是采取二维矩阵形式表示，只是金融工具项放在中间，左边记录资产变化，右边记录负债和净值变化。

建立完善货币金融统计、政府财政和国际收支统计的国家都可以编制基本的资金流量表。基本资金流量核算表式可应用于某一部门如金融机构，或应用于某一金融交易如贷款，这就是分部门（工具）的资金流量和存量表。若受统计资源

限制，基本的资金流量表还可简化为只包括主要机构部门和金融交易类别，主要机构部门通常是对金融分析最为重要且可以得到数据的部门，其他部门均放在剩余部门中。

表1－2－5　　基本的资金流量表

机构部门 / 交易项目	非金融公司		金融公司		广义政府		住户及为住户服务的非营利性机构		国内总计		国外部门	
	运用	来源	运用	来源	运用	来源	运用	来源	运用	来源	运用	来源
A. 货币黄金与特别提款权												
B. 通货与存款												
C. 债务证券												
D. 贷款												
E. 股权和投资基金份额												
F. 保险、养老金和标准化担保计划												
G. 金融衍生品及雇员股票期权												
H. 其他应收/应付账款												
合计												
净金融投资（金融净头寸）												

资料来源：IMF. 货币与金融统计手册及编制指南2016［M］. 2018.

表1－2－6　　整合资本和金融账户的资金流量表

资产变化						交易	负债及净值变化					
国外部门	国内经济总计	住户及为住户服务的非营利性机构	广义政府	金融公司	非金融公司		非金融公司	金融公司	广义政府	住户及为住户服务的非营利性机构	国内经济总计	国外部门
						储蓄及资本转移						
						净储蓄						
						净资本转移						
						投资总净额（获取的非金融资产净额加净金融投资额）						
						获取的非金融资产净额						
						固定资本形成净额						
						库存变化						
						贵重物品的获取减去处置						

续表

资产变化						交易	负债及净值变化					
国外部门	国内经济总计	住户及为住户服务的非营利性机构	广义政府	金融公司	非金融公司		非金融公司	金融公司	广义政府	住户及为住户服务的非营利性机构	国内经济总计	国外部门
						非生产非金融性资产的获取减去处置						
						净贷款/借款 = 金融净投资 = 获得的金融资产减产生的负债						
						获得的金融净资产/产生的负债						
						货币黄金及特别提款权						
						通货及存款						
						债券						
						贷款						
						股权及投资基金份额						
						保险、养老金及标准化担保计划						
						金融衍生品						
						其他应付/应收账款						
						统计差异（储蓄及资本转移减投资总净额）						
						备忘项目：总来源/总运用						
						来源 = 储蓄及资本转移 + 产生的负债净值						
						运用 = 资本累积 + 获取的金融资产净值 + 统计差异						

资料来源：IMF. 货币与金融统计手册及编制指南 2016［M］. 2018.

（二）详细的资金流量表

基本的资金流量表反映了各部门产生的负债净额和获取的金融资产净额，但无法反映谁为谁提供融资以及通过哪些金融工具融资，要解决这个问题，需要采用三维形式编制更为详细的资金流量表。详细的资金流量表是在基本的资金流量表基础上增加交易对手部门，通过交易对手部门提供可反映所有部门或子部门相关金融交易项目下的流量和存量的报表框架。

详细的资金流量表较为复杂，其复杂性主要由资金流量核算的账户类型、金融工具类别及子类别、债权人部门及子部门、债务人部门及子部门四个方面决定。将存量、交易、重估价和资产物量其他变化这四种账户类型和八大类工具类别、五个常住机构部门及国外部门合并在一起，理论上一套资金流量表会产生4×8×6×6=1152个单元格数据。例如，将工具类别数量增加到16个，部门数量增加到13个，就意味着有10816个单元格数据（见表1－2－7）。

表1－2－7 一整套详细的资金流量表核算的单元格数量

债务人和债权人部门/子部门的数量	金融工具的数量			
	2	3	8	16
2	32	48	128	256
3	72	108	288	576
6	288	432	1152	2304
8	512	768	2048	4096
13	1352	2028	5408	10816

资料来源：联合国，欧洲中央银行．国民核算手册：国民账户中的金融生产、金融流量与存量［M］．中国人民银行调查统计司译．北京：中国金融出版社，2018.

SNA2008为编制详细的资金流量表提供了一个基础模板，该模板由两部分组成，第一部分展示按资产类别和债务人部门交叉分类的资产交易，第二部分展示按债务类型和债权人部门交叉分类的负债交易。MFSMCG2016也建议使用类似表格追踪资金来源部门和使用部门之间的交易及交易中使用的金融工具，并提供了一个反映资金流量核算的三维表式（见表1－2－8）。该表反映了每一类金融工具的债权人和债务人部门及每一部门的资产和负债，而且，类似基本资金流量核算表中的部门金融净头寸，该表还展现了每一类金融工具的净头寸。表1－2－8的展现方式也可用于交易和其他流量，只需用金融净投资和其他净流量代替金融净头寸即可。

MFSMCG2016提倡以非合并方式编制详细的资金流量表，这意味着如果一个金融工具同时是同一部门的资产和负债，资产和负债头寸将同时反映在表中（表1－2－8的阴影单元格）。利用非合并方式编制数据，相应的资产/负债头寸可以进行比较。如果对部门内部数据进行合并的话，对角单元格（阴影单元格）代表的内部部门存量头寸为空，一定程度上会导致分析价值的丧失。此外，表1－2－8应作为一般模式看待，针对各国国情，详细的资金流量表编制有相当大的灵活性。事实上，各国实际使用的详细资金流量表通常采取降维形式编制，并发展成为“谁对谁”表的基本范式。在下一节我们单独介绍“谁对谁”表的框架和编制。

表1-2-8　　详细的资金流量表

发行者/债务人 持有者/债权人	金融公司			广义政府			非金融公司			住户及为住户服务的非营利性机构			国外部门			所有债务人		
	A	L	NP	A	L	NP	A	L	NP	A	L	NP	A	L	NP	A	L	NP
金融公司																		
货币黄金及特别提款权																		
……																		
其他应付/应收账款																		
广义政府																		
货币黄金及特别提款权																		
……																		
其他应付/应收账款																		
非金融公司																		
货币黄金及特别提款权																		
……																		
其他应付/应收账款																		
住户及为住户服务的非营利性机构																		
货币黄金及特别提款权																		
……																		
其他应付/应收账款																		
国外部门																		
货币黄金及特别提款权																		
……																		
其他应付/应收账款																		
所有债权人																		

资料来源：IMF. 货币与金融统计手册及编制指南2016［M］. 2018.

注：A＝金融资产，L＝负债，NP＝净头寸（金融资产减负债）。

六、“谁对谁”表的框架与编制

（一）“谁对谁”表的含义及作用

“谁对谁”表，国际上一般称为From Whom－to－Whom表（FWTW表），它是反映一项金融工具或多项金融工具在交易对手（机构部门）之间往来情况的资金流量表形式。与基本的资金流量表相比，“谁对谁”表具备很多新的重要的优势和作用。一是充实了监测货币传导机制的方法。“谁对谁”表能够反映债权人部门和债务人部门之间的直接金融联系，基于“谁对谁”表，我们不仅能够掌握各部门在弥补融资缺口时所采用的金融工具类型，还可以知道哪个或哪些部门（包括国外）提供了这些金融工具。二是有助于追踪金融风险传递的路径。一个部门的风险状况可能并不局限于本部门，还可能通过不同的金融工具在多个部门之间相互传导。基于不同金融工具的“谁对谁”表，可以追踪一个部门的资金状况变化是如何通过不同金融工具，以及不同的交易环节而影响到另一个部门。三是通过“谁对谁”表掌握一个机构部门内部各子部门之间的金融联系，例如，通过掌握金融机构内部各存款机构与特殊目的载体之间的金融资产和负债关系，实现对资金流动的穿透式监测。四是它是众多数量模型的数据基础，例如，基于“谁对谁”表可以直接开展乘数分析。

正是基于上述优势与作用，2008 年国际金融危机以来，“谁对谁”表得到发达国家官方层面的高度关注。自 2010 年以来，陆续有国家开启了“谁对谁”表的编制工作，如欧盟、英国、日本等国家，本书第三章还将讨论这些国家（地区）的“谁对谁”表的官方编制经验。

（二）“谁对谁”表的框架结构

如前所述，“谁对谁”表报表框架本质上与详细的资金流量表一致。当“谁对谁”表仅反映一个金融工具时，就是一个二维形式的“谁对谁”表，如果反映两个以上金融工具时，就是一个三维形式的“谁对谁”表。

1. 二维形式的“谁对谁”表

一般情况下，“谁对谁”表的框架结构是一张 n × n 的正方形表格（见表 1 – 2 – 9），表中的行表示某一部门的资金来源，即该部门的负债情况；列表示某一部门的资金运用，即该部门的金融资产情况，这个规则称作“行贷列借”，即二维形式的“谁对谁”表中某一机构部门的行和列，与基本的资金流量表中该机构部门账户的来源和运用一一对应。这样，二维形式的“谁对谁”表中的任何一个单元格都具有行和列的双重含义。例如，假设表 1 – 2 – 9 是一个反映贷款的“谁对谁”表，那么其中阴影标识的单位格（1，2）既表示非金融企业的贷款负债，又表示金融机构的贷款资产，从整体看，就是表示金融机构向非金融企业发放的贷款。所以，在解读“谁对谁”表时，一般的方式是从列到行，即列所在机构部门对行所在机构部门所支付的资金。

表 1-2-9　　二维形式的“谁对谁”表

机构部门		非金融企业	金融机构	政府	住户	国外	合计
		1	2	3	4	5	6
非金融企业	1						
金融机构	2						
政府	3						
住户	4						
国外	5						
合计	6						

2. 三维形式的“谁对谁”表

多数时候需要将多个金融工具的“谁对谁”表列在同一表格中，或者将同一金融工具多个时点的“谁对谁”表列在同一张表格，此时就需要构建三维形式的“谁对谁”表。此类表有多种形式，表 1-2-10 是欧盟公开发布的一种三维表形式。通过这种三维形式的“谁对谁”表，既可以看到每一种金融工具的“谁对谁”表，又能展示所有金融工具“谁对谁”表的汇总数。

表 1-2-10　　三维形式的“谁对谁”表

金融投资机构部门	负债机构部门	金融工具/不同时点				总计
		1	2	……	m	
1	1					
	2					
	……					
	n					
2	1					
	2					
	……					
	n					
……	1					
	2					
	……					
	n					
n	1					
	2					
	……					
	n					

续表

金融投资机构部门	负债机构部门	金融工具/不同时点				总计
		1	2	……	m	
1 2 …… n	所有部门					
所有部门	1					
	2					
	……					
	n					
所有部门	所有部门					

（三）“谁对谁”表的编制

“谁对谁”表的编制是指针对每一种金融工具，全面梳理涉及该金融工具的来源方和使用方的过程。如前所述，“谁对谁”表的复杂性主要体现为对数据源的细分要求较高，一般要求对基础统计制度进行标准化和细化；但也可以简化数据源采集要求，在基本的资金流量表基础上遵循一定的方法和原则编制而成。下面举例说明在基本资金流量表基础上编制“谁对谁”表的方法和步骤。

1. 确保总量相等

“谁对谁”表应与基本的资金流量表相衔接，需要使每一种金融工具“谁对谁”表中的行合计与列合计，对应等于基本的资金流量表中的来源方总量与运用方总量。

以2017年中国基本的资金流量表中的企业债券这一金融工具为例（见表1－2－11），我们首先可以确定企业债券的“谁对谁”表的行合计与列合计，即表1－2－12中的阴影部分。其中，非金融企业部门的企业债券运用方为3963亿元，表示非金融企业部门购买的企业债券增量为3963亿元；其来源方值为2607亿元，表示非金融企业发行的企业债券增量为2607亿元。据此，我们可以确定企业债券的“谁对谁”表中第一行的行合计为2607亿元，第一列的列合计为3963亿元。

表1－2－11 中国基本的资金流量表中的企业债券 单位：亿元

机构部门	非金融企业		金融机构		广义政府部门		住户部门		国外部门		合计	
	运用	来源	运用	来源	运用	来源	运用	来源	运用	来源	运用	来源
企业债券	3963	2607	－1544		830		77		－66	654	3260	3260

表 1－2－12　　企业债券"谁对谁"表（确定行合计与列合计）　　单位：亿元

机构部门		非金融企业	金融机构	广义政府	住户	国外	合计
		1	2	3	4	5	6
非金融企业	1						2607
金融机构	2						
广义政府	3						
住户	4						
国外	5						654
合计	6	3963	－1544	830	77	－66	

2. 确定交易对手数据

确定交易对手数据是"谁对谁"表编制的核心步骤。在形式上，表现为填列表 1－2－12 中的空白单元格。填列的关键在于能否找到合用的数据来源，这要求数据编制者根据金融工具的实际情况和业务资料去寻找合适的数据源，有时需要整合相关部门的统计数据资料，有时需要辅以合理推算，或者增加相应的调查等。

仍以企业债券"谁对谁"表为例，表 1－2－12 列示的五个部门中，能够发行企业债券的部门只有非金融企业和国外两个部门，而所有部门都能够购买企业债券。因此在表 1－2－12 中，在行上，只有第 1 行和第 5 行可以有数，第 2～4 行为空；在列上，5 列均可以有数。根据我国资本项目可兑换实际，如果在企业债券方面，只有非金融企业能够持有国外部门发行的债券，那么第 5 行只有第 1 列有数据。则相应可得到第 1 行各列的数据（见表 1－2－13）。

表 1－2－13　　企业债券"谁对谁"表　　单位：亿元

机构部门		非金融企业	金融机构	广义政府	住户	国外	合计
		1	2	3	4	5	6
非金融企业	1	3309	－1544	830	77	－66	2607
金融机构	2						
广义政府	3						
住户	4						
国外	5	654					654
合计	6	3963	－1544	830	77	－66	

3. 平衡校验

当完成所有金融工具的“谁对谁”表编制后，还需要对“谁对谁”表进行平衡校验或验证。理论上，加总后“谁对谁”表的行、列合计应相等，即在四式记账原则下，所有部门的全部资金来源必然等于所有部门的全部资金运用。如果出现不相等，则需要返回各项金融工具排查。由于数据来源、取数等原因造成的数据不平衡可用统计误差项进行反映。

第三章　资金流量金融交易核算的国际实践

目前，全球主要经济体均开展了资金流量核算，各国的资金流量表主要采取了SNA国民账户核算标准，核算框架大体一致，但在机构部门分类、金融工具分类、报表表式等方面各具特色。本章将分别介绍美国、日本、欧盟和英国资金流量核算的主要框架和做法，为我国资金流量表的编制提供参考和借鉴。

一、美国资金流量核算

美国是世界上第一个编制资金流量表的国家。1955年，美国首次出版《美国的资金流量：1939—1953年》。起初，美联储按季度发布《美国资金流量账户》，该账户成为美联储发布的核心金融数据。随着该报告的金融数据范围不断扩展，为了更好地与SNA2008等国际标准接轨，从2013年第一季度开始，美联储将其正式更名为《美国金融账户》，主要包括资金流量表、资产负债表和宏观经济账户。《美国金融账户》数据按季编制，由美联储分别于3月、6月、12月的第2周和9月的第3周发布上一个季度的数据。此外，美联储网站提供了《金融账户指南》（*Financial Accounts Guide*），帮助用户理解金融账户的项目构成及其数据来源。该指南在每季度公布金融账户时发布和更新。

（一）机构部门和金融工具分类

1. 机构部门分类

美国金融账户部门主要分为4个层级，分别为3个一级部门，20个二级部门，15个三级部门，6个四级部门，并将部门的流量数据和存量数据分别编码。具体分类情况见表1－3－1。

表 1－3－1　　美国机构部门分类表

部门	流量表代码	存量表代码
国内非金融部门	F. 100	L. 100
住户和非营利性组织	F. 101	L. 101
非金融企业	F. 102	L. 102
非金融公司制企业	F. 103	L. 103
非金融非公司制企业	F. 104	L. 104
广义政府	F. 105	L. 105
联邦政府	F. 106	L. 106
州和地方政府	F. 107	L. 107
国内金融部门	F. 108	L. 108
货币当局	F. 109	L. 109
私营存款机构	F. 110	L. 110
美国特许存款机构	F. 111	L. 111
外国银行在美办事处	F. 112	L. 112
美国附属地区银行	F. 113	L. 113
信用社	F. 114	L. 114
财产保险公司	F. 115	L. 115
人寿保险公司	F. 116	L. 116
人寿保险公司：一般账户	F. 116. g	L. 116. g
人寿保险公司：独立账户	F. 116. s	L. 116. s
私人和公共养老基金	F. 117	L. 117
私人养老基金	F. 118	L. 118
私人养老基金：固定福利计划	F. 118. b	L. 118. b
私人养老基金：固定缴款计划	F. 118. c	L. 118. c
联邦政府雇员退休基金	F. 119	L. 119
联邦政府雇员退休基金：固定福利计划	F. 119. b	L. 119. b
联邦政府雇员退休基金：固定缴款计划	F. 119. c	L. 119. c
州和地方政府雇员退休基金	F. 120	L. 120
州和地方政府雇员退休基金：固定福利计划	F. 120. b	L. 120. b
州和地方政府雇员退休基金：固定缴款计划	F. 120. c	L. 120. c
货币市场基金	F. 121	L. 121
共同基金	F. 122	L. 122
封闭式基金	F. 123	L. 123
交易所交易基金	F. 124	L. 124
政府赞助企业（Government－Sponsored Enterprises，GSEs）	F. 125	L. 125
机构和政府赞助企业支持的抵押贷款池	F. 126	L. 126

续表

部门	流量表代码	存量表代码
资产支持证券发行人	F. 127	L. 127
财务公司	F. 128	L. 128
房地产投资信托基金	F. 129	L. 129
权益型房地产投资信托基金	F. 129. e	L. 129. e
抵押型房地产投资信托基金	F. 129. m	L. 129. m
证券经纪人和交易商	F. 130	L. 130
控股公司	F. 131	L. 131
其他金融公司	F. 132	L. 132
国外	F. 133	L. 133

资料来源：《美国金融账户（2020 年第三季度）》。

2. 金融工具分类

《美国金融账户》金融工具分为3个层级，其中19个一级工具、12个二级工具、4个三级工具，并将金融工具的资金流量、存量数据分别编码。鉴于数据来源于多个部门，计量误差、信息缺失和信息来源格式不统一等都会导致数据偏差，因此，金融账户设置了“部门误差”与“工具误差”等两个统计项目，分别统计各部门或金融工具资金来源和运用的差异。具体见表1－3－2。

表1－3－2 美国资金流量金融工具分类表

金融工具分类	流量表代码	存量表代码
美国官方储备资产和特别提款权分配	F. 200	L. 200
特别提款权证和国库现金	F. 201	L. 201
国外存款	F. 202	L. 202
银行间头寸	F. 203	L. 203
支票存款和通货	F. 204	L. 204
定期和储蓄存款	F. 205	L. 205
货币市场基金份额	F. 206	L. 206
联邦基金和证券回购协议	F. 207	L. 207
债务证券	F. 208	L. 208
公开市场票据	F. 209	L. 209
国库券	F. 210	L. 210
机构和 GSEs 支持证券	F. 211	L. 211
市政证券	F. 212	L. 212
公司债券和外国债券	F. 213	L. 213

续表

金融工具分类	流量表代码	存量表代码
贷款	F. 214	L. 214
存款机构贷款	F. 215	L. 215
其他贷款和垫款	F. 216	L. 216
抵押贷款	F. 217	L. 217
家庭住房抵押贷款	F. 218	L. 218
多户家庭住宅抵押贷款	F. 219	L. 219
商业抵押贷款	F. 220	L. 220
农场抵押贷款	F. 221	L. 221
消费信贷	F. 222	L. 222
公司股权	F. 223	L. 223
共同基金份额	F. 224	L. 224
贸易信贷	F. 225	L. 225
人寿保险准备金	F. 226	L. 226
养老基金权益	F. 227	L. 227
企业应付税款	F. 228	L. 228
非公司制企业所有者权益	F. 229	L. 229
直接投资	F. 230	L. 230
其他金融债权	F. 231	L. 231
确认的其他金融债权Ⅰ	F. 232	L. 232
确认的其他金融债权Ⅱ	F. 233	L. 233
未确认的其他金融债权	F. 234	L. 234
部门误差	F. 7	
工具误差	F. 8	

资料来源：《美国金融账户（2020 年第三季度）》。

（二）数据来源

美国金融账户数据来源广泛，除了美联储的金融统计数据之外，还包含政府部门（美国经济分析局、财政部、人口普查局、证券交易委员会、国家信用合作社管理局、劳工部、联邦住房金融局等部门）、行业协会（美国信用社协会、投资公司协会等）、第三方数据公司（标普全球、彭博社等）等相关部门共享的数据。从数据源形式看，美国资金流量核算的数据源形式多样，如各部门资产负债表、财务报表（报告）、专项调查数据、业务明细数据等。相关部门的主要数据来源见表 1 -3 -3。

表 1-3-3 各机构部门主要数据来源

部门表	主要数据来源
F. 101 住户和非营利性组织	金融工具总额减去其他部门数据的余额
F. 103 非金融公司制企业	人口普查局季度财务报告、国内税务局收入统计数据、美国人口普查局制造业、矿业、贸易和特定服务业季度财务报告
F. 104 非金融非公司制企业	国内税务局提交的纳税申报单汇编的收入统计数据
F. 106 联邦政府	月度国库收支报表和月度公共债务报表数据
F. 107 州和地方政府	州和地方政府财务报告
F. 109 货币当局	美国联邦储备银行合并财务报告、美联储统计报表
F. 111 美国特许存款机构	美国联邦储备银行合并财务报告、美联储统计报表、美国特许存款机构季度报告
F. 112 外国银行在美办事处	外国银行在美办事处的资产负债季度报告
F. 113 美国附属地区银行	美国特许存款机构及其分支机构的资产负债季度报告
F. 114 信用社	信用社协会数据、国家信用合作社管理局数据
F. 115 财产保险公司	标普（S&P Global）编制的财险公司年度财务报表、财产和意外伤害保险法定财务报表
F. 116. g 人寿保险公司：一般账户	标普编制的寿险公司年度财务报表和寿险公司法定财务报表
F. 116. s 人寿保险公司：独立账户	
F. 118. b 私人养老基金：固定福利计划	美国劳工部私人养老基金计划公报和统计报表
F. 118. c 私人养老基金：固定缴款计划	
F. 119. b 联邦政府雇员退休基金：固定福利计划	国家铁路退休投资信托年度财务报表
F. 119. c 联邦政府雇员退休基金：固定缴费计划	节约储蓄计划数据、月度公共债务报告
F. 120. b 州和地方政府雇员退休基金：固定福利计划	美国人口普查局公共养老基金年度调查数据
F. 120. c 州和地方政府雇员退休基金：固定缴费计划	美国劳工部私人养老基金计划公报和统计报表，美国投资公司协会统计报表
F. 121 货币市场基金	美国投资公司协会统计报表
F. 122 共同基金	美国投资公司协会统计报表
F. 123 封闭式基金	美国投资公司协会统计报表
F. 124 交易所交易基金	美国投资公司协会统计报表
F. 125 政府赞助企业	各机构（合并）资产负债表/合并财务状况报告
F. 126 机构和政府赞助企业支持的抵押贷款池	美联储房地产金融统计数据和联邦住房金融局统计数据
F. 127 资产支持证券发行人	美联储统计数据、标普和彭博社数据
F. 128 财务公司	美联储采集的财务公司季度财务报告、每五年一次基准调查数据和月度抽样调查数据

续表

部门表	主要数据来源
F. 129. e 权益型房地产投资信托基金	标普编制的房地产投资信托基金明细数据
F. 129. m 抵押型房地产投资信托基金	
F. 130 证券经纪人和交易商	证券经纪商提交给美国证券交易委员会的报表
F. 131 控股公司	美联储统计报表
F. 132 其他金融公司	美联储统计报表、金融稳定办公室月度财政报告
F. 133 国外部门	经济分析局的国际交易表、国际投资头寸表，财政部国际资本系统报表

（三）编制方法

从美国金融账户数据来源看，美联储根据源数据填报资金流量表数据时，主要采用以下方式。

1. 直接填报源数据

根据从机构获取的原始数据直接填报到资金流量表相应项目，如住户部门表中的消费信贷，直接根据美联储消费信贷月度统计中的消费信贷数据填报。

2. 对源数据估算填报

由于源数据统计口径或范围与资金流量表中统计项目不完全一致，在缺乏其他可用数据情况下，根据资金流量表中统计项目内涵，对源数据进行估算后填报，主要估算方式有：

（1）对源数据按一定比例拆分。此情形主要针对源数据是汇总数据、而资金流量表需要填报分类数据的情况。按照拆分比例是否固定，可以分为固定比例拆分和可变比例拆分。固定比例拆分指按照一个固定的百分数对源数据进行拆分，如财务公司部门表中支票存款和通货、定期和储蓄存款，按照财务公司季度财务报告中现金和现金等价物分别乘以25%、75%填列。可变比例拆分指按照分项业务占总业务的比例对源数据进行拆分，如权益型房地产投资信托基金部门表中，“多户家庭住宅抵押贷款（负债）”等于权益型房地产投资信托基金的担保债务和融资租赁项债务之和乘以贷款中多户家庭住房贷款占比，“商业用房抵押贷款（负债）”等于权益型房地产投资信托基金的担保债务和融资租赁项债务之和乘以贷款中商业用房贷款占比。

（2）按源数据的一定比例填报。此种情形主要针对源数据存在高估或低估的情况，由美联储工作人员按照一个固定比例对源数据进行修正后填报。例如，资产支持证券发行人部门表中"其他贷款和垫款（资产）"项下的"对非金融性公司的银团贷款"数据在国民信贷项目（SNC）源数据基础上向上修正20%。

（3）根据全面调查数据和抽样调查数据估算。此种情形主要针对当期源数据为抽样调查数据，机构范围不全，而包含全部机构范围的全面调查数据每隔几年才开展一次，时效性较差。为此，根据全面调查数据对抽样调查数据进行估算后填列，如财务公司部门表中，大部分数据都是由美联储在财务公司季度财务报告基础上，根据每五年一次基准调查数据和月度抽样调查数据估计后填列。

3. 对源数据进行汇总后填报

美联储资金流量表部分源数据为微观明细数据，需要美联储对明细数据进行汇总后填列。例如，房地产投资信托部门表中大部分数据来源为标普公司编制的房地产投资信托基金明细数据，由美联储根据明细数据中相关字段进行汇总后填列到表中相应统计项目。

（四）报表框架

现行发布的美国金融账户共有195张表，总体可以划分为六大项内容，分别是数据概要、资金流（存）量按部门分类表（以下简称部门表）、资金流（存）量按金融工具分类表（以下简称金融工具表）及统计误差表、资产负债表和净值变化表、补充资产负债表、综合宏观经济账户。

1. 数据概要

数据概要是金融账户所有报表的概览，是对其余五部分报表主要数据的集中展示，包括资金交易流量矩阵表、资金存量矩阵表、债务增长率分部门表、债务变化分部门表、未偿债务余额分部门表、净财富来源表、国内生产总值分配表、国民收入分配表、储蓄和投资分部门表、净资本转移表、私人部门储蓄来源表、私人部门金融资产和负债表，共计12张表。数据概要以资金交易流量表、资金存量表为核心，概括反映各部门、各金融工具之间的资金交易规模和资金运动方向。

资金交易流量矩阵表和资金存量矩阵表采取"金融工具（行）×机构部门（列）"的形式。两表的列表示部门，共9列，其中前8列为机构部门列，分别为住户和非营利性组织、非金融企业、联邦政府、州和地方政府、国内非金融部门、国内金融部门、国外部门、部门总计，最后 1 列为金融工具误差，对应每项金融交易的误差；行表示交易项目，流量表的前 10 行展示资本账户变化净值（非金融交易），后 33 行展示金融交易项目；存量表前 3 行展示总计项，后 30 行展示金融交易项目。两表的主要金融交易项目基本一致，均包含 30 个金融交易项目，最后一行为统计误差项，对应每个部门的误差。具体格式见表 1 –3 –4和表 1 –3 –5。

表 1 –3 –4　　资金交易流量矩阵表

类别	序号	项目名称	部门	
			资金来源	资金运用
非金融交易	1	总储蓄减资本转移支出净额		
	2	资本消耗		
	3	净储蓄额（1 –2）		
	4	投资总额（5 +11）		
	5	资本支出		
	6	耐用消费品		
	7	住宅		
	8	非住宅（设备、建筑物、知识产权产品）		
	9	存货变动		
	10	非生产性非金融资产		
金融交易	11	净贷出（ + ）/净借入（ – ）		
	12	金融资产净获得		
	13	负债和权益净增额		
	14	美国官方储备资产		
	15	特别提款权证		
	16	国库现金		
	17	国外存款		
	18	银行间头寸		
	19	支票存款和通货		
	20	定期和储蓄存款		
	21	货币市场基金份额		
	22	联邦基金和证券回购协议		
	23	债务证券		
	24	公开市场票据		
	25	国库券		
	26	机构和 GSEs 支持证券		
	27	市政证券		
	28	公司债券和外国债券		

续表

类别	序号	项目名称	部门	
			资金来源	资金运用
金融交易	29	贷款		
	30	存款机构贷款		
	31	其他贷款和垫款		
	32	抵押贷款		
	33	消费信贷		
	34	公司股权		
	35	共同基金份额		
	36	贸易信贷		
	37	人寿保险准备金		
	38	养老基金权益		
	39	企业应付税款		
	40	非公司制企业所有者权益		
	41	美国在海外直接投资		
	42	国外在美直接投资		
	43	其他金融债权		
	44	部门误差（1－4）		

资料来源：《美国金融账户（2020 年第三季度）》。

表 1－3－5　资金存量矩阵表

类别	序号	项目名称	部门	
			资金来源	资金运用
总计项	1	金融资产总计		
	2	负债和权益总计		
	3	负债总计		
金融工具	4	美国官方储备资产		
	5	特别提款权证		
	6	国库现金		
	7	国外存款		
	8	银行间头寸		
	9	支票存款和通货		
	10	定期和储蓄存款		
	11	货币市场基金份额		
	12	联邦基金和证券回购协议		
	13	债务证券		
	14	公开市场票据		
	15	国库券		
	16	机构和 GSEs 支持证券		
	17	市政证券		

续表

类别	序号	项目名称	部门	
			资金来源	资金运用
金融工具	18	公司债券和外国债券		
	19	贷款		
	20	存款机构贷款		
	21	其他贷款和垫款		
	22	抵押贷款		
	23	消费信贷		
	24	公司股权		
	25	共同基金份额		
	26	贸易信贷		
	27	人寿保险准备金		
	28	养老基金权益		
	29	企业应付税款		
	30	非公司制企业所有者权益		
	31	美国在海外直接投资		
	32	国外在美直接投资		
	33	其他金融债权		

资料来源：《美国金融账户（2020 年第三季度）》。

2. 部门表

部门表是对金融交易流量和存量的分部门展示，每一个部门对应流量和存量 2 张表，共 44 个部门。流量表和存量表的宾栏均表示时间，相当于针对每一个部门所涉及的金融工具提供了时间序列数据；主栏表示交易项目。部门流量表的主栏主要由 4 类指标组成，第一类是非金融交易的资本账户类指标，主要反映该部门的资金来源、分配、转移情况；第二类和第三类为金融交易项目类指标，分别反映金融类资产工具和负债工具，不同部门包括的金融交易项目种类有所不同；第四类为统计误差。

3. 金融工具表

金融工具表统计各部门发行或持有某一金融工具的资金情况，共有 72 张表；其中，35 张流量表，35 张存量表，2 张统计误差表。金融工具流量表由负债净变化额和资产净变化额组成，负债净变化额项下分别列示发行该金融工具获取资金的部门，资产净变化额项下分别列示持有该金融工具的部门。金融工具存量表由负债总计和资产总计组成，其对应的部门与金融工具流量表一致。以支票存款和通货为例，见表 1－3－6。

表1-36　支票存款和通货表

	序号	项目	时间
发行部门	1	负债总计（存量）/负债净变化额（流量）	
	2	货币当局	
	3	联邦政府现金和存款	
	4	政府赞助企业存款	
	5	其他金融公司存款	
	6	国外存款	
	7	银行外的通货	
	8	美国特许存款机构	
	9	联邦政府存款	
	10	州和地方政府存款	
	11	国外存款	
	12	国内私有部门存款	
	13	外国银行在美办事处	
	14	国外存款	
	15	国内私有部门存款	
	16	美国附属地区银行	
	17	信用社	
持有部门	18	资产总计（存量）/资产净变化额（流量）	
	19	住户部门	
	20	非金融企业	
	21	公司制	
	22	非公司制	
	23	联邦政府	
	24	州和地方政府	
	25	国内金融部门	
	26	财产保险公司	
	27	人寿保险公司	
	28	私人养老基金	
	29	联邦政府雇员退休基金	
	30	州和地方政府雇员退休基金	
	31	货币市场基金	
	32	政府赞助企业	
	33	财务公司	
	34	房地产投资信托基金（REITs）	
	35	证券经纪人和交易商	
	36	其他金融公司	
	37	国外	
	38	支票存款	
	39	通货	
	40	误差	

资料来源：《美国金融账户（2020年第三季度）》。

金融工具表部分包括两张统计误差表，分别是部门误差表和金融工具误差表。部门误差表展示各部门资金来源的总额与其资金运用总额的差值，共包括19个部门；金融工具误差表展示各类金融工具资金筹集总额与资金支付总额之间的差额，包括13个误差项。部门误差表和金融工具误差表见表1－3－7、表1－3－8。

表1－3－7　　部门误差表

序号	部门	时间
1	所有部门	
2	住户部门	
3	非金融公司制企业	
4	联邦政府	
5	州和地方政府	
6	国内金融部门	
7	货币当局	
8	美国特许存款机构	
9	外国银行在美办事处	
10	美国附属地区银行	
11	信用社	
12	财产保险公司	
13	人寿保险公司	
14	共同基金	
15	政府赞助企业	
16	资产支持证券发行人	
17	财务公司	
18	房地产投资信托基金（REITs）	
19	证券经纪人和交易商	
20	控股公司	
21	国外部门	

表1－3－8　　金融工具误差表

序号	交易项目	时间
1	总计	
2	国库现金	
3	国外存款	
4	银行间头寸	
5	证券回购协议	

续表

序号	交易项目	时间
6	支票存款和通货	
7	联邦政府	
8	州和地方政府	
9	国内私有部门	
10	贸易信贷	
11	应付税款	
12	其他	
13	非金融交易：总储蓄误差	
	非金融交易：总储蓄误差构成（符号相反）	
14	GDP/国民总收入统计误差*	
15	住户部门的政府社会保障缴款	

资料来源：《美国金融账户（2020 年三季度）》。

注：国民总收入统计误差来自国民收入与生产账户（National Income and Product Accounts，NIPA）。

4. 资产负债表和净值变化表

资产负债表和净值变化表包括住户和非营利性组织、非金融公司制企业、非金融非公司制企业 3 个部门的资产负债表和净值变化表。资产负债表按资产（包括金融资产与非金融资产）、负债、净值三类分别列示。净值变化表按照净投资、净持有收益和资产物量其他变化三类分别列示。以住户和非营利性组织为例，其资产负债表和资产负债净值变化表见表 1－3－9 和表 1－3－10。

表 1－3－9　资产负债表

类别	行序号	项目	时间
资产方工具	1	资产	
	2	非金融资产	
	3	房产（市场价值）	
	4	住户	
	5	非营利性组织	
	6	设备（重置成本）	
	7	知识产权产品（重置成本）	
	8	耐用消费品（重置成本）	
	9	金融资产	
	10	国外存款	
	11	支票存款和通货	
	12	定期和储蓄存款	
	13	货币市场基金份额	

续表

类别	行序号	项目	时间
资产方工具	14	债务证券	
	15	国库券	
	16	机构和 GSEs 支持证券	
	17	市政证券	
	18	公司债券和外国债券	
	19	贷款	
	20	其他贷款和垫款	
	21	抵押贷款	
	22	消费信贷（学生贷款）	
	23	公司股权	
	24	共同基金份额	
	25	应收账款	
	26	人寿保险准备金	
	27	养老基金权益	
	28	非公司制企业所有者权益	
	29	其他资产	
负债方工具	30	负债	
	31	债务证券（市政债券）	
	32	贷款	
	33	住房抵押贷款	
	34	消费信贷	
	35	存款机构贷款	
	36	其他贷款和垫款	
	37	商业住房抵押贷款	
	38	应付账款	
	39	延期或未支付的人寿保险费	
净值	40	净值	
备忘项目	41	美国个人退休账户（IRAs）持有的资产	
	42	529 高校计划持有的资产	
	43	高校储蓄计划	
	44	预支付学费计划	
		建筑（重置成本）	
	45	住宅	
	46	住户	

续表

类别	行序号	项目	时间
资本净值	47	非营利性组织	
	48	非住宅（非营利性组织）	
	49	个人可支配收入（DPI）	
	50	净值/个人可支配收入（百分比）（40/49）	
	51	房产所有者的权益（4－33）	
	52	房产所有者的权益/房产资产（百分比）（51/4）	

资料来源：《美国金融账户（2020 年第三季度）》。

表 1－3－10　　净值变化表

序号	项目	时间
1	净值变化	
2	净投资	
3	净实物投资	
4	资本支出	
5	住宅	
6	非住宅（非营利性组织的设备、建筑物、知识产权产品）	
7	耐用消费品	
8	非生产性非金融资产	
9	－固定资本消耗	
10	住宅	
11	非住宅（非营利性组织的设备、建筑物、知识产权产品）	
12	耐用消费品	
13	净贷出（＋）/净借入（－）	
14	金融资产净获得	
15	－负债净增加	
16	净持有收益	
17	非金融资产	
18	房产	
19	设备	
20	知识产权产品	
21	耐用消费品	
22	金融资产	
23	债务证券	
24	公司股权	
25	共同基金份额	
26	人寿保险准备金	
27	养老基金权益	
28	非公司制企业所有者权益	

续表

序号	项目	时间
29	公私合营投资计划（PPIP）下的股权投资	
30	其他金融资产	
31	资产物量其他变化	
	备忘项目：	
32	净值余额	
33	个人可支配收入	

资料来源：《美国金融账户（2020 年第三季度）》。

5. 补充资产负债表

此部分主要是对第四部分中住户和非营利性组织部门资产负债表的补充，分别展示住户部门、非营利性组织部门、住户和非营利性组织部门（包含详细的债务和股权持有情况）的资产负债表。

6. 综合宏观经济账户

综合宏观经济账户将美国经济体的生产、收入与财富变动相互连接成一体，主要反映住户和非营利性组织、非金融企业、金融公司、广义政府和国外部门五大经济部门收入来源及使用、资本形成、资金来源与运用、资产构成等一系列资金循环过程和结果。共 14 张表，每张表由经常账户、资本账户、金融账户、其他数量变动账户、重估价账户、期末资产负债表等分账户构成。具体见表 1－3－11。

表 1－3－11　　综合宏观经济账户表各类报表主要内容

<table>
<tr><th>序号</th><th>报表</th><th>主要内容</th></tr>
<tr><td>1</td><td>全部经济体经常账户</td><td>经济体增加值、初始收入、可支配收入、净储蓄的来源和构成情况</td></tr>
<tr><td>2</td><td>全部经济体和部门汇总账户</td><td>经济体增加值、净储蓄、资本转移支出、净贷出/净借入、资产净值等在住户和非营利性组织、非金融非公司部门、非金融企业部门、金融部门、联邦政府、州和地方政府、及国外部门中的分布情况</td></tr>
<tr><td>3</td><td>住户和非营利性组织账户</td><td rowspan="12">各部门经常账户、资本账户、金融账户、其他数量变动、重估价账户、期末资产负债账户，反映各部门收入来源及使用、非金融资产交易、金融交易、资产变动、期末资产负债等情况</td></tr>
<tr><td>4</td><td>非金融非公司制企业账户</td></tr>
<tr><td>5</td><td>非金融公司制企业账户</td></tr>
<tr><td>6</td><td>金融部门账户</td></tr>
<tr><td>7</td><td>中央银行账户</td></tr>
<tr><td>8</td><td>私营存款机构账户</td></tr>
<tr><td>9</td><td>保险公司账户</td></tr>
<tr><td>10</td><td>养老基金账户</td></tr>
<tr><td>11</td><td>其他金融公司账户</td></tr>
<tr><td>12</td><td>联邦政府账户</td></tr>
<tr><td>13</td><td>州和地方政府账户</td></tr>
<tr><td>14</td><td>国外部门账户</td></tr>
</table>

资料来源：根据《美国金融账户（2020 年第三季度）》整理。

此外，为了提供更丰富、更详细的补充信息，弥补金融账户在结构性信息方面的不足，美联储在现有金融账户的基础上按季度发布增强型金融账户（Enhanced Financial Accounts，EFAs）。增强型金融账户运用图和表的方式展示了住户部门、银行、非银行金融机构、非金融企业部门和国外部门的部分子部门或金融工具的结构信息（见表1－3－12）。

表1－3－12　增强型金融账户的主要内容

序号	部门	主要内容
1	住户	住户部门财富分布；州、县、大都市（Metropolitan Statistical Areas，MSA）的住户债务分布；各州的529高校计划；自有住房财富分布
2	银行	存款性机构资产负债表（合并）；存款性机构表外项目；存款性机构抵押贷款和消费贷款的违约率分布
3	非银行金融机构	对冲基金；州和地方政府固定福利养老基金计划；货币市场基金月度持有投资详情；人寿保险公司发行的存单支持证券
4	非金融企业	股票发行和退市；金融机构银团贷款组合的风险分布
5	国外	月度国外持有长期证券情况

资料来源：美联储官网（https：//www. federalreserve. gov）。

二、日本资金流量核算

日本银行从1958年开始编制资金流量账户（Japan's Flow of Funds Accounts，J－FFA），年度数据从1954年开始，季度数据从1964年第一季度开始。每季度后3个月发布季度初步数据，大约6个月后发布经过修订后的数据。每年9月公布年报，包括时间序列数据和修订后的数据。日本的资金流量核算包括金融交易的流量和存量核算，主要呈现金融交易引起的金融资产和负债变化、期末金融资产和负债余额以及存流量之间的差额。

日本资金流量核算是随着SNA的修订不断完善和发展的。历次修订中最为重要的是1999年和2016年的修订（见表1－3－13）。1999年的修订主要是为了保持与SNA1993的一致，修订后的数据追溯到1980年。2016年的修订主要是应对金融和经济环境的快速变化：一是保持与SNA2008的一致性；二是保持与日本国民账户的一致性；三是改善J－FFA的实用性，通过提升非银行部门的统计精度，有助于分析老龄化、政府对产业推动等重大事项，修订后的数据追溯到2005年第二季度。

表 1－3－13　　J－FFA 历次修订后的数据追溯情况

<table>
<tr><th>年度</th><th>基于 SNA1968</th><th>基于 SNA1993</th><th>基于 SNA2008</th></tr>
<tr><td>1954—1979 年</td><td rowspan="2">自然年度/财政年度（1954—1998 年）
季度性（1964 年第一季度至 1999 年第一季度）</td><td>无追溯性数据</td><td rowspan="4">无追溯性数据</td></tr>
<tr><td>1980—1998 年</td><td rowspan="4">财政年度（1980—2014 年）
季度性/自然年度（1998 年第一季度至 2015 年第三季度）</td></tr>
<tr><td>1999—2004 年</td><td rowspan="4">从 1999 年第二季度之后无数据</td></tr>
<tr><td>2005</td></tr>
<tr><td>2006—2015 年</td><td rowspan="2">财政年度（2005—）
自然年度（2006—）
季度性（2005 年第二季度至）</td></tr>
<tr><td>2016—</td><td>从 2015 年第四季度之后无数据</td></tr>
</table>

资料来源：《日本资金流量账户指南（2016 版）》。

（一）机构部门和金融交易项目分类

1. 机构部门分类

日本资金流量核算中的机构部门分为 5 个层级，分别为 6 个一级部门，12 个二级部门，12 个三级部门，15 个四级部门，5 个五级部门。此外，将非金融公司、广义政府、住户和为住户服务的私营非营利性机构合称为国内非金融部门，将金融机构部门中的养老基金和社会保障基金中的公共养老基金合称为养老基金部门。详细情况见表 1－3－14。

表 1－3－14　　J－FFA 的部门和主要机构表

<table>
<tr><th colspan="4">部门名称</th><th>主要机构</th></tr>
<tr><td rowspan="7">金融机构</td><td colspan="3">中央银行</td><td>日本银行</td></tr>
<tr><td rowspan="6">存款性公司</td><td rowspan="4">银行</td><td>国内注册（持牌）银行</td><td>国内注册（持牌）银行</td></tr>
<tr><td>在日外国银行</td><td></td></tr>
<tr><td>服务于农林渔业金融机构</td><td>农林中央金库银行、农业合作社、县农业合作社信用联合会、渔业合作社、县渔业合作社信用联合会</td></tr>
<tr><td>服务于小型企业金融机构（2007 年第四季度开始包含日本邮政银行）</td><td>信用金库银行、信用金库中央银行、共商组合中央金库银行、信用合作社、新澄联合银行、劳工银行、劳动金库联合银行、日本邮政银行</td></tr>
<tr><td colspan="2">邮政储蓄（截至 2007 年第三季度）</td><td></td></tr>
<tr><td colspan="2">集合管理信托</td><td></td></tr>
</table>

续表

部门名称					主要机构
金融机构	证券投资信托	债券投资信托			
			其中：MMF 和 MRF		
		股票投资信托			
	保险和养老基金	保险	人寿保险		
				其中：私营人寿保险公司（截至 2007 年第三季度）	
			非人寿保险		
				其中：私营非人寿保险公司	私营非人寿保险公司
				其中：标准化担保机构	日本信用担保公司联合会、日本教育交流与服务机构、农林渔业信贷基金会中的一部分、住房贷款担保公司
			互助保险		全国农业合作社互助保险联合会、全国渔业合作社互助保险联合会、全国职工和消费者保险合作社联合会、县职工和消费者保险合作社联合会
		养老基金	企业养老基金	固定福利计划	员工退休基金、固定福利企业养老基金、原合格退休金计划
				固定缴款计划	固定缴款计划养老基金（公司型）
			其他养老基金		固定缴款养老基金计划（个人型）、国家养老基金等
	其他金融中介机构	非银行	财务公司		财务公司（不包括建筑、房地产）、证券财务公司、重组和回收公司等
			结构性融资的特殊目的公司和信托		
		公共金融机构	财政贷款基金		
			政府金融机构		财政贷款基金以外的公共投资贷款专用账户、政府金融机构、以金融中介为主要业务的其他特殊公司和公司制行政机构、前日本工业振兴公司
		金融交易商和经纪人			
			其中：证券公司		证券公司
	金融辅助机构				
		其中：金融控股公司			金融控股公司
	公共专属金融机构				日本高速公路控股和债务偿还机构、日本市政金融组织

续表

部门名称			主要机构
非金融公司	私营非金融公司		营利性公司、医疗公司等
	公共非金融公司		某些特殊公司，如公共企业、政府金融公司和公司制行政机构，中央政府的企业专用账户、地方公共企业
广义政府	中央政府		中央政府一般账户，未纳入其他部门的国家专项账户，某些特殊公司如公共企业、授权公司、其他公司制行政机构
	地方政府		都道府县、市、町、村和特别区，部分授权公司和地方公司制行政机构
	社会保障基金		
		其中：公共养老基金	部分国家特别账户、政府养老金投资基金、员工福利保险账户和互助会的过渡性长期账目、农民养老基金（原养老金计划账户）
住户			
为住户服务的私营非营利性机构			
国外			
总计			
以上合计			
国内非金融部门			非金融公司、广义政府、住户和为住户服务的私营非营利性机构的总计
养老基金部门			金融机构部门中的养老基金总额和社会保障基金中的“其中：公共养老基金”

资料来源：《日本资金流量账户指南（2016 版）》。

2. 交易项目分类

J－FFA 中的交易项目分为 3 个层级，14 个一级项目，36 个二级项目，7 个三级项目。详细情况见表 1－3－15。

表 1－3－15　　J－FFA 的金融交易项目分类表

交易项目	主要金融工具
通货和存款	
通货	日本银行纸币、硬币
在日本银行的存款	
政府存款	活期存款、特殊存款、委托存款、政府发行票据的准备金
可转让存款	活期存款、普通存款、储蓄存款、通知存款、特殊存款、税收支付储备金、普通邮政储蓄

续表

交易项目	主要金融工具
定期和储蓄存款	定期存款、分期储蓄、定期储蓄、邮政储蓄（普通邮政储蓄除外）
存款凭证	
外币存款	外币活期存款、外币普通存款、外币通知存款、外币特别存款、外币定期存款、计入外汇储备的外币存款
财政贷款基金存款	指其他专户和事业单位在财政投贷款计划专户的财政存款，它们为财政投资和贷款提供资金，如公共金融机构的贷款
贷款	
日本银行贷款	
通知贷款和票据	无担保通知贷款、担保通知贷款、日元计价通知贷款、外币计价通知贷款
私营金融机构贷款	
住房贷款	
消费贷款	消费金融、消费信贷、教育贷款
公司和政府贷款	
公共金融机构贷款	
其中：住房贷款	
非金融部门贷款	
分期贷款（不包括消费信用贷款）	信用延期、融资租赁
回购协议及证券借贷交易	债券（出售和回购）交易、有现金担保的债券借贷交易
债务证券	
国库贴现票据	
中央政府证券、日本财政投资和贷款计划项目债券	超长期政府债券、长期计息政府债券、中期贴现政府债券、计息中期政府债券、短期贴现政府债券、财政贷款基金债券、继承政府债券
地方政府债券	公开发行市政债券、非认购市政债券
公共企业债券	公共企业债券、公有财政公司债券、代理债券
银行债券	有息银行债券、贴现银行债券
企业债券	国内直接投资债券、带认股权证的国内债券
其他常住单位发行的外债	其他常住单位在境外市场发行的债券
商业票据	
信托受益权	集合管理的特定货币信托和贷款信托
结构性融资工具	国内公司资产支持债券、资产支持商业票据、信托受益权的货币债权
股权和投资基金份额	
股权	
上市股票	在证券交易所上市的股票

续表

交易项目	主要金融工具
非上市股票	未在证券交易所上市的股票，未在市场上交易的上市公司的股票
其他股权	股份制公司、特殊标的公司等以外的公司中持有的股权
投资信托受益凭证	债券投资信托、股票投资信托、房地产投资信托
保险、养老基金和标准化担保计划	
非寿险技术准备金	储蓄型非寿险、互助保险
寿险准备金	储蓄型寿险
年金权益	人寿保险公司和互助保险公司的储蓄型年金政策准备金
养老基金权益	企业养老基金、个人养老基金
养老基金对养老基金管理人的债权	
标准化担保代偿准备金	
金融衍生工具和雇员股票期权	
远期工具	远期利率协议、利率掉期（互换）、货币掉期（互换）、外汇合约、外汇保证金交易（未结算头寸）
期权工具	场外市场债券期权、场外市场利息期权、场外市场货币期权、政府债券期权、短期日元利息期货期权、东京股票交易所股票价格指数期权、日经股票平均价格期权
雇员股票期权	
特定主体存款	金融交易所保证金、租户担保金、员工在公司存款等
贸易信贷和外贸信贷	应收贸易账款、应付贸易账款、应收票据、应付票据
应收/应付账款	应计收入和费用、预付费用和未到期收入、应收账款和应付账款、预付款和预收款项
对外直接投资	海外公司股本（用于控制目的）
对外证券投资	非居民发行的股票、非居民发行的债券
其他对外债权债务	
其中：货币黄金和特别提款权	货币黄金、特别提款权（SDR）、IMF 储备头寸
其他	
资金盈余和赤字	（金融交易表中）
资产和负债差异	（金融资产和负债表中）
调整金额差异	（调整表中）
（参考）外汇储备	

资料来源：《日本资金流量账户指南（2016 版）》。

（二）数据来源

日本资金流量核算的数据主要通过三个途径获得：一是通过货币与金融统计获取银行业的数据；二是通过收集机构和企业财务报表、行业数据报表等获取非银行业数据；三是通过日本银行组织的专项调查，根据样本数据估算得到。具体如表 1－3－16。

表 1－3－16　　　　J－FFA 的数据来源

交易项目	数据来源
通货和存款	金融机构的财务报表。其中，金融机构的数据根据其财务报表确定，住户和私营非金融公司的数据则主要是根据存款统计数据确定
财政贷款基金存款	财政贷款基金的财务报表
贷款	金融机构的财务报表及按部门划分的贷款和票据统计数据
债务证券	负债方的债务证券来源于债券市场的统计数据，资产方的债务中证券来源于机构的财务报表及托管部门（债券登记机构）的持有和出售数据
股权	上市股票基于流通市值，非上市股票和其他股权基于各部门的财务报表
投资信托受益凭证	投资信托协会编制的投资信托数据（契约型公开发行的投资信托的资产变动等），东京证券交易所发行的房地产投资信托的市场总价等
保险、养老基金和标准化担保计划	保险机构和标准化担保机构的财务报表
金融衍生工具和雇员股票期权	金融衍生工具数据来源于金融机构等财务报表和金融衍生工具相关的统计数据；雇员股票期权数据来源于公司财务报表
特定主体存款	财产税报告（内务和通信部）、服务行业调查（经济、贸易和工业部）、公司内部存款报告（卫生、劳动和福利部）、日本电子货币的最新发展报告（日本银行）、预付票据的趋势报告（金融服务机构）、货币捐赠的分配情况（内阁府）和国际收支统计（日本银行）
贸易信贷和外贸信贷	公司财务报表、国民核算数据、厚生劳动省汇编数据、建筑工程综合统计数据、公共工程高级证券统计数据、国际收支统计和国际投资头寸统计等
应收/应付账款	应收/应付税款来源于税务统计；应收/应付利息来源于金融机构财务报表
对外直接投资、对外证券投资和其他对外债权债务	国际收支统计和国际投资头寸统计；财政部的外汇储备数据；国家税务局的外国资产报表

资料来源：《日本资金流量账户指南（2016 版）》。

（三）编制方法

J－FFA 的编制方法主要采取“垂直法”和“水平法”。

“垂直法”是使用各部门的财务报表填列具体项目数据；“水平法”是通过将交易项目的总量数据分配到各个部门对应的资产/负债来填列数据。

适用于“垂直法”的部门主要是金融机构、公共非金融公司和社会保障基金。适用“水平法”的部门主要是住户、为住户服务的私营非营利性机构、私营非金融公司、中央政府和地方政府。国外的数据编制综合运用两种方法。

（四）报表框架

日本资金流量账户由“交易表”“资产负债表”和“调整表”3张表组成。3张表的样式基本一致（见表1－3－17），主栏为金融交易项目或金融工具，宾栏为机构部门，仅是反映的数据内涵不一致，“交易表”反映流量情况，记录某一时期内每个经济实体资金流动，显示其资产和负债的增减情况；“资产负债表”反映存量情况，记录某一时点经济主体持有的资产和负债；“调整表”记录交易项目在交易期间存量数据与流量数据的差异，反映经济实体所持金融资产市场价值等变化。流量与存量的基础核算关系为：（t－1）期的存量＋t期金融交易流量＋t期调整量＝t期的存量。

表1－3－17　　　　日本资金流量账户简表

项目	金融机构		非金融公司		私营非金融公司		公共非金融公司		广义政府		中央政府		地方政府		社会保障基金		其中：公共养老基金		住户		为住户服务的私营非营利性机构		国外	
	资产	负债	资产	负债	资产	负债	资产	负债	资产	负债	资产	负债	资产	负债	资产	负债	资产	负债	资产	负债	资产	负债	资产	负债
通货和存款																								
通货																								
在日本银行的存款																								
政府存款																								
可转让存款																								
定期和储蓄存款																								
存款凭证																								
外币存款																								
财政贷款基金存款																								
贷款																								
日本银行贷款																								
通知贷款和票据																								
私营金融机构贷款																								
住房贷款																								
消费贷款																								
公司和政府贷款																								

续表

项目	金融机构		非金融公司		私营非金融公司		公共非金融公司		广义政府		中央政府		地方政府		社会保障基金		其中：公共养老基金		住户		为住户服务的私营非营利机构		国外	
	资产	负债	资产	负债	资产	负债	资产	负债	资产	负债	资产	负债	资产	负债	资产	负债	资产	负债	资产	负债	资产	负债	资产	负债
公共金融机构贷款																								
其中：住房贷款																								
非金融部门贷款																								
分期贷款（不包括消费信用贷款）																								
回购协议及证券借贷交易																								
债务证券																								
国库贴现票据																								
中央政府证券和日本财政投资和贷款计划项目债券																								
地方政府债券																								
公共企业债券																								
银行债券																								
企业债券																								
其他常住单位发行的外债																								
商业票据																								
信托受益权																								
结构性融资工具																								
股权及投资基金份额																								
股权																								
上市股票																								
非上市股票																								
其他股权																								
投资信托受益凭证																								
保险、养老基金和标准化担保计划																								

续表

项目	金融机构		非金融公司		私营非金融公司		公共非金融公司		广义政府		中央政府		地方政府		社会保障基金		其中：公共养老基金		住户		为住户服务的私营非营利性机构		国外	
	资产	负债	资产	负债	资产	负债	资产	负债	资产	负债	资产	负债	资产	负债	资产	负债	资产	负债	资产	负债	资产	负债	资产	负债
非寿险技术准备金																								
寿险准备金																								
年金权益																								
养老基金权益																								
养老基金对养老基金管理人的债权																								
标准化担保代偿准备金																								
金融衍生工具和雇员股票期权																								
远期工具																								
期权工具																								
雇员股票期权																								
特定主体存款																								
贸易信贷和外贸信贷																								
应收/应付账款																								
对外直接投资																								
对外证券投资																								
其他对外债权债务																								
其中：货币黄金和特别提款权																								
其他																								
资金盈余和赤字（交易）																								
总计																								

资料来源：日本银行官网（https://www.boj.or.jp）。

为更好地识别金融风险，近年来日本中央银行尝试编制国内债务证券和贷款的“谁对谁”表，作为日本资金流量表的补充。2011 年 9 月日本银行开始按季度发布债务证券“谁对谁”表，数据可追溯至1997年第四季度；2013年12月开始按季度发布贷款的“谁对谁”表，数据可追溯至2005年第一季度。债务证券“谁对谁”表以“部门×部门”的形式展现债务证券由谁发行到谁持有的详细信息，主栏为发行人的部门，根据发行债券的品种设置五个部门，分别为金融机构和非金融企业、结构化融资的特殊目的公司和信托、中央政府和财政性贷款基金、地方政府、政府附属机构，并在金融机构和非金融企业、中央政府和财政性贷款基金部门下设置长短期期限结构项目；宾栏的持有部门设置金融机构、非金融公司、广义政府、住户、为住户服务的私营非营利性机构和国外6部门，并在金融机构下单设中央银行，将广义政府进一步细分为中央政府、地方政府和社会保障基金（见表1-3-18）。贷款的“谁对谁”表主栏为贷方部门，首先分为金融机构和非金融部门两大类，金融机构下进一步设置中央银行、存款性公司、保险和养老基金、其他金融中介机构、金融辅助机构5个二级部门，非金融部门下设置非金融公司、广义政府、国外、住户和为住户服务的私营非营利性机构4个二级部门；宾栏为借方部门，包括金融机构、非金融公司、广义政府、住户、为住户服务的私营非营利性机构和国外6大部门（见表1-3-19）。

表1-3-18　　日本银行债务证券“谁对谁”表

持有部门／发行部门		金融机构		非金融公司	广义政府			住户	为住户服务的私营非营利性机构	国外	合计
			中央银行		中央政府	地方政府	社会保障基金				
金融机构和非金融公司											
	短期										
	长期										
结构化融资的特殊目的公司和信托											
中央政府和财政贷款基金											
	短期										
	长期										
地方政府											
政府附属机构											
合计											

资料来源：日本银行官网。

表 1 –3 –19　　日本银行贷款“谁对谁”表

贷方部门 \ 借方部门	金融机构	非金融公司	广义政府	住户	为住户服务的私营非营利性机构	国外	合计
金融机构							
中央银行							
存款性公司							
保险公司和养老基金							
其他金融中介机构							
其中：公共金融机构							
金融辅助机构							
非金融部门							
非金融公司							
广义政府							
国外							
住户和为住户服务的私营非营利性机构							
合计							

资料来源：日本银行官网。

三、欧盟资金流量核算

欧洲中央银行于1998 年成立，当年就在 SNA1993 基础上开始编制季度金融账户，即资金流量核算，最早的季度金融账户数据始于 1998 年第四季度。国际金融危机后，联合国修订并出版了 SNA2008，按照相关要求编制了详细的金融账户。2013 年 6 月欧盟统计局颁布《欧洲账户体系》（ESA2010），欧洲中央银行在此基础上，于 2013 年 7 月发布了《欧洲中央银行季度金融账户统计报告要求指引》（以下简称《指引》），要求各成员国中央银行按季度提供金融账户数据，由欧洲中央银行汇总编制欧盟金融账户数据。

（一）机构部门和金融工具分类

1. 机构部门分类

欧洲中央银行金融账户的机构部门分类遵循 ESA2010 的机构部门分类标准，与 SNA2008 基本保持一致，其主要特色是根据欧央行的实际需要，在分类结构上进行了一些调整，如将金融公司中的 9 类子部门进行归并，形成货币金融机构、非货币市场投资基金、保险公司和养老基金及其他金融机构（见表1－3－20）。此外，自2019年7月起，在欧元区机构部门账户中货币金融机构（MFIs）被分为中央银行和其他货币金融机构两个子部门，以便进行单独分析，其中其他货币金融机构包括中央银行以外的存款性公司和货币市场基金。

表1－3－20 机构部门分类

<table>
<tr><th colspan="3">ESA2010 机构部门分类</th><th>欧洲中央银行分类</th></tr>
<tr><td rowspan="18">S. 1 经济总体</td><td>S. 11 非金融公司</td><td>S. 11 非金融公司</td><td>非金融公司</td></tr>
<tr><td rowspan="9">S. 12 金融公司</td><td>S. 121 中央银行</td><td rowspan="3">货币金融机构</td></tr>
<tr><td>S. 122 中央银行以外的存款性公司</td></tr>
<tr><td>S. 123 货币市场基金</td></tr>
<tr><td>S. 124 非货币市场投资基金</td><td>非货币市场投资基金</td></tr>
<tr><td>S. 125 其他金融中介机构</td><td rowspan="3">其他金融机构</td></tr>
<tr><td>S. 126 金融辅助机构</td></tr>
<tr><td>S. 127 专属金融机构和贷款人</td></tr>
<tr><td>S. 128 保险公司</td><td rowspan="2">保险公司和养老基金</td></tr>
<tr><td>S. 129 养老基金</td></tr>
<tr><td rowspan="4">S. 13 广义政府</td><td>S. 1311 中央政府</td><td rowspan="4">广义政府</td></tr>
<tr><td>S. 1312 州政府</td></tr>
<tr><td>S. 1313 地方政府</td></tr>
<tr><td>S. 1314 社会保障基金</td></tr>
<tr><td rowspan="3">S. 14 住户</td><td>S. 141＋S. 142 雇主和自雇工作者</td><td rowspan="4">住户和为住户服务的非营利性机构</td></tr>
<tr><td>S. 143 雇员</td></tr>
<tr><td>S. 144 财产和转移收入接受者</td></tr>
<tr><td>S. 15 为住户服务的非营利性机构</td><td>S. 15 为住户服务的非营利性机构</td></tr>
<tr><td rowspan="3">S. 2 世界其他地方</td><td rowspan="2">S. 21 欧盟成员国、欧盟机构和机关</td><td>S. 211 欧盟成员国</td><td rowspan="3">世界其他地方</td></tr>
<tr><td>S. 212 欧盟机构和机关</td></tr>
<tr><td>S. 22 非欧盟成员国、非常住欧盟的国际组织</td><td>S. 22 非欧盟成员国、非常住欧盟的国际组织</td></tr>
</table>

资料来源：ESA2010 和 2020 年第二季度欧元区账户。

2. 金融工具分类

欧洲中央银行金融账户的金融工具分类遵循ESA2010的金融工具分类标准，与SNA2008基本保持一致，即按照流动性和有关债权人/债务人的法律特征，分为8大类金融工具，分别为货币黄金和特别提款权，通货和存款，债务证券，贷款，股权和投资基金份额，保险、养老基金和标准化担保计划，金融衍生工具和雇员股票期权，其他应收/应付账款。欧洲中央银行编制金融账户时，在 ESA2010 的金融工具分类基础上对部分子类别的金融工具进行了合并和重新编码，如将可转让存款和其他存款合并为存款（见表 1－3－21）。

表 1－3－21　　金融工具分类

ESA2010 金融工具类别及子类别		金融账户中的工具类别
货币黄金和特别提款权 F1	货币黄金 F11	货币黄金和特别提款权 F1
	特别提款权 F12	
通货和存款 F2	通货 F21	通货 F21
	可转让存款 F22	存款 F2M
	其他存款 F23	
债务证券 F3	短期债务证券 F31	短期债务证券 F3. S
	长期债务证券 F32	长期债务证券 F3. L
贷款 F4	短期贷款 F41	短期贷款 F4. S
	长期贷款 F42	长期贷款 F4. L
期权和投资基金份额 F5	股权 F51	股权 F51
	上市股票 F511	上市股票 F511
	未上市股票 F512	未上市股票和其他股权 F51M
	其他股权 F519	投资基金份额/单位 F52
	投资基金份额/单位 F52	
	货币市场基金份额/单位 F521	
	非货币市场投资基金份额/单位 F522	
保险、养老基金和标准化担保计划 F6	非人寿保险技术准备金 F61	非人寿保险技术准备金和标准化担保代偿准备金 F60
	标准化担保代偿准备金 F66	
	养老基金权益 F63	养老基金计划 F6M
	养老基金经理人对养老基金债权 F64	
	非养老基金权益 F65	
	人寿保险和年金权益 F62	人寿保险 F62
金融衍生工具和雇员股票期权 F7	金融衍生工具 F71	金融衍生工具和雇员股票期权 F7
	雇员股票期权 F72	
其他应收/应付账款 F8	商业信用和预付款 F81	其他应收/应付账款 F8
	其他应收/应付款 F89	

资料来源：ESA2010 和 2020 年第二季度欧元区账户。

（二）数据来源

欧盟及其成员国编制金融账户的主要数据来自整个欧盟范围内有统一格式、统一标准的数据报表，如货币金融机构资产负债表、投资基金统计数据、其他金融中介机构的有关数据、证券发行兑付和余额统计及国际收支/国际投资头寸统计等。当存在多个数据源时，综合评估数据的相对质量、数据来源的层次来决定使用何种数据来源。此外，欧盟各成员国数据来源并不完全一致，每个国家都有自己特殊的数据来源。例如，在保险公司和养老基金数据方面，有专门保险公司和养老基金数据的国家（如比利时、荷兰、希腊、捷克等）主要来自保险公司和养老基金数据，其他国家主要依靠交易对手信息和证券发行持有信息来填报。

（三）编制方法

根据《指引》的规定，各成员国中央银行收集本国数据，然后编制本国金融账户，并按要求将报表数据报送至欧洲中央银行，由欧洲中央银行汇总调整后编制最终的金融账户。

1. 编制各成员国金融账户

各成员国中央银行收集本国数据后，按照 ESA2010 编制出本国的金融账户及“谁对谁”表。

2. 向欧洲中央银行报送数据报表

各成员国中央银行编制出各国的金融账户后，按照《指引》中的报表要求将各国数据报表统一报送至欧洲中央银行。需向欧洲中央银行报送的数据包括“金融工具×部门”的金融资产负债表，以及分金融工具的“谁对谁”表数据，类型包含存量、交易和资产物量其他变化。

3. 汇总编制欧洲中央银行金融账户和“谁对谁”表

欧洲中央银行金融账户是欧洲中央银行基于各国报送的数据报表汇总编制的，但它并不是各国数据报表的简单加总，主要经过以下处理：一是各成员国之间的交易在本国数据报表中反映在国外部门，在欧洲中央银行金融账户表中被合并；二是欧洲中央银行把自身的账户信息编制进金融账户表中；三是各国数据在汇总的时候还需进行最后的调整平衡。

（四）报表框架

欧洲中央银行金融账户主要分为金融交易账户、其他变化账户和资产负债表，其中金融交易账户和其他变化账户记录了引起金融资产负债表变化的原因，资产负债表则记录了由于交易和非交易因素导致的金融资产负债余额。交易因素在“金融交易”账户体现；非交易因素在“其他变化”账户中反映，主要包括两类：名义持有收益/损失（重估价账户）、资产物量其他变化（资产物量其他变化账户）。通过对金融交易账户和其他变化账户的统计，可以综合分析金融资产负债表变化究竟是由内生因素还是外生因素引起的，从而为中央银行的宏观经济决策提供有力的信息支持。表1－3－22展示欧洲中央银行金融账户中金融资产/负债账户分部门表，主栏为金融交易项目或金融工具，宾栏为机构部门。

表1－3－22　　　　欧洲中央银行金融账户

资产/负债	欧元区	非金融公司	金融公司	货币金融机构	非货币市场投资基金	其他金融机构	保险公司和养老基金	广义政府	住户和为住户服务的非营利性机构	世界其他地方
金融交易账户/其他变化账户/资产负债表										
金融资产/负债变化总额（F）										
货币黄金和特别提款权（F1）										
通货和存款（F2）										
短期债务证券（F3. S）										
长期债务证券（F3. L）										
短期贷款（F4. S）										
长期贷款（F4. L）										
上市股票（F511）										
未上市股票和其他股权（F51M）										
投资基金份额（F52）										
人寿保险（F62）										
养老基金计划（F6M）										
非寿险技术准备金和标准化担保代偿准备金（F60）										
金融衍生工具（F7）										
其他应收账款（F8）										

资料来源：2020年第二季度欧元区账户。

欧洲中央银行在金融账户的基础上，编制了详细的“谁对谁”表，该表按金融工具分类，每类金融工具均有一套报表，包含流量、存量表，表式为“机构部门×机构部门”的矩阵形式（见表1－3－23），以及流量和存量的时间序列表。通过“谁对谁”的矩阵式表格，展现了流量和存量的部门持有和发行信息。目前，欧洲中央银行编制的详细的“谁对谁”表共计28张，其中流量表7张，存量表7张，涉及的金融工具为存款、短期债务证券、长期债务证券、短期贷款、长期贷款、上市股票、投资基金份额，以及以上7类金融工具的详细“谁对谁”时间序列表，流量和存量各7张。

表1－3－23　　欧洲中央银行详细的“谁对谁”表

项目		融资									
		总体	非金融性公司	货币金融机构	其中：其他货币金融机构	非货币市场投资基金	其他金融机构	保险公司和养老基金	广义政府	住户	世界其他地方
投资	总体										
	非金融性公司										
	货币金融机构										
	其中：其他货币金融机构										
	非货币市场投资基金										
	其他金融机构										
	保险公司和养老基金										
	广义政府										
	住户										
	世界其他地方										

资料来源：2020年第二季度欧元区账户。

四、英国资金流量核算

英国于1959年开始编制资金流量表，1963年9月英格兰银行公布了英国第一份完整的资金流量表。2014年，英国资金流量表并入英国国民账户。资金流量表是英国国民账户下的子部分，记录着英国国内各经济部门间及国内经济部门与国外部门间的资金交易情况。英国资金流量表按年发布数据，随英国国家统计局每年10月末发布的《英国国民账户（蓝皮书）》（*UK National Accounts*，*The Blue Book*）公布在英国国家统计局官网上。

（一）机构部门和金融工具分类

1. 机构部门分类

在机构部门方面，英国的分类主要参考 SNA2008 和 ESA2010，将机构部门分为 5 个国内部门和 1 个国外部门，同时根据英国自身情况加以调整，如将非金融公司部门分为公共非金融公司部门和私营非金融公司部门；广义政府子部门中仅包含中央政府和地方政府，未包含社会保障基金，部门编码沿用 ESA2010 中的编码。在编制资金流量表时，将部分子部门进行合并列示，如将中央银行、其他货币金融机构和货币市场基金合并为货币金融机构（见表 1－3－24）。

表 1－3－24　　　　机构部门分类

<table>
<tr><th colspan="3">《英国国民账户（蓝皮书）》中机构部门分类</th><th>英国资金流量表中的部门</th></tr>
<tr><td rowspan="15">S. 1 英国总体</td><td rowspan="2">S. 11 非金融公司</td><td>S. 11001 公共非金融公司</td><td>公共非金融公司</td></tr>
<tr><td>S. 11002 私营非金融公司</td><td>私营非金融公司</td></tr>
<tr><td rowspan="9">S. 12 金融公司</td><td>S. 121 中央银行</td><td rowspan="3">货币金融机构</td></tr>
<tr><td>S. 122 其他货币金融机构</td></tr>
<tr><td>S. 123 货币市场基金</td></tr>
<tr><td>S. 124 非货币市场投资基金</td><td rowspan="4">其他金融中介和金融辅助机构</td></tr>
<tr><td>S. 125 其他金融中介机构</td></tr>
<tr><td>S. 126 金融辅助机构</td></tr>
<tr><td>S. 127 专属金融机构和贷款人</td></tr>
<tr><td>S. 128 保险公司</td><td rowspan="2">保险公司和养老基金</td></tr>
<tr><td>S. 129 养老基金</td></tr>
<tr><td rowspan="2">S. 13 广义政府</td><td>S. 1311 中央政府</td><td>中央政府</td></tr>
<tr><td>S. 1313 地方政府</td><td>地方政府</td></tr>
<tr><td>S. 14 住户</td><td></td><td>住户</td></tr>
<tr><td>S. 15 为住户服务的非营利性机构</td><td></td><td>为住户服务的非营利性机构</td></tr>
<tr><td>S. 2 国外</td><td>S. 2 国外</td><td></td><td>国外</td></tr>
</table>

资料来源：2019 年《英国国民账户（蓝皮书）》。

2. 金融工具分类

在金融工具方面，英国的分类在遵循 SNA2008 和 ESA2010 原则性的八大类分类基础上，根据英国的实际情况进行了细化，如短期债券按发行人分类等（见表 1－3－25）。

表 1-3-25　英国金融账户金融工具分类

金融工具一级分类	金融工具二级分类	金融工具三级分类
F.1 货币黄金和特别提款权	F.11 货币黄金	
	F.12 特别提款权	
F.2 通货和存款	F.21 通货	
	F.22 可转让存款	F.22N1 英国货币金融机构存款
		F.22N9 国外货币金融机构存款
	F.29 其他存款	
F.3 债务证券	F.31 短期债券	F.31N1 由英国中央政府发行
		F.31N2 由英国地方政府发行
		F.31N5 由英国货币金融机构发行
		F.31N6 由英国其他常住单位发行的货币市场工具
		F.31N9 由国外发行的货币市场工具
	F.32 长期债券	F.32N1 由英国中央政府发行
		F.32N2 由英国地方政府发行
		F.32N5-6 由英国货币金融机构和英国其他常住单位发行
		F.32N9 由国外发行
F.4 贷款	F.41 短期贷款	F.41N1 由英国货币金融机构发放
		F.41N9 由国外货币金融机构发放
	F.42 长期贷款	F.421 直接投资贷款
		F.422 住房抵押贷款
		F.423 融资租赁
		F.424N1 由英国常住单位发放的其他长期贷款
		F.424N9 由国外发放的其他长期贷款
F.5 股票和投资基金份额/单位	F.51 股票和其他股权，不包括共同基金份额	F.511N1 英国上市股票
		F.512N1 英国未上市股票
		F.519N6 英国其他股权（包括对股权的直接投资）
		F.519N7 由英国其他常住单位发行的英国股票
		F.519N9 由国外发行的股票和其他股权
	F.52 投资基金份额/单位	F.52N1 英国共同基金份额
		F.52N9 国外共同基金份额
F.6 保险、养老基金和标准化担保计划	F.61 非人寿保险技术准备金	
	F.62 人寿保险和年金权利	
	F.6M 养老基金计划	
	F.66 标准化担保代偿准备金	
F.7 金融衍生工具和雇员股票期权	F.71 金融衍生工具	
F.8 其他应收/应付账款		

资料来源：2019 年《英国国民账户（蓝皮书）》。

（二）数据来源

英格兰银行在编制资金流量表时，数据来源较多，除英国国家统计局、英格兰银行、英国财政部等官方统计机构外，还有部分行业协会、地方团体，以及《金融时报》、BBC 等媒体。这主要是为了减少报送机构的报数负担，同时促进其他研究机构和团体加强对数据资源的挖掘，从而为宏观经济管理提供服务。表1－3－26列出了部分金融工具的主要数据来源。

表1－3－26 英国资金流量表中部分金融工具的数据来源

金融工具	数据来源
货币黄金和特别提款权	来源于英格兰银行
通货和存款	来源于英格兰银行对货币金融机构的调查及政府账户（硬币由政府发行）
债务证券	主要来源于英国国家统计局的金融资产负债调查、英格兰银行的银行和建筑协会调查、住房社区和地方政府管理局及分支机构的行政数据、公共企业的报告、英国中央政府的行政数据、英国国家统计局的直接投资调查等
贷款	主要来自英格兰银行对货币金融机构的调查、金融服务管理局、英国国家统计局的直接投资调查、国际清算银行、住房社区和地方政府管理局及分支机构、出口信息保障计划等
股权和投资基金份额	主要来源于公共企业的年度报告、英国中央和地方政府的行政数据、伦敦证券交易所、英国国家统计局的金融资产负债调查及股权所有权调查、媒体披露的数据等
保险技术准备金	主要来源于英国国家统计局的保险公司和养老基金调查
金融衍生品和雇员股票期权	金融衍生品的数据来源于货币金融机构和证券交易商；雇员股票期权的数据来源于英国国家统计局的金融服务调查和金融资产负债调查

资料来源：英国国家统计局官网（https：//www. ons. gov. uk/）。

（三）编制方法

英国资金流量表由英格兰银行和英国国家统计局共同编制。在编制资金流量表时，每一个部门对每一种金融工具的交易可以分解为金融资产和负债的净额，金融交易按照非合并原则记录显示各机构单位之间、部门内部之间以及部门和部门之间的所有交易。英国资金流量表编制的主要流程为：首先，针对每项金融交易项目逐个部门收集基础数据；其次，针对每项金融交易项目编制分部门的数据；最后，汇总所有金融交易项目的数据，形成“金融交易项目 × 机构部门”的报表。表1－3－27 列出了金融工具数据的主要填报方式。

表 1－3－27　　英国资金流量表中金融工具的数据填报方式

金融工具	数据填报方法
货币黄金和特别提款权	当期黄金的购买减去出售的净额计入金融机构部门的资产方，IMF 对特别提款权的分配和取消等不记入该科目
通货和存款	英国货币当局当期通货净发行额计入货币金融机构部门的负债方，国外货币净流入额计入国外部门的负债方。各部门当期存款的净增加额计入各部门的资产方和金融机构的负债方
债务证券	各部门当期获得减去处置所得到的债券净额计入该部门的资产方，各部门当期发行减去兑付所得到的债券净额计入该部门的负债方
贷款	英国各金融机构当期对企业、政府、住户部门及国外部门发放的贷款与贷款清偿间的差额计入金融机构的资产方和各借入部门的负债方
股权和投资基金份额	对法人企业而言，当期新发行股票及其他股权净增加值计入企业部门的负债方，计入股票持有者及产权所有者所属部门的资产方
保险技术准备金	按当期交易引起的净变化计入住户部门的资产方和金融机构的负债方
金融衍生品和雇员股票期权	金融衍生品的资产和负债头寸分别计入相应部门的资产方和负债方；雇员股票期权的资产按股权薪酬的 0.25% 估算计入住户部门的资产方，计入相应企业部门的负债方
其他应收/应付账款	按当期发生与结算间的净额计入应收账款单位所属部门的资产方，计入应付单位所属部门的负债方

资料来源：英国国家统计局官网（https：//www. ons. gov. uk/）。

（四）报表框架

英国资金流量表主要包括三个部分：第一部分是金融账户（流量表）；第二部分是期末资产负债表（存量表）；第三部分是金融工具表，统计每个金融工具下各个部门的资金存量和流量时序表。流量表和存量表各有 1 张，表式为金融工具 × 机构部门，即每张表主栏为金融工具，按照八大类金融资产类别列示，并按照来源和子类别对金融工具进行细分，如在短期债务证券下按照发行主体进行了细分；宾栏为机构部门，为英国国内部门——包括公司（公共企业、私营非金融公司）、金融机构（货币金融机构、其他金融中介和金融辅助机构、保险公司和基金养老）、中央政府、地方政府、住户、非营利性机构和国外部门（见表 1－3－28）。金融工具表则是按照八大类金融工具划分为 8 张表；主栏为时间序列，列示近 30 年的时序数据；宾栏为资产负债相关项目以及部门。

表 1 -3 -28 英国资金流量表

编号	项目	英国		公共企业		私营非金融公司		……	
		资产	负债	资产	负债	资产	负债	资产	负债
	金融账户								
F. A/L	净获得金融资产/负债								
F. 11	货币黄金								
F. 12	特别提款权								
F. 1	货币黄金和特别提款权								
F. 21	通货								
F. 22	可转让存款								
F. 22N1	英国货币金融机构存款								
F. 22N9	国外货币金融机构存款								
F. 29	其他存款								
F. 2	通货和存款								
F. 31	短期债券								
F. 31N1	由英国中央政府发行								
F. 31N2	由英国地方政府发行								
F. 31N5	由英国货币金融机构发行								
F. 31N6	由英国其他常住单位发行的货币市场工具								
F. 31N9	由国外发行的货币市场工具								
F. 32	长期债券								
F. 32N1	由英国中央政府发行								
F. 32N2	由英国地方政府发行								
F. 32N5 -6	由英国货币金融机构和英国其他常住单位发行								
F. 32N9	由国外发行								
F. 3	债务证券								
F. 41	短期贷款								
F. 41N1	由英国货币金融机构发放								
F. 41N9	由国外货币金融机构发放								
F. 42	长期贷款								
F. 421	直接投资贷款								
F. 422	住房抵押贷款								
F. 423	融资租赁								
F. 424N1	由英国常住单位发放的其他长期贷款								
F. 424N9	由国外发放的其他长期贷款								
F. 4	贷款								

续表

编号	项目	英国		公共企业		私营非金融公司		……	
		资产	负债	资产	负债	资产	负债	资产	负债
F. 51	股票和其他股权，不包括共同基金份额								
F. 511N1	英国上市股票								
F. 512N1	英国未上市股票								
F. 519N6	英国其他股权（包括对股权的直接投资）								
F. 519N7	由英国其他常住单位发行的英国股票								
F. 519N9	由国外发行的股票和其他股权								
F. 52	投资基金份额/单位								
F. 52N1	英国共同基金份额								
F. 52N9	国外共同基金份额								
F. 5	股票和投资基金份额/单位								
F. 61	非人寿保险技术准备金								
F. 62	人寿保险和年金权利								
F. 6M	养老基金计划								
F. 66	标准化担保代偿准备金								
F. 6	保险、养老基金和标准化担保计划								
F. 71	金融衍生品								
F. 7	金融衍生工具和雇员股票期权								
F. 8	其他应收/应付账款								
F. A	金融资产净增加总额								
F. L	负债净增加总额								
	净贷出（+）/净借入（-）								
B. 9f	来自金融账户的净贷出（+）/净借入（-）								
dB. 9	金融账户与资本账户之间的统计误差								
B. 9n	来自资本账户的净贷出（+）/净借入（-）								

资料来源：2019 年《英国国民账户（蓝皮书）》。

2014 年 12 月，英国发起了一个“经济统计转换计划”（Economic Statistics Transformation Programme），专门对现有统计数据进行重组，以达到深入挖掘的目的。其中，金融领域的数据重组主要由增强型金融账户（Enhanced Financial Accounts）子项目负责，“谁对谁”表是该子项目中的一个项目。“谁对谁”表项目的主要目的是整合资金流量和存量表的数据，对各项金融工具（如贷款、股票等）形成部门×部门的数据，以追踪各类金融资金在英国国内各部门之间及和国外部门间的流动情况。目前，英国的“谁对谁”表包括存量表，流量表将在下一阶段发布。自2016年以来，英国国家统计局不定期地公布“谁对谁”存量表的编制成果，分别是季度数和年度数。其中，季度数据包括1997年第一季度至2019年第二季度的季度数据；年度数据包括2016年至2018年的年度数据。

英国“谁对谁”存量年度报表和季度报表列示的机构部门有所不同。季度报表的机构部门数量为12个，其中包括一个未知部门，单列未知部门主要是反映不能准确判断交易对手的资金；从年度数来看，其机构部门数量增加到19个，其中包括三个未知部门（见表1－3－29）。金融工具数量也不同，季度报表金融工具数量为15个，加上一个各金融工具的汇总表，共16张表；年度报表金融工具数量扩展到22个，加上一个各金融工具的汇总表，共23张表（见表1－3－30）。

表1－3－29　英国“谁对谁”存量年度报表和季度报表中的机构部门分类

序号	年度报表中的机构部门	季度报表中的机构部门
1	公共企业	公共企业
2	私营非金融公司	私营非金融公司
3	存款类金融机构（含中央银行）	货币金融机构
4	货币市场基金	
5	非货币市场投资基金	非货币市场投资基金
6	除保险公司、养老基金以外的其他金融中介机构	其他金融中介机构
7	金融辅助机构	
8	专属金融机构和贷款人	
9	保险公司	保险公司和养老基金
10	养老基金	
11	中央政府	中央政府
12	地方政府	地方政府
13	住户	住户
14	为住户服务的非营利性机构	为住户服务的非营利性机构
15	国外	国外
16	未知部门	
17	未知的金融部门	未知部门
18	未知的英国部门	
19	未知的其他任何部门	

资料来源：英国国家统计局官网（https：//www. ons. gov. uk/）。

表 1 –3 –30 英国“谁对谁”存量年度报表和季度报表中的金融交易项目分类

序号	年度报表中的金融工具	季度报表中的金融工具
1	货币黄金和特别提款权	货币黄金和特别提款权
2	通货	通货
3	可转让存款	可转让存款及其他存款
4	其他存款	
5	短期债务证券	短期债务证券
6	长期债务证券	长期债务证券
7	短期贷款	短期贷款
8	长期贷款	长期贷款
9	上市股票	上市股票
10	未上市股票	未上市股票
11	其他股权	其他股权
12	货币市场基金份额/单位	投资基金份额/单位
13	非货币市场基金份额/单位	
14	非人寿保险技术准备金	保险、养老基金和标准化担保计划
15	人寿保险和年金权益	
16	养老基金权益	
17	养老基金经理人对养老基金债权	
18	非养老基金权益	
19	标准化担保代偿准备金	
20	金融衍生工具	金融衍生工具
21	雇员股票期权	雇员股票期权
22	其他应收/应付账款	其他应收/应付账款

资料来源：英国国家统计局官网（https：//www. ons. gov. uk/）。

第四章　中国资金流量金融交易核算的实践与发展

本章梳理了我国资金流量核算的发展历程和基本情况。2018 年 4 月，国务院办公厅发布《关于全面推进金融业综合统计工作的意见》（国办发〔2018〕18 号），为金融业综合统计工作的开展指明了目标和方向。未来资金流量核算将以金融业综合统计工作发展为契机，从我国实际出发，充分借鉴资金流量核算的国际惯例与经验，不断完善资金流量核算体系，为我国宏观调控和金融稳定相关政策提供有力支撑。

一、中国资金流量金融交易核算的发展历程

改革开放以来，我国的经济结构、经济体制和经济运行机制发生了深刻的变化，建立在计划经济基础上的原有国民经济核算制度与发展社会主义市场经济的要求越来越不相适应，已有的金融统计制度也难以全面满足中央银行宏观调控和金融管理的需要。为尽快建立一套适合中国国情的新的国民经济核算体系，1984 年国务院成立了国民经济统一核算领导小组，开始研制具有中国特色的国民经济核算体系。在国民经济统一核算领导小组的组织下，国家统计局、国家计委、财政部和中国人民银行组成联合研制工作组，开始进行资金流量核算的研制工作。

1989 年，联合研制工作组初步制订出我国的资金流量核算方案。1992 年，国务院发布了《关于实施新国民经济核算体系方案的通知》。同年，国家统计局等四部委共同发布了《关于编制资金流量表的通知》，明确提出资金流量核算是国民经济核算体系的重要组成部分，确定资金流量核算由两部分组成：实物交易部分和金融交易部分。实物交易部分由国家统计局负责编制，金融交易部分由中国人民银行负责编制。

中国人民银行调查统计司会同有关部门对资金流量核算方案和编制方法进行了全方位的讨论，确定了编制中国资金流量（金融交易账户）的主要指导思想为：以当时最新的SNA1993①为标准，考虑到我国国民经济机构部门和金融交易的特点，采用账户方式核算金融交易，严格掌握数据来源，评估数据质量，努力提高核算时效，争取与国民生产和收入分配核算进行良好的衔接。

在上述思想指导下，中国人民银行调查统计司经过多年努力，已经建立起较为完善的统计制度。截至目前，已经编制1992—2019年28个年度的资金流量表（金融交易部分），并通过中国人民银行官网、《中国人民银行年报》《中国人民银行统计季报》《中国金融年鉴》及《中国统计年鉴》等渠道向全社会发布，资金流量表在宏观经济分析及宏观调控中发挥了重要作用。

近年来，中国人民银行调查统计司积极拓展国际交流与合作渠道，加强对IMF、欧盟、美国、日本等国际组织和发达国家的资金流量核算原理和实务的研究，以期借鉴优秀国际经验并优化我国的资金流量核算框架。未来将在实务工作中逐步规范和拓展资金流量核算范围和方法，继续探索适合中国的资金流量核算体系，建立更完备的资金流量核算信息管理系统，为宏观调控和政策决策提供更好的分析视角和分析框架。

二、中国资金流量金融交易核算理论基础和核算框架

（一）理论基础和基本原则

资金流量核算作为国民经济核算体系的重要组成部分，从社会资金运动这一侧面，系统地反映和描述各部门的资金来源和使用，以及部门间资金的流量、流向和余缺调整情况，其所涉及的统计范围比货币统计、国际收支统计、金融市场统计等更广泛，是国家制定货币政策、财政政策、收入分配政策等宏观经济政策的重要基础。我国资金流量表中指标定义、核算原则等主要参照联合国国民经济核算体系（SNA），在一些具体问题上结合中国实际进行灵活处理。具体来看，主要遵循以下原则：

① 1993年联合国出版，为世界上大多数国家所采纳的国民经济核算体系。

一是复式记账原则。我国资金流量核算以复式记账原则为基础。每一笔金融交易必须记录两次，一次作为资金来源，记录核算期内负债的变化；同时作为资金运用，记录核算期内金融资产的变化。记录的资金来源总额与资金运用总额必须相等，保证资金流量账户的一致性。

二是权责发生制原则。金融交易在经济价值被创造、转移、交换或取消时记录，遵循权责发生制原则，即交易无论是否完成了相应的收支结算，仅在其实际发生时记录。金融资产在所有权转移时进行记录，负债在发生或偿还时进行记录。

三是估价原则。我国资金流量核算的基本估价原则是交易发生时的市场价格，个别无法得到市价且估价困难的，以账面价值进行核算。

四是汇总与合并原则。总体上，资金流量核算中某个部门的数据是通过对子部门数据加总获得的，某类交易的数据是通过对子交易数据加总获得的。对同一部门交易项目总体采用合并原则核算，即同一部门之间的相互交易视同内部交易进行合并处理。对于某些缺乏详细数据源的部门数据，暂时采用汇总方法处理。

（二）资金流量表的表式框架

我国资金流量表采用国际上通用的形式，即交易项目×机构部门的矩阵式表式。主栏为金融交易项目，宾栏为机构部门，并下设运用项和来源项，分别反映机构部门资金的流出和流入。其中运用项目记录资金流出和各机构部门的净金融投资，来源项目记录资金流入（见表1-4-1）。我国资金流量核算包括编制资金流量表和资金存量表。资金流量表反映一定时期（如一年）内的金融交易，以金融资产或负债的新增量表示；资金存量表反映一定时点上金融资产或负债的余额。

表1-4-1　资金流量表表式

交易项目＼部门	顺序号	住户		非金融企业		广义政府		金融部门		国内合计		国外		总计	
		运用	来源	运用	来源	运用	来源	运用	来源	运用	来源	运用	来源	运用	来源
净金融投资	1														
资金运用合计	2														
资金来源合计	3														
通货	4														
存款	5														
活期存款	6														
定期存款	7														

续表

部门 交易项目	顺序号	住户		非金融企业		广义政府		金融部门		国内合计		国外		总计	
		运用	来源	运用	来源	运用	来源	运用	来源	运用	来源	运用	来源	运用	来源
财政存款	8														
外汇存款	9														
其他存款	10														
证券公司客户保证金	11														
贷款	12														
短期贷款与票据融资	13														
中长期贷款	14														
外汇贷款	15														
委托贷款	16														
其他贷款	17														
未贴现的银行承兑汇票	18														
保险准备金	19														
金融机构往来	20														
存款准备金	21														
债券	22														
政府债券	23														
金融债券	24														
中央银行债券	25														
企业债券	26														
股票	27														
证券投资基金份额	28														
库存现金	29														
中央银行贷款	30														
其他（净）	31														
直接投资	32														
其他对外债权债务	33														
国际储备资产	34														
国际收支误差与遗漏	35														

（三）资金流量表机构部门分类

在机构部门分类上，我国资金流量表划分为五个机构部门：住户部门、非金融企业部门、广义政府部门、金融机构部门和国外部门。金融机构部门又进一步划分成若干子部门，如中央银行、银行业存款类金融机构、保险业金融机构、其他金融机构等。这与国民经济核算、货币银行统计、国际收支统计等关于机构部门的划分是一致的，主要机构部门的含义如下。

住户部门：由城镇住户和农村住户构成，含个体经营户。该部门主要从事最终消费活动及以自我使用为目的的生产活动，也从事少量的以盈利为目的的生产活动。

非金融企业部门：由所有从事非金融生产活动，并以盈利为目的的常住独立核算的法人企业单位组成。

广义政府部门：由中央政府、各级地方政府、机关团体和社会保障机构组成。该部门为公共和个人消费提供非盈利性产出，并承担对国民收入和财富进行再分配的职责。

金融部门：由主要从事金融中介或相关辅助性金融活动的金融性公司和准公司组成。该部门提供银行、保险、证券业等金融服务。

国外部门：与国内机构单位发生金融交易的所有非常住机构单位。

（四）资金流量表主要项目和指标解释

我国资金流量金融交易表包含了18类主要金融指标，包括通货、存款、证券公司客户保证金、贷款、未贴现银行承兑汇票、保险准备金、金融机构往来、存款准备金、债券、股票、证券投资基金、库存现金、中央银行贷款、其他（净）、直接投资、其他对外债权债务、国际储备资产和国际收支误差与遗漏等，其中，部分金融指标项下还包括一些次级指标，具体含义如下。

通货：以现金形式存在于市场流通领域中的货币，包括辅币和纸币。

存款：以各种形式存在存款类金融机构的存款，具体包括活期存款、定期存款、财政存款、外汇存款和其他存款等。

活期存款：没有约定期限、随时可提取使用的存款。

定期存款：约定存期、利率，到期支取本息的存款。

财政存款：财政部门存放在银行业金融机构的各项财政资金。

外汇存款：境内各机构部门在境内金融机构及国外的外币存款，以及国外部门在国内金融机构的外币存款。

其他存款：未包括在以上存款中的其他存款，如委托存款、信托存款等。

证券公司客户保证金：由客户存入其他存款性公司，由其他存款性公司作为第三方保管的证券公司客户交易的结算资金。

贷款：金融机构发放的各类贷款，包括短期贷款、票据融资、中长期贷款、外汇贷款、委托贷款和其他贷款等。

短期贷款及票据融资：金融机构发放的短期贷款和票据融资。其中短期贷款指金融机构提供的期限在 1 年以内（含 1 年）的贷款；票据融资指银行业金融机构通过对客户持有的商业汇票、银行承兑汇票等票据进行贴现提供的融资。

中长期贷款：金融机构为企业和住户等部门提供的期限在 1 年以上的贷款。

外汇贷款：境内金融机构对其他机构部门提供的外币贷款，以及国外对境内机构提供的贷款。

委托贷款：由政府部门、企事业单位及个人等委托人提供资金，由贷款人（受托人）根据委托人确定的贷款对象、用途、金额、期限、利率等代为发放、监督使用并协助收回的贷款。

其他贷款：未包括在以上贷款中的其他贷款，如信托贷款、融资租赁、各项垫款等。

未贴现的银行承兑汇票：未在银行贴现的银行承兑汇票，即企业签发的全部银行承兑汇票扣减已在银行表内贴现部分。

保险准备金：社会保险和商业保险基金的净权益、保险费预付款和未结索赔准备金。

金融机构往来：金融机构部门子部门之间发生的同业存放、同业拆借和债券回购等。

存款准备金：各金融机构在中央银行的存款及缴存中央银行的法定准备金。

债券：机构单位为筹措资金而发行，并且承诺按约定条件偿还的有价证券，包括政府债券、金融债券、中央银行债券、企业债券等。

政府债券：政府机构部门发行并承诺在一定期限内还本付息的有价证券。

金融债券：除中央银行以外的金融机构发行的债券。

中央银行债券：中央银行发行的债券。

企业债券：非金融企业发行的各类债券。

股票：股份有限公司依照公司法的规定，为筹集公司资本所发行的，用于证明股东身份和权益并据以获得股息和红利的凭证。

证券投资基金份额：由证券投资基金发行的，证明投资人持有的基金单位数量的受益凭证。

库存现金：银行机构为办理本币和外币现金业务而准备的现金业务库存。

中央银行贷款：中央银行向各金融机构的贷款。

其他（净）：除上述金融交易以外的其他国内金融交易。

直接投资：外国对我国的直接投资及我国常住单位对外国的直接投资。

其他对外债权债务：除储备资产、外汇存贷款和债券以外的国内与国外间的债权债务。

国际储备资产：我国中央银行的对外资产，包括外汇、货币黄金、特别提款权、在IMF的储备头寸等。

国际收支误差与遗漏：国际收支平衡表采用复式记账法。由于统计资料来源和时点不同等原因，形成经常账户与资本和金融账户间的不平衡的统计误差与遗漏。

三、中国资金流量表的编制

（一）资金流量表数据来源

我国资金流量表的数据来源主要包括货币银行统计、国际收支统计、金融市场统计、保险业统计、社会保险基金统计及其他专项调查统计等。

资金流量表一个重要数据来源是我国的货币银行统计。货币银行统计规范、良好的发展为资金流量表的编制提供了较好的数据基础。一方面，货币银行统计具备强大的基础数据平台，金融交易信息来自存款机构基础的会计和统计报表。另一方面，我国货币银行统计采用统一的标准对机构单位和金融交易进行分类，这个标准基本符合IMF的《货币与金融统计手册及编制指南2016》，为资金流量核算提供了分类标准基本一致的基础数据及大量的存款机构对手方金融交易数据。当其他机构部门的相应数据无法直接得到时，存款机构提供的对手方数据就成为获取其他机构部门金融数据的主要来源。

资金流量表中与国外发生的金融交易数据来自我国国际收支统计中的金融账户。我国国际收支统计的机构部门分类、金融交易分类以及各项统计原则基本采纳了IMF《国际收支统计手册》的建议，而该手册与联合国SNA2008的相关分类和统计原则协调一致。因此，我国国际收支统计为编制资金流量表中与国外发生的金融交易提供了基础一致、内容完整的数据。

金融市场统计主要包括股票市场统计、债券市场统计、货币市场统计和外汇市场统计等。资金流量表的编制人员根据资金流量核算原则对金融市场统计的数据进行加工、整理。同时，金融市场统计的数据可以印证其他数据来源的可靠性。

保险业统计不仅为资金流量表的编制提供了保险业务相关数据，而且提供了保险公司参与的其他金融交易数据，同时也为印证其他数据来源中与保险公司相关的金融交易数据提供了依据。

社会保险基金是广义政府部门的组成部分之一。社会保险基金统计为资金流量表的编制提供了社会保障机构参与的相关金融交易数据，同时也为印证其他数据来源中与社会保障相关的金融交易数据提供了依据。

其他专项统计调查也是编制资金流量表的重要数据来源之一。这些调查一般不是专门为编制资金流量表设计的。但是，它们在以下方面对编制金融交易表起到了重要作用：第一，它们为资金流量表在部门间分解、估算数据提供了重要依据；第二，它们为修订已有数据的偏差提供了重要参考。

（二）资金流量表编制方法

我国资金流量表遵循复式记账原则，采用丁字账户法进行编制，具体编制方法如下：

（1）按交易的项目及机构的分类，逐项、逐部门搜集资料；

（2）对原始资料进行加工整理；

（3）编制资金流量表的初表；

（4）在此基础上进行综合平衡得到资金流量表。

编制资金流量表时采用复式记账原理，对每笔资金流量都作双重反映。在金融交易方面，一个部门的金融资产的增加，同时必然对应相关部门负债的增加或金融资产的减少。金融资产的增加或减少记在运用方，负债的增加或减少记在来源方。这样保证资金流量核算的收支流量始终保持借贷对应、收支相等。资金流量表项目间主要平衡关系如下：

（1）资金总来源 = 资金总运用。

（2）每类工具的全部资金运用 = 该类工具的全部资金来源。

（3）净金融投资 = 资金运用合计 – 资金来源合计。

（4）净金融投资 = 金融资产增加 – 负债增加。

（三）资金流量表的修订和应用

随着市场化程度不断提高和对外开放程度扩大，我国资金流量表从基本表式变化、机构部门调整、基本概念和术语的修订到交易项目细化、核算方法改进各方面也在不断修订和完善。比如，1997 年，由于国际收支统计制度调整，资金流量表取消了过去的国际资本往来及其项下的长期资本和短期资本等交易项目，增加了直接投资和其他对外债权债务两个项目；2005 年，新增证券投资基金份额和证券公司客户保证金两个交易项目；2010 年，随着金融市场和金融创新的快速发展，再次对资金流量核算统计制度进行了修订，将小额贷款公司及贷款公司和金融机构的银行承兑汇票、委托、理财、信托等业务纳入了资金流量核算。2019 年，人民银行完善资金流量核算中的企业债券统计，将交易所企业资产支持证券纳入企业债券指标。

资金流量表既可直接进行经济分析，也可作为经济模型的数据来源运用于货币政策、金融稳定、宏观金融分析中。目前，我国资金流量核算分析主要包括以下内容：一是从资金总量上分析宏观经济各个变量间的关系，分析实体经济运行与金融市场的关系及各部门资金余缺情况，反映资金在不同机构部门之间的流量与流向，深入研究经济运行状况和问题，提供丰富的部门间金融交易存量、流量信息，为监测金融风险、实证检验经济政策联动效果等提供充分的数据基础。二是从各部门资金来源、使用及构成分析资金结构，分析融资方式和金融工具在金融市场的作用及变化情况，观察各种交易的市场规模、融资结构和融资方式，为相关政策分析和决策提供信息。三是将金融交易、实物交易资金流量表及其他国民经济账户相结合，建立综合经济账户或矩阵，或辅以经济模型进行分析预测。

四、中国资金流量核算与金融业综合统计

（一）金融业综合统计的产生和发展

2008 年国际金融危机后，国际金融组织和主要经济体中央银行总结经验教

训，纷纷强化中央银行职能，中央银行的金融统计已从传统的围绕货币政策的职能统计，转向既为货币政策服务又为维护金融稳定和宏观审慎管理服务的全面统计，构建起银行业、证券业、保险业及境内外相互协调的综合金融统计体系。

近年来，我国金融业已经从过去单一的银行业，演变为银行、证券、保险等多业并存的大金融业。金融体系的内在关联性与复杂性大幅提升，为金融宏观调控和防范系统性金融风险带来挑战。

党中央、国务院高度重视金融业综合统计工作。《金融业发展和改革“十二五”规划》中，强调要建立“统一、全面的金融业综合统计体系”，“构建金融业综合统计信息平台，完善数据信息共享机制”。2012 年召开的全国金融工作会议明确提出要“加快建立统一、全面、共享的金融业综合统计体系”。2013 年，国务院将建立“金融信息共享和金融业综合统计体系”作为金融监督管理协调部际联席会议的一项重要职责。2015 年 10 月和 2017 年 7 月，习近平总书记先后在《关于〈中共中央关于制定国民经济和社会发展第十三个五年规划的建议〉的说明》和第五次全国金融工作会议中强调要推进金融业综合统计。2019 年 2 月，习近平总书记在中共中央政治局第十三次集体学习上指出“要加快金融市场基础设施建设，稳步推进金融业关键信息基础设施国产化。要做好金融业综合统计，健全及时反映风险波动的信息系统”。按照党中央、国务院的要求，加强我国金融基础设施建设，加快建立现代金融业综合统计体系既是人民银行的重要任务和职责，也是当前国际国内经济金融改革发展的必然要求。

（二）金融业综合统计的主要目标和进展

2018 年 4 月，国务院办公厅发布《关于全面推进金融业综合统计工作的意见》（国办发〔2018〕18 号）（以下简称《意见》），这是金融业综合统计发展进程中的里程碑，为金融业综合统计工作的开展指明了目标、方向和途径。《意见》要求建立科学统一的金融业综合统计管理和运行机制，制定完善标准和制度体系，建设运行国家金融基础数据库，建成覆盖所有金融机构、金融基础设施和金融活动的金融业综合统计，完善大国金融数据治理，有效支持货币政策决策、宏观审慎管理和金融监管协调，守住不发生系统性金融风险的底线，不断提升金融服务实体经济的能力和水平。

经过人民银行及有关部门的共同努力，目前，金融业综合统计工作已经取得了阶段性成果。按照《意见》的时间表和路线图，资管产品统计、全口径房地产融资统计、金融控股公司统计和系统重要性银行统计均已阶段性圆满收官。国家金融基础数据库初步成功落地；建立并完善金融业综合统计标准；逐步完善金融业资产负债表编制，加强金融资金流量、存量统计，强化宏观杠杆率监测基础；地方金融组织统计提前部署推进。

（三）以金融业综合统计为契机，加快推进资金流量核算工作

资金流量核算作为国民经济核算体系之一，既是金融业综合统计的重要组成部分，也为综合反映和展现金融业综合统计的相关有机组成部分和工作成果提供了核算框架和方法。金融业综合统计的稳步推进，能够引领和推动资金流量核算相关工作，促进资金流量核算和分析框架不断走向成熟和完善。未来，资金流量核算工作将以金融业综合统计为契机，不断向精细化、纵深化发展，逐步完善符合国际标准和我国实际的更加科学、全面、专业的资金流量核算框架体系，为我国宏观经济金融调控提供更多、更好的信息支持。

1. 完善资金流量核算框架

以金融业综合统计工作为统领和契机，逐步完善资金流量核算框架，形成系统的资金流量与存量报表体系。一方面，涵盖更全面的金融机构和金融业务类型；另一方面，进一步细化机构部门和金融工具分类。全面体现金融机构表内和表外业务，创新机构与创新业务，以及各种跨行业、跨市场等金融交易。跟踪研究国际上资金流量核算发展和报表编制实践，逐步构建完善重估价账户或资产物量其他变化账户，“谁对谁”表等报表。

2. 丰富数据来源，完善编制方法

金融业综合统计全面、翔实的统计数据将更好地支撑和扩展资金流量核算的数据基础，国家金融基础数据中心依托先进技术建立和管理的金融数据实验室与数据管理平台等金融统计基础设施将提供更加丰富的数据来源。我们将在资金流量核算框架下，深入研究和挖掘相关数据资源，辅以统计调查、财政税收、相关部门管理数据等各类来源数据，丰富资金流量核算的数据源，完善指标测算方法和报表编制方案，持续提高资金流量核算数据的完整性和准确性。

3. 建立完善资金流量核算分析框架

资金流量核算是观察宏观经济金融运行的综合测量仪，为中央银行宏观政策

调控政策、研判经济金融形势和防范化解金融风险提供了有力的分析框架和工具。未来，我们将加大研究资金流量核算分析使用范围，在健全资金流存量核算体系的基础上，尝试采用大数据、人工智能等技术与计量手段构建资金流量监测分析体系，逐步建立完善适合中国实际的资金流量核算综合分析框架，为我国金融经济宏观调控和维护金融稳定，以及相关政策决策提供更全面、有效的信息支持。

第五章　中国资金流量统计分析

资金流量核算集中、系统、全面地描述了一个国家全社会资金运动情况，反映了国民经济的价值运动状况。通过资金流量核算数据分析，可以深入了解经济金融运行的情况和问题，为中央银行宏观调控提供决策依据。本章在前几章关于资金流量核算理论和方法研究的基础上，结合相关宏观经济指标，开展我国资金流量核算数据分析和应用研究。

一、中国资金流量统计分析

（一）我国资金流量总规模持续增长，其间经历了三次快速增长和三次快速回调

1992—2019 年，我国全社会资金流量总规模①从 1.5 万亿元增加到 44.7 万亿元，增长了 28.1 倍，年均增长 13.3%（见图 1－5－1）；2019 年，全社会资金流量总规模相当于名义 GDP 的 45.1%，比 1992 年降低 11.3 个百分点（见图 1－5－2）。1992—2019 年，我国资金流量总规模经历了三次快速增长和三次快速回调。

1992—1996 年为第一次快速增长期。1992 年以来，我国加快经济体制改革，市场化程度逐步提高，对外开放程度不断扩大，社会各部门经济活动明显增加，这五年间我国名义 GDP 年均增幅达 27.4%，不变价 GDP 年均增长 11.9%，是 20 世纪 90 年代以来我国经济增长的第一次高峰期。在经济高速增长的带动下，全社会资金运

① 资金流量总规模指住户部门、非金融企业部门、广义政府部门、金融机构部门和国外部门资金运用（或资金来源）的合计。

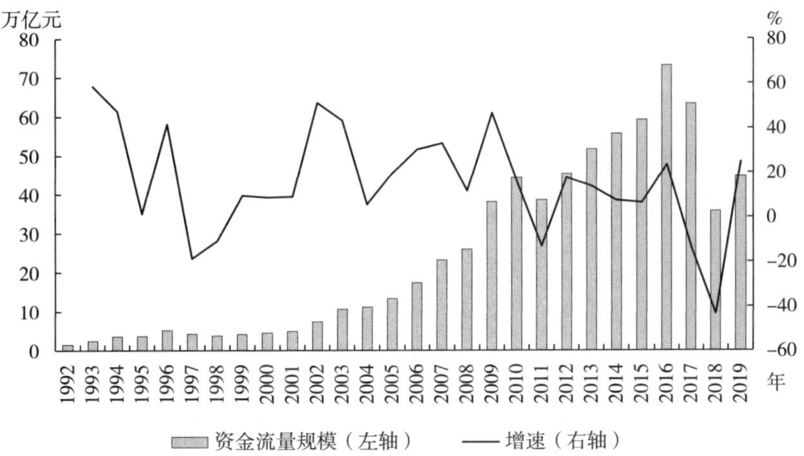

图1－5－1　我国资金流量总规模增长情况

（资料来源：中国人民银行）

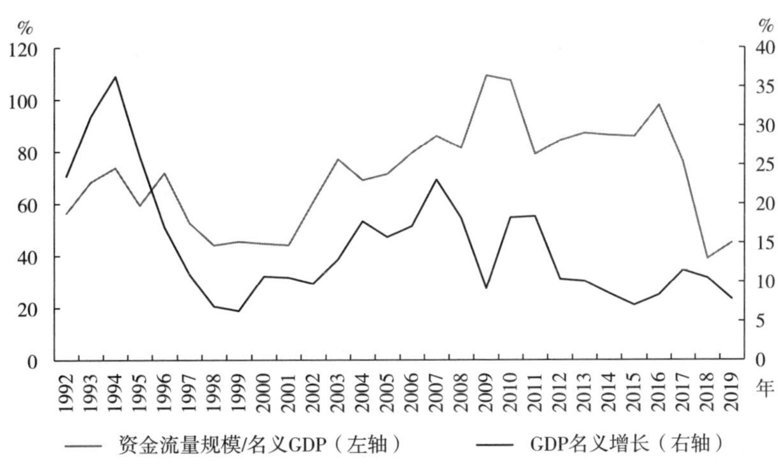

图1－5－2　资金流量总规模与GDP的比率

（资料来源：中国人民银行）

动比较活跃，资金流量总规模从1992年的1.5万亿元增加至1996年的5.2万亿元，年均增长35.4%，资金流量总规模与GDP的比值从56.4%提高到71.9%。

1997—2001年为第一次回调期。资金流量总规模从1996年的阶段性高峰（5.2万亿元）下降至2001年的4.9万亿元；1997—1998年，亚洲金融危机影响我国经济增速，对外贸易受阻，GDP增速不断下行，2001年不变价GDP增速下降至阶段性低点（8.3%），全社会资金流动放缓，其间资金流量总规模出现了两次负增长（1997年和1998年）。资金流量总规模与GDP的比值于2001年达到阶段性谷底（44%）。

2001—2010 年为第二次快速增长期。2001 年 12 月，我国正式加入世界贸易组织，国内外需求增加，经济保持平稳较快发展势头，加之金融市场化改革稳步推进，全社会资金流量总规模持续上升，由 2001 年的 4. 9 万亿元增加至 2008 年的 26 万亿元，资金流量总规模与 GDP 的比值也于 2008 年提高至 81. 4%。2008 年国际金融危机后，我国实施了一揽子经济刺激计划，采取了积极的财政政策和适度宽松的货币政策，全社会资金流量总规模显著增长，2009 年资金流量总规模与 GDP 的比值首次超过 100% 并达到历史峰值（109. 4%）。2010 年，全社会资金流量规模增速有所放缓，但资金流量总规模与 GDP 的比值仍超过 100% 并处于历史较高水平（107. 5%）。

2011 年为第二次快速回调期。2011 年，我国 CPI 持续上行，最高突破 6%，在通胀压力下，我国主动调整货币政策，从“适度宽松”转变为“稳健”，并引入了以差别准备金动态调整为核心的逆周期调控机制，加强宏观审慎管理，同时对房地产等产能过剩领域出台了更为严格的调控政策。受政策收紧影响，全社会资金流量总规模比 2010 年减少 5. 7 万亿元，资金流量总规模与 GDP 的比值大幅下降至 79. 1%。

2012—2016 年为第三次快速增长期。2012 年开始，商业银行“投资业务”“同业业务”较快发展，影子银行规模大幅攀升，金融机构部门资金运用总规模从 2012 年的 22. 7 万亿元提升至 2016 年的 45. 1 万亿元，年均增速达 18. 7%，远高于非金融机构部门年均增速（6. 8%），全社会资金流量总规模快速增加。2016 年，我国全社会资金流量总规模达 73. 1 万亿元，创历史最高纪录，当年资金流量总规模与 GDP 的比值攀升至 98%。

2017—2019 年为第三次快速回调期。2017 年开始，为坚决打赢以防范化解重大风险为首的“三大攻坚战”，我国不断收紧金融监管政策，出台“资管新规”严控影子银行业务，全社会资金流量总规模增速持续放缓。2017—2019 年，我国资金流量总规模不断下降，年均降幅为 16%，远低于名义 GDP 平均增速（9. 9%），2018 年，资金流量总规模与 GDP 的比值下降至 1992 年以来的最低点（38. 9%）。

（二）我国非金融机构部门[①]新增融资额和新增金融资产持续快速增长，2011 年后波动加大、增速放缓

1992—2019 年，我国非金融机构部门新增融资额和新增金融资产发展大致可

① 非金融机构部门包括住户部门、非金融企业部门和广义政府部门。

以分为三个阶段（见图 1－5－3 和图 1－5－4）。

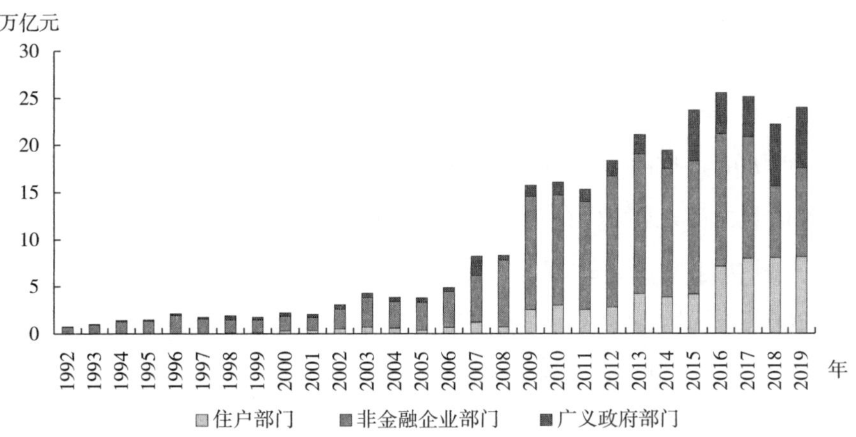

图 1－5－3 国内非金融机构部门新增融资额

（资料来源：中国人民银行）

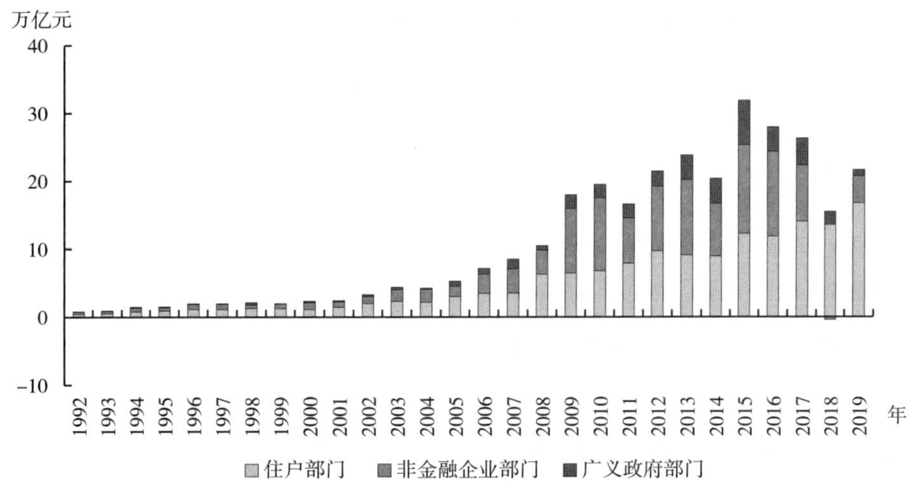

图 1－5－4 国内非金融机构部门新增金融资产

（资料来源：中国人民银行）

1992—2001 年，我国非金融机构部门新增融资额和新增金融资产规模较小且相对稳定。1992 年我国非金融机构部门新增融资额为 7638 亿元；1993 年突破 1 万亿元后基本保持稳定，此后至 1999 年（1996 年除外①）非金融机构部门新增融

① 1996 年，我国中国人民银行先后两次下调贷款利率，一年期贷款利率从年初的 12.06% 下调至年末的 10.08%，非金融企业贷款利息负担明显下降，当年新增贷款 1.5 万亿元，同比增长 55.1%，非金融企业新增股票融资 306 亿元，是上年新增股票融资额的 13.3 倍。由此推动我国非金融机构部门新增融资 2.1 万亿，增长 44.7%。

资额维持在1万亿~2万亿元；2000—2001年，非金融机构部门新增融资额基本维持在2万亿元左右。10年间非金融机构部门新增融资额共增加1.3万亿元，年均增速11.5%。同阶段非金融机构部门新增金融资产由7932亿元增加至2.4万亿元，年均增长13.2%。

2002—2010年，我国非金融机构部门新增融资额和金融资产整体呈现快速增长趋势。2001年底加入世界贸易组织后，我国加快利用国内外资金，非金融机构部门新增融资额快速增长，2002年突破3万亿元，2003年突破4万亿元，2005年略有回落，2006年再次增加1.1万亿元，达4.9万亿元，2007年大幅增加3.3万亿元，达8.2万亿元，2008年略有增加。2009年，受国际金融危机后经济刺激计划影响，非金融机构部门新增融资额迅速增长，由2008年的8.3万亿元增加至2009年的15.7万亿元，2010年小幅增加至16万亿元。此阶段，非金融机构部门新增融资额累计增加13万亿元，年均增速23%；非金融机构部门新增金融资产由3.3万亿元增加至19.5万亿元，年均增长24.9%。

2011—2019年，非金融机构部门新增融资额和金融资产呈波动性增长。从负债端看，2011年我国货币政策从“适度宽松”转为“稳健”，非金融机构部门新增融资额增速放缓；2014年后，我国经济发展进入“三期叠加”阶段，经济增速放缓，我国经济发展面临的内外部不确定性因素和风险挑战增加，非金融机构部门新增融资额波动加大，2014—2019年年均增速4.3%，明显放缓。

从资产端看，此阶段金融创新加快发展，实体部门投资渠道更加丰富，新增金融资产较快扩张，同时金融监管部门加强监管，规范各类影子银行业务发展，非金融机构部门新增金融资产呈现较大波动。2011年非金融机构部门新增金融资产减少2.9万亿元后，经过两年持续增加至2013年达23.8万亿元；2014年减少超过3万亿元后，2015年大幅增加11.5万亿元，达历史最高峰（31.9万亿元），此后连续下降，至2018年降至15.1万亿元，2019年再次增加至21.7万亿元。

（三）住户部门中长期贷款融资从无到有，2019年占比接近七成，保险投资意识明显增强，通货和存款类资产、债券和股票类资产增速偏低，资金盈余率下降趋势明显

2019年，住户部门新增融资额达8.1万亿元，是1992年的513.6倍，年均增长26%（见图1-5-5）。住户部门融资结构变化与住房市场改革密切相关，1997年之

前，我国住户部门新增融资额基本为短期贷款，1998 年之后，我国开始停止实施住房实物分配政策，逐步实行住房分配货币化政策，住户部门中长期贷款随之逐步增长，并伴随着国家房地产调控政策的变动而有所波动。2019 年，住户部门新增短期贷款 2.1 万亿元，是 1992 年的 131.1 倍，年均增长 19.8%，占比为 25.5%，比 1992 年降低 74.5 个百分点；中长期贷款从无到有，1997 年住户部门首次出现中长期贷款，当年新增 86 亿元，2019 年住户部门新增中长期贷款 5.5 万亿元，占比为 67.3%。

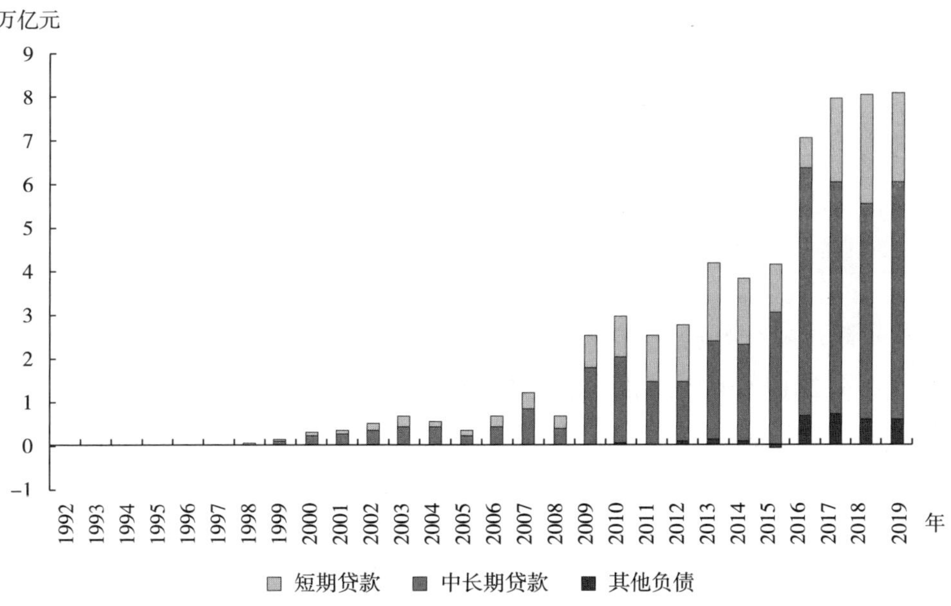

图 1－5－5　住户部门新增融资额

（资料来源：中国人民银行）

2019 年住户部门新增金融资产 16.8 万亿元，是 1992 年的 37.5 倍，年均增长 14.4%（见图 1－5－6）。其中，通货和存款类、保险类资产和其他资产三类资产合计占比达 96.2%，比 1992 年提高 15.8 个百分点。通货和存款类资产新增 10.6 万亿元，是 1992 年的 30 倍，年均增长 13.4%，低于全部新增资产增速 1 个百分点，占比为 63.4%，比 1992 年下降 15.8 个百分点；新增保险类资产 2.2 万亿元，是 1992 年的 420.9 倍，年均增长 25.1%，高于全部新增资产 10.7 个百分点，占比为 13.2%，比 1992 年提高 12 个百分点。新增债券和股票资产 2406 亿元，年均增长 3.8%，远低于全部新增资产增速，占比为 1.4%，比 1992 年下降 18.2 个百分点。

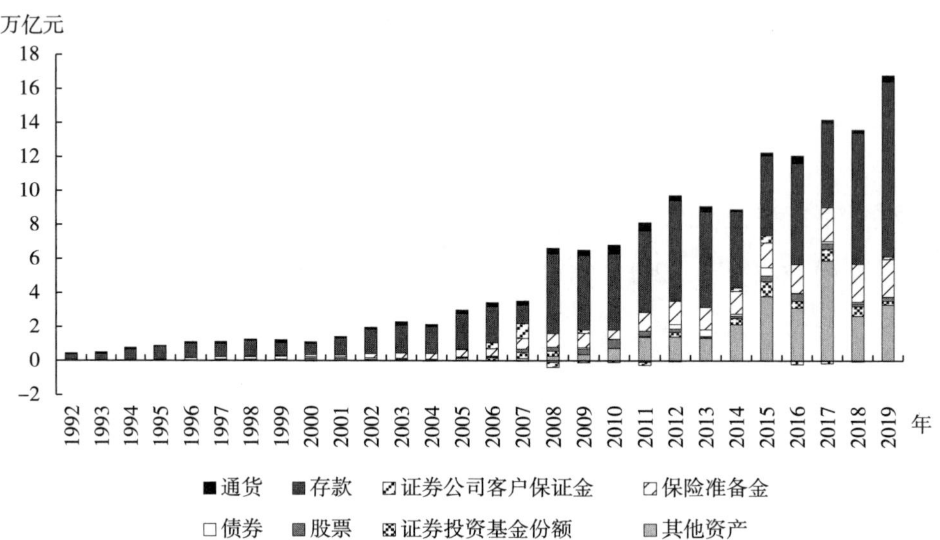

图1-5-6 住户部门新增金融资产

（资料来源：中国人民银行）

由于不断加杠杆购房，住户部门资金盈余率①整体呈下降趋势，从1992年的15.9%下降至2019年的8.8%（见图1-5-7）。

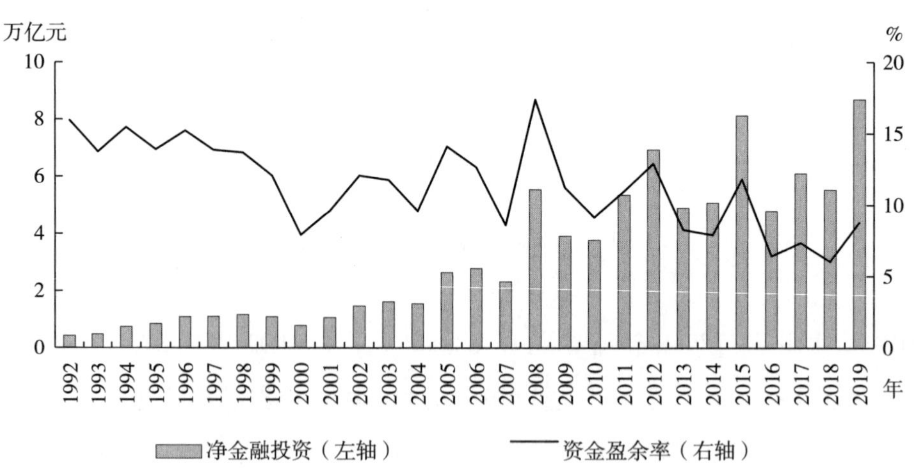

图1-5-7 住户部门资金盈余情况

（资料来源：中国人民银行）

① 各部门资金盈余（缺口）率=各部门净金融投资/GDP，该指标大于零为盈余率，小于零为缺口率。

（四）企业投融资结构趋于多元化，直接融资和证券相关投资占比明显提高，资金缺口率呈收窄趋势

从负债端看，2019 年，非金融企业新增融资额为 9.4 万亿元，是 1992 年的 13.8 倍，年均增长 10.2%（见表 1－5－1）。贷款仍然是非金融企业的主要融资方式，但占比有所下降，债券和股票融资占比明显上升。2019 年，非金融企业新增贷款融资额为 6.8 万亿元，是 1992 年的 12.6 倍，年均增长 9.8%，低于整体融资增速 0.4 个百分点，占比为 71.9%，较 1992 年下降 7 个百分点；2019 年非金融企业新增债券融资额为 2.8 万亿元，是 1992 年的 50.9 倍，年均增长 15.7%，占比为 30.2%，较 1992 年提高 22 个百分点；2019 年新增股票融资为 6046 亿元，是 1992 年的 34.6 倍，年均增长 14%，占比为 6.4%，较 1992 年提高 3.9 个百分点；非金融企业新增直接融资（债券和股票融资）占比为 36.6%，较 1992 年提高了 25.9 个百分点；新增国外融资为 9261 亿元，是 1992 年的 8 倍，年均增长 8%，占比 9.8%，较 1992 年下降 7.2 个百分点。

表 1－5－1　非金融企业部分年份新增融资额　单位：万亿元

项目	1992 年	1995 年	2000 年	2005 年	2010 年	2015 年	2019 年
合计	0.68	1.30	1.52	2.94	11.69	14.09	9.41
贷款	0.54	0.97	0.93	1.92	6.62	8.29	6.76
未贴现银行承兑汇票					2.33	－1.06	－0.48
债券	0.06	0.00	0.01	0.20	1.11	2.93	2.84
股票	0.02	0.00	0.21	0.11	0.42	0.78	0.60
国外负债	0.12	0.48	0.48	0.86	1.62	1.13	0.93
其他	－0.05	－0.15	－0.11	－0.14	－0.40	2.03	－1.24

资料来源：中国人民银行。

从资产端看，2019 年非金融企业部门新增金融资产为 3.9 万亿元，是 1992 年的 11.4 倍，年均增长 9.4%（见表 1－5－2）。其中，新增通货和存款类资产 3.3 万亿元，是 1992 年的 9.4 倍，年均增长 8.6%，占比为 85.7%，比 1992 年下降 18.6 个百分点；随着我国资本市场的不断发展壮大，非金融企业投资的债券和股票资产不断增长，2019 年这两类资产分别新增 662 亿元、5292 亿元，占比分别为 1.7%、13.6%；证券公司客户保证金、证券投资基金份额分别新增 2231 亿元、3426 亿元，占比分别为 5.7%、8.8%；新增保险类资产 1448 亿元，是 1992 年的 75 倍，年均增长 17.3%，占比为 3.7%，比 1992 年提高 3.2 个百分点。

表 1－5－2　　非金融企业部分年份新增金融资产　　单位：万亿元

项目	1992 年	1995 年	2000 年	2005 年	2010 年	2015 年	2019 年
合计	0.34	0.49	1.00	1.47	10.79	13.01	3.90
通货和存款	0.36	0.46	0.79	1.27	6.69	6.73	3.34
债券					0.02	0.35	0.07
未贴现银行承兑汇票					2.33	－1.06	－0.48
股票					0.06	0.37	0.53
证券公司客户保证金					－0.14	0.37	0.22
证券投资基金份额				0.05	－0.01	0.78	0.34
保险准备金	0.00	0.00	0.01	0.02	0.07	0.10	0.14
其他资产	－0.02	0.02	0.20	0.13	1.77	5.37	－0.27

资料来源：中国人民银行。

非金融企业部门资金缺口率整体呈不断收窄趋势，1992 年非金融企业部门资金缺口率为 12.4%，2019 年收窄至 5.6%（见图 1－5－8）。

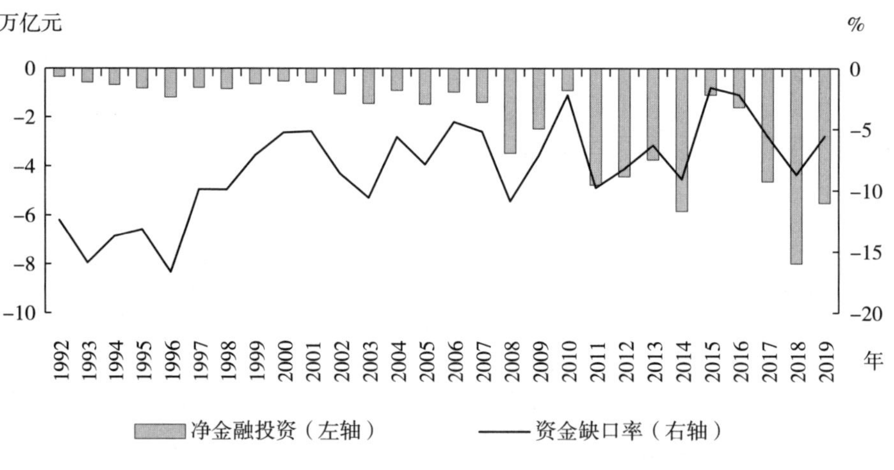

图 1－5－8　非金融企业部门资金缺口情况

（资料来源：中国人民银行）

（五）广义政府部门债券融资逐步占据主导地位，保险类负债稳步上升，通货和存款资产占比稳定在九成左右

2019 年广义政府部门新增融资额 6.4 万亿元，是 1992 年的 94.8 倍，年均增长 18.4%（见表 1－5－3）。其中新增贷款 7356 亿元，是 1992 年的 42.4 倍，年均增长 14.9%，占比为 11.4%，比 1992 年降低 14.1 个百分点；新增政府债券 4.7 万亿元，是 1992 年的 141 倍，年均增长 20.1%，占比为 73.4%，比 1992 年提高

24.1个百分点。保险类负债从无到有，1993—2002年，我国城镇社会保障体系初步搭建，2000年建立全国社会保障基金；2003年开始陆续建立新型农村合作医疗、新型农村社会养老保险等涉农社会保障制度，同时相继建立起城镇居民的养老、医疗保险和医疗救助制度，基本形成了覆盖城乡各类群体的社会保障体系；党的十八大以后，按照“统筹推进城乡社会保障体系建设”总要求，我国不断改革和完善社会保障制度，社会保障体系由“全面覆盖”迈入“全民覆盖”新阶段，社会保障体系逐步健全和完善。2019年广义政府部门新增保险类负债7549亿元，占比为11.7%。

表1-5-3　广义政府部门部分年份新增融资额　单位：万亿元

项目	1992年	1995年	2000年	2005年	2010年	2015年	2019年
合计	0.07	0.14	0.37	0.49	1.37	5.44	6.43
贷款	0.02	-0.01	0.03	0.02	0.01		0.74
保险准备金			0.03	0.17	0.38	0.70	0.75
政府债券	0.03	0.10	0.31	0.30	0.97	4.73	4.72
其他对外债权债务	0.02	0.05	0.00			0.01	0.19

资料来源：中国人民银行。

2019年广义政府部门新增金融资产9649亿元，是1992年的403.7倍，年均增长24.9%（见表1-5-4）。其中，通货和存款类资产始终是广义政府部门的主要金融资产，2019年新增通货和存款类资产8536亿元，在广义政府新增金融资产中的占比为88.5%，1992—2019年，除少数年份外，该类资产占比基本稳定在90%左右。

表1-5-4　广义政府部门部分年份新增金融资产　单位：万亿元

项目	1992年	1995年	2000年	2005年	2010年	2015年	2019年
合计	0.01	0.13	0.27	0.82	1.96	6.59	0.96
通货和存款		0.12	0.21	0.80	1.96	2.40	0.85
债券					0.01	0.27	-0.01
股票					0.00	0.14	0.03
证券投资基金份额					-0.01	0.39	0.04
证券公司客户保证金					0.00	0.18	0.02
其他新增金融资产	0.01	0.01	0.06	0.02	0.00	3.21	0.03

资料来源：中国人民银行。

1992—2015 年，我国广义政府部门收支基本平衡，资金盈余率（或缺口率）基本保持在 2% 以内，且 2009 年以来呈现略有盈余的状态（见图 1－5－9）。2015 年以后广义政府部门逐渐由资金盈余转变为资金缺口，且缺口率有扩大趋势。2015 年，我国广义政府资金盈余率为 1.7%，2016 年，则转变为资金缺口率 1.1%，2019 年，我国广义政府资金缺口率达 5.5%。

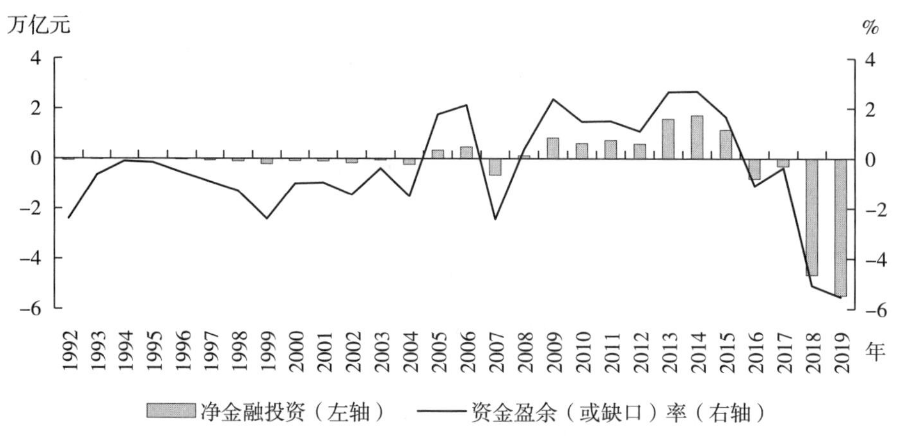

图 1－5－9 广义政府部门资金缺口情况

（资料来源：中国人民银行）

（六）金融部门投融资渠道拓宽，存款和贷款在新增融资额和新增金融资产中占比下降，债券占比大幅提高

2019 年金融部门新增融资额 19.3 万亿元，是 1992 年的 31.5 倍，年均增长 13.6%（见表 1－5－5）。从结构看，随着我国金融市场不断发展，金融工具日益丰富，金融机构投融资渠道日益多元化。通货和存款在金融机构新增融资额中的占比有所下降，但依然占据主要地位。2019 年金融机构部门新增通货和存款负债合计 14.4 万亿元，占全部新增融资额的比重为 74.5%，比 1992 年下降 41.7 个百分点。金融债券从无到有，成为新增融资额中仅次于通货和存款的第二大来源。随着 1994 年我国政策性银行相继成立，政策性金融债开始发行。此后，金融债券发行主体从政策性银行扩展到商业银行、证券公司、保险公司等各类金融机构，金融债券品种也由政策性金融债扩展到商业银行次级债券、保险公司债、证券公司债、同业存单等各类金融机构债券。2019 年金融机构部门新增债券负债 4.2 万亿元，占全部新增融资额的比重为 21.9%，比 1992 年提高 21.7 个百分点。保险

准备金规模快速增长，成为金融机构新增融资额第三大来源。2019 年金融机构部门新增保险准备金负债 1.6 万亿元，占全部新增融资额的比重为 8.3%，比 1992 年提高 7.1 个百分点。

表 1－5－5　　金融部门部分年份新增融资额　　单位：万亿元

项目	1992 年	1995 年	2000 年	2005 年	2015 年	2019 年
合计	0.61	1.74	1.73	7.19	35.22	19.33
通货与存款	0.71	1.40	1.76	4.50	15.85	14.39
证券公司客户保证金				0.03	1.12	0.52
贷款					1.58	0.23
未贴现的银行承兑汇票					－1.06	－0.48
保险准备金	0.01	0.01	0.10	0.27	0.84	1.60
存款准备金		0.23	0.06	0.28	－1.75	－0.88
债券		0.11	0.08	1.60	4.24	4.24
股票				0.09	0.17	0.37
证券投资基金份额				0.15	2.36	0.80
库存现金		0.01	－0.03	0.04	－0.02	－0.03
中央银行贷款		0.09	－0.28	－0.17	－0.10	－0.49
国外负债	0.03	0.04	－0.04	0.03	－0.07	0.13
其他	－0.14	－0.15	0.07	0.37	12.06	－1.07

资料来源：中国人民银行。

2019 年金融部门新增金融资产 22.8 万亿元，是 1992 年的 36.9 倍，年均增长 14.3%（见表 1－5－6）。随着我国金融市场不断发展和金融工具的不断丰富，金融机构持有的资产种类日益增多，贷款资产占比有所下降但仍占主导地位。2019 年金融机构部门新增贷款资产 15.8 万亿元，是 1992 年的 27.7 倍，年均增长 13.1%，占全部新增金融资产的比重为 69.1%，比 1992 年下降 22.8 个百分点。金融机构部门持有的债券资产规模不断增加，在新增金融资产中占据半壁江山。2019 年金融机构部门新增债券资产 11.7 万亿元，是 1992 年的 587.1 倍，年均增长 26.6%，占全部新增金融资产的比重为 51.3%，比 1992 年提高 48.1 个百分点。随着我国股票市场和证券投资基金的建立和发展，金融机构持有的股票和证券投资基金从无到有，2019 年金融机构部门新增股票和证券投资基金 2304 亿元，占全部新增金融资产的比重为 1%。

表 1－5－6　　金融部门部分年份新增金融资产　　单位：万亿元

项目	1992 年	1995 年	2000 年	2005 年	2015 年	2019 年
合计	0.62	1.72	1.74	7.04	29.10	22.85
通货与存款	0.00	0.00	0.05	0.08	3.07	-0.22
证券公司客户保证金					0.13	0.09
贷款	0.57	0.99	1.40	2.40	14.42	15.80
未贴现的银行承兑汇票					-1.06	-0.48
存款准备金		0.23	0.05	0.25	-1.75	-0.85
债券	0.02	0.15	0.33	2.08	10.78	11.72
股票				0.03	0.26	0.10
证券投资基金份额				0.05	0.28	0.13
库存现金		0.01	-0.04	0.04	-0.02	-0.03
中央银行贷款		0.09	-0.24	-0.16	-0.10	-0.49
国外资产	0.03	0.26	0.22	1.95	-2.34	-0.01
其他		0.00	-0.03	0.34	5.43	-2.91

资料来源：中国人民银行。

（七）国外部门资金缺口率呈“V”形走势，2008 年以来国外部门资金缺口率持续收窄

2019 年我国在国外新增金融资产（国外部门利用我国资金）1.4 万亿元，是 1992 年的 8.8 倍，年均增长 8.4%，我国对外融资额（我国利用国外资金）新增 1558 亿元，是 1992 年的 1.3 倍，年均增长 0.9%。

国外部门新增金融资产和融资额与 GDP 的比值呈“M”形走势（见图 1－5－10）。1992—1994 年，国外部门新增金融资产和新增融资与 GDP 的比值不断上升，1994 年达到阶段性高点，分别为 9.2%、10.6%；1995—2001 年，比值不断下降，2001 年分别为 2.7%、4%；2002—2007 年，比值再次上升，并于 2007 年达到最高值，分别达到 7.4%、16.1%；2007 年以来，该比值呈下降趋势，2019 年国外部门新增金融资产和新增融资与 GDP 的比值分别为 0.2%、1.4%，比 2007 年峰值分别降低了 7.2 个、14.7 个百分点，比 1992 年分别降低 4.3 个、4.4 个百分点。

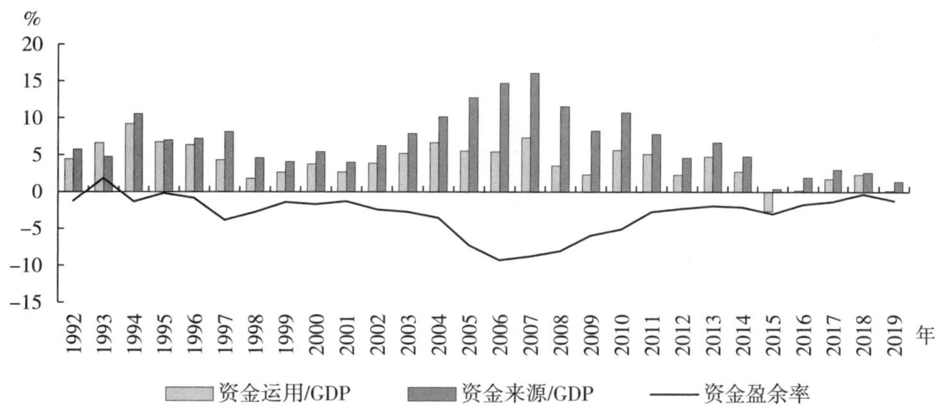

图1-5-10　国外部门资金缺口情况

（资料来源：中国人民银行）

国外部门资金缺口对应国内资金净流出，也对应着国内经常项目顺差①。国外部门资金缺口率呈现“V”形走势。1992—2006年，国外部门资金缺口率呈不断扩大趋势，1992—2001年，国外部门资金缺口率基本在1.5%左右波动，2001年10月，我国正式加入世界贸易组织后，经常项目顺差不断扩大，国外部门资金缺口率从2001年的1.3%扩大至2006年的9.3%；2008年国际金融危机发生后，在美国再工业化、“逆全球化”和贸易摩擦等多种因素影响下，我国经常项目顺差不断收窄，国外部门资金缺口率快速下降，2019年收窄至1.2%。

二、中国资金存量统计分析

改革开放以来，我国经济社会日益发展，金融发展水平不断提高。我国资金存量表数据显示：全社会金融资产总规模从1978年末的3326亿元增长到2019年末的788.3万亿元，年均增长20.9%。金融资产工具逐渐丰富，投融资结构日趋完善，金融创新步伐明显加快，金融深化程度持续提高，金融机构部门资产和负债总额均较快增长。住户部门是唯一的资金净供给部门，金融资产结构更加多元化，企业部门成为金融资金的最大净融入部门，政府部门由金融资金的净供给者变为净需求者，国外部门对国内金融市场投资占比提高。

① 根据国内净金融投资、对外贸易流量、对外资金流量三者的均衡关系，S-I=CAB=NFI，即国内净金融投资等于经常项目差额等于对外净金融投资。

（一）金融资产总量快速增长，金融相关率不断提高

自1978年经济体制改革起，中国金融业开始快速发展，至1991年末，国内部门金融资产总量达5.1万亿元，是1978年的15.4倍，年均增长23.4%（见图1-5-11）。1991—2007年，得益于资本市场的大力发展，中国金融业加快增长，2007年末国内部门金融资产总量达159.1万亿元，是1978年的31.1倍，年均增长24%。2008年国际金融危机后，中国着力深化金融体制改革，提高金融市场双向开放程度，在金融资产规模基数较大的情况下，金融资产总量仍保持较快增长，2007—2019年国内部门金融资产年均增长14.3%。我国金融相关率①由1978年的0.9倍上升至2019年的7.6倍，金融发展水平和金融深化程度不断提高。

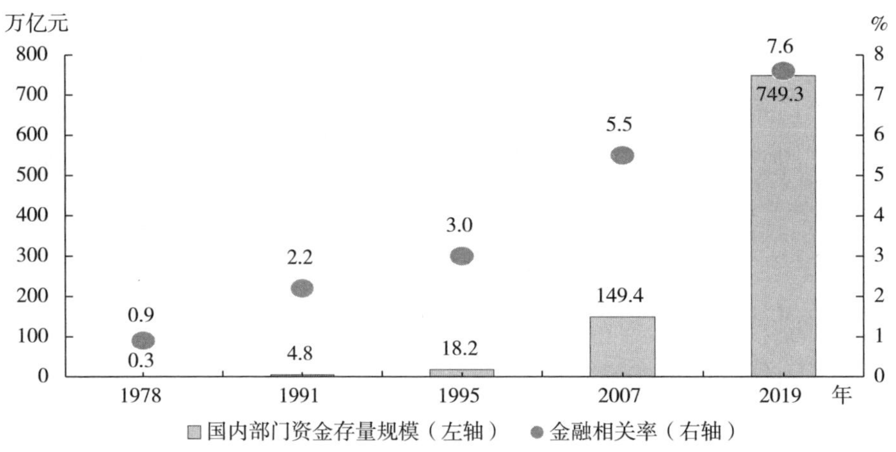

图1-5-11 中国资金存量规模和金融相关率时序

（资料来源：中国人民银行）

（二）从金融资产工具结构看，银行贷款占比逐步下降，债券和股票资产占比显著提升，表外和资管业务快速发展，直接投资稳步增长

1978年，我国的主要金融资产工具是存款和贷款，两者占金融资产的比重高达91.5%。随着资本市场逐步发展和金融创新的不断加大，债券、股票、保险准备金和直接投资等工具兴起，存款准备金和中央银行贷款资产占比显著提高，特

---

① 金融相关率（FIR）由美国经济学家雷蒙德·W. 戈德史密斯提出，是指某一时点一国全部金融资产价值与该国经济活动总量的比值，即金融相关率=金融资产/GDP。

定目的载体[1]资产快速增长（见表1－5－7）。

1. 银行贷款占比呈下降趋势

从1978年到2019年，贷款余额由1890亿元增加到182.9万亿元，年均增长18.3%，但贷款占金融资产的比重由56.8%下降到23.2%，年均下降0.8个百分点。其中，2007年由于资本市场的火爆，股票资产占比大幅提高，贷款占比降至18%。

2. 债券资产占比不断提高

近年来，我国深入推进债券市场改革和发展，加快产品创新，中国债券市场从无到有，发展成为世界第三大债券市场。债券资产规模从1991年的980亿元增加到2019年的100万亿元，年均增长28.1%，债券资产占金融资产的比重由1.9%提高到12.7%，年均提高0.4个百分点。

3. 股票资产占比波动上行

1995—2007年，股票市场进入快速发展时期，股票资产占比由1995年的1.8%快速上升至2007年的21.1%。2008年后，受内外部多种因素影响，股票资产占比大幅下跌。2019年末，股票资产占比8.1%，但仍较1995年提高6.4个百分点，整体呈现上行趋势。

4. 表外和资管业务快速发展

2012年以来，中国“大资管”行业跨界竞合与混业经营紧密契合的态势加速形成，资管业务发展一定程度上满足了居民、企业和金融机构对财富保值增值和多元化资产配置的要求，但也存在产品多层嵌套、期限错配、信息不透明、规避监管、刚性兑付等问题。2018年《关于规范金融机构资产管理业务的指导意见》发布，为行业规范发展创造了基础性制度环境。至2019年末，包含代客理财资金、资金信托计划权益和证券投资基金在内的特定目的载体资产规模达56.9万亿元，占金融资产的比重为7.2%，成为影响金融市场运行的重要力量。

5. 直接投资、国际储备资产稳步增长

近年来，金融市场的双向开放助力企业“走出去”和“引进来”，取得较大进展，直接投资增速和占比均有所提升。2019年末，直接投资余额35万亿元，是2007年的5.8倍，年均增长15.8%，比1995年至2007年的年均增速高1.8个百分点，直接投资占金融资产的比重也由2007年的3.8%提高至2019年的4.4%。国际

---

① 本文特定目的载体包括代客理财、资金信托和证券投资基金。

储备资产从1978年末的70亿元稳步增长到2019年末的22.5万亿元。

表1－5－7　　中国金融资产总量和各项分布　　单位：万亿元，%

项目	1978年		1991年		1995年		2007年		2019年	
	余额	占比	余额	占比	余额	占比	余额	占比	余额	占比
合计	0.3	—	5.1	—	19.6	—	159.1	—	788.3	—
通货	0.0	6.4	0.3	6.2	0.8	4.0	3.0	1.9	7.7	1.0
存款	0.1	34.7	1.8	35.2	6.0	30.7	40.7	25.6	205.8	26.1
贷款	0.2	56.8	2.2	43.4	5.9	29.8	28.6	18.0	182.9	23.2
债券			0.1	1.9	0.5	2.6	12.6	7.9	100.0	12.7
股票					0.3	1.8	33.5	21.1	64.1	8.1
特定目的载体							3.3	2.1	56.9	7.2
保险准备金			0.0	0.8	0.1	0.4	2.9	1.8	21.5	2.7
存款准备金					1.1	5.7	6.1	3.8	23.1	2.9
中央银行贷款					1.2	5.9	0.7	0.5	9.9	1.3
其他（净）							1.5	0.9	30.2	3.8
直接投资			0.2	3.1	1.2	6.3	6.0	3.8	35.0	4.4
其他对外债权债务			0.3	6.5	0.7	3.6	5.3	3.3	9.1	1.2
国际储备资产	0.0	2.1	0.1	2.9	0.7	3.4	11.2	7.0	22.5	2.9

资料来源：中国人民银行。

（三）从部门结构看，住户部门成为主要的资金净供给部门，企业部门是资金的最大净融入部门，政府部门由资金的净供给者变为净需求者，金融机构部门的资金来源和供给均较快增长（见图1－5－12和图1－5－13）

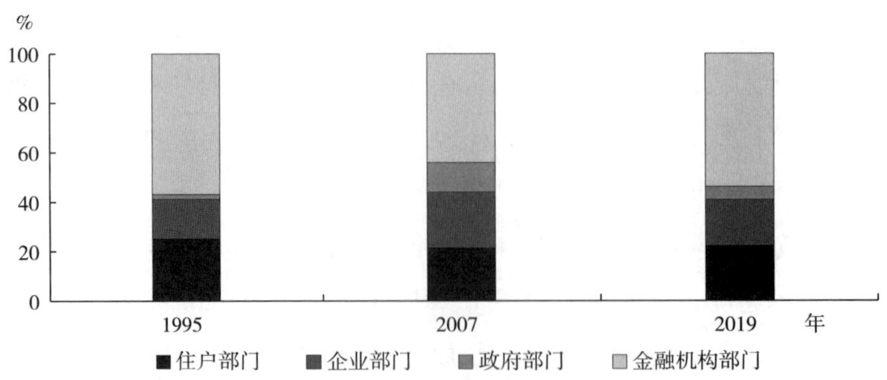

图1－5－12　国内部门资金运用总额占比

（资料来源：中国人民银行）

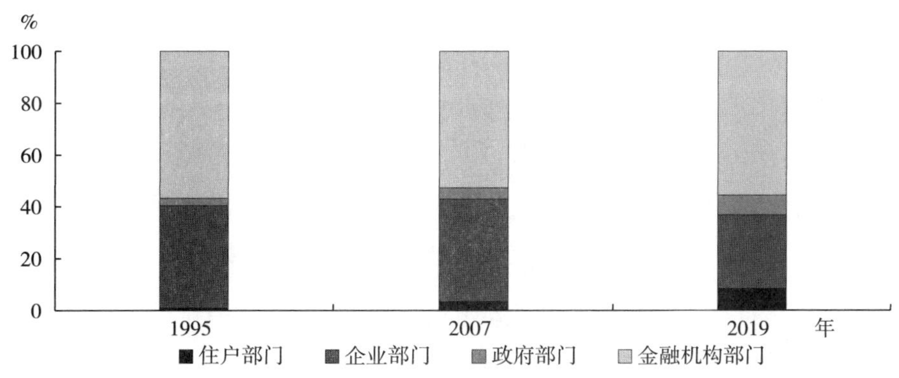

图 1－5－13　国内部门资金来源总额占比

（资料来源：中国人民银行）

1995—2019 年，住户部门资金来源总额占国内部门资金来源总额的比重由 0.9%上升至 8.6%，提高 7.7 个百分点，资金运用总额占比相对稳定，保持在 22%左右。住户部门是主要的资金盈余部门，2019 年住户部门资金盈余为 103.6 万亿元，较 2007 年多 76.8 万亿元。

企业部门资金运用总额占比先升后降，企业资金来源总额占比由 1995 年的 39.5%下降到 2019 年的 28.2%。企业部门是金融资金的最大净融入部门，2019 年末企业部门的资金缺口 67.7 万亿元，较 2007 年缺口扩大 45.6 万亿元。

政府部门的资金运用总额占国内机构部门资金运用总额的比重由 2007 年的 11.9%下降至 2019 年的 5.3%，资金来源总额占比由 4.4%上升至 7.7%。政府部门由资金的净供给者变为净需求者，2007 年资金盈余为 11.5 万亿元，2019 年资金缺口为 16.5 万亿元。

金融机构部门的资金运用和来源总额在 2007 年之后快速发展，2019 年末分别为 403.6 万亿元和 408.2 万亿元，较 2007 年末分别年均增长 16.3%和 15.2%，占比分别提高 9.8 和 2.8 个百分点。

（四）住户部门贷款快速增长，金融资产配置趋于多元化

2019 年末，住户部门贷款余额为 61.6 万亿元，是 2007 年的 12.2 倍，年均增长 23.1%。其中，个人住房贷款余额为 30.2 万亿元，占住户部门贷款的 49%。自 1998 年实行住房货币化以来，个人住房贷款开始高速增长，年均增速达 41.7%。近年来，为抑制房价过快上涨，严格限制炒房和投机性购房，个人住房

贷款增速明显下降，2019 年末为 16.7%。

随着住户部门的投资渠道越来越丰富，居民持有的股票、理财、信托、基金、保险等资产规模迅速增长，存款资产占比明显下降（见图 1－5－14）。2019 年末，住户部门存款资产占比为 53.2%，较 1995 年下降 18.3 个百分点；特定目的载体资产占比为 17.2%，较 2007 年提高 11.9 个百分点，年均提高约 1 个百分点；股票资产占比为 10.8%，虽较 2007 年下降 4.2 个百分点，但较 1995 年提高 3.2 个百分点；在居民医疗、养老等预防性动机增强的情况下，住户部门保险准备金资产占比也明显提高，由 2007 年的 8.5% 上升至 2019 年的 12.2%。

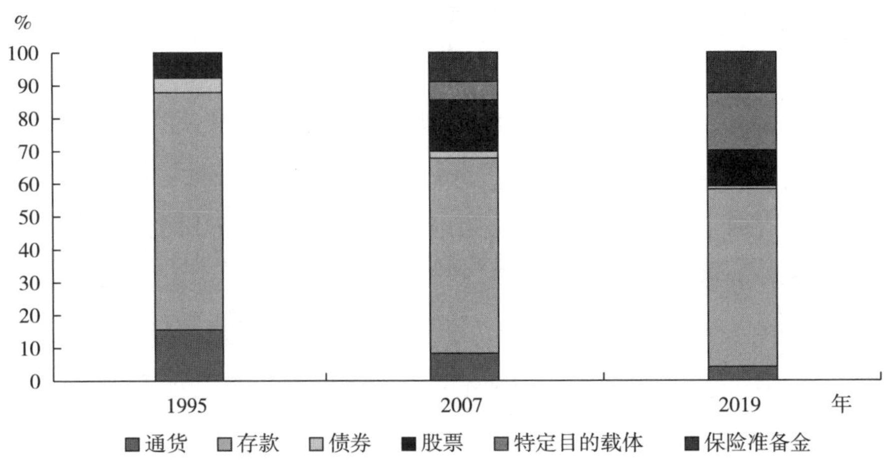

图 1－5－14 住户部门金融资产占比

（资料来源：中国人民银行）

（五）企业部门债券融资占比上升，跨境投融资稳步增长

从企业部门的融资结构看，贷款仍是企业的主要资金来源，且保持较快增长，2019 年末贷款占企业部门融资总额的 51.2%，较 2007 年提高 11.5 个百分点（见图 1－5－15）。随着债券市场的发展，企业部门债券融资也快速增长，2007—2019 年企业债券占比累计提高了 9.9 个百分点。股票融资占比则大幅下降，2019 年末股票融资占比为 22.8%，较 2007 年末下降 24.3 个百分点。

从资产结构看，存款资产占比接近一半，且保持稳定。股票资产占比明显下跌，由 2007 年末的 40.6% 下降至 2019 年末的 19.3%，累计下降 21.4 个百分点。在金融创新不断加大和金融开放程度提高的情况下，2019 年末企业部门持有的特

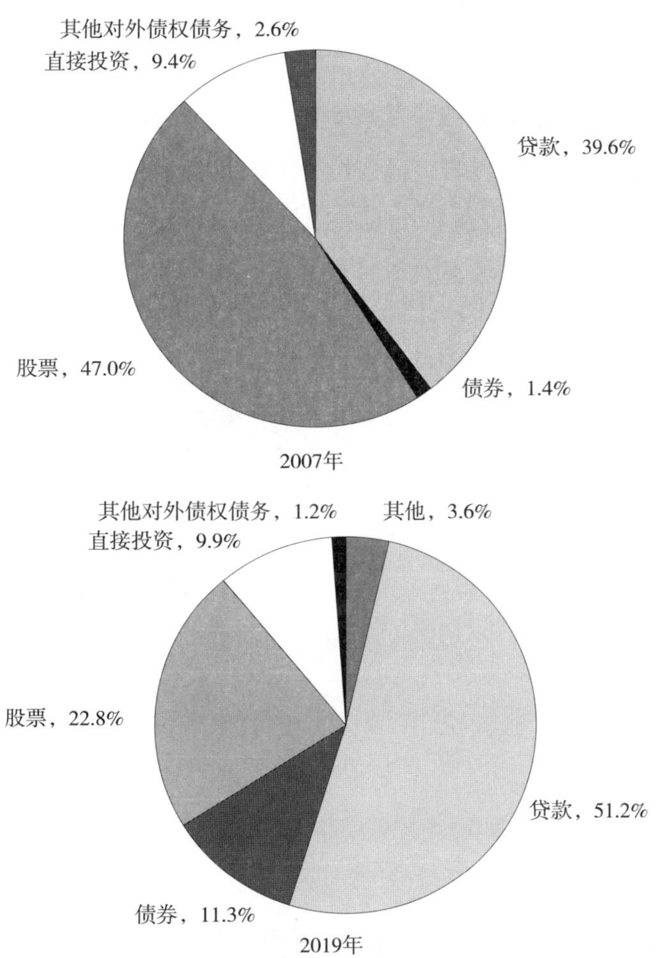

图 1 –5 –15　2007 年和 2019 年企业部门融资额占比

（资料来源：中国人民银行）

殊目的载体资产和对外直接投资占比分别为 11.2% 和 10.5%，较 2007 年分别提高 10 个和 8.1 个百分点。

（六）广义政府部门以债券融资为主，股票资产占比大幅下降

从融资工具看，2019 年末政府部门债券融资占比为 68.4%，虽较 2007 年下降 9.6 个百分点，但仍是政府部门的主要融资方式（见图 1 –5 –16）。保险准备金作为政府部门的第二大资金来源，起步较晚，发展较快，2000 年建立全国社会保障基金，2007 年底新型农村合作医疗制度基本实现全覆盖，全国保险准备金达 1.1 万亿元，此后各项社会保障制度全面快速发展，2019 年末保险准

备金余额为 9. 7 万亿元，较 2007 年末年均增长 19. 8%，占政府部门资金来源总额的 17. 3%。

从资产结构看，受股权分置改革影响，限售法人股陆续解禁，通过市场出售、转给国有企业或融资平台等，政府部门直接持有的股权明显减少，股票资产从 2007 年的 11. 6 万亿元减少到 2019 年的 2. 7 万亿元，占比由 65. 5% 下降到 6. 9%，累计下降 58. 6 个百分点。政府部门存款资产占比由 31. 4% 上升到 86. 6%，提高 55. 2 个百分点。

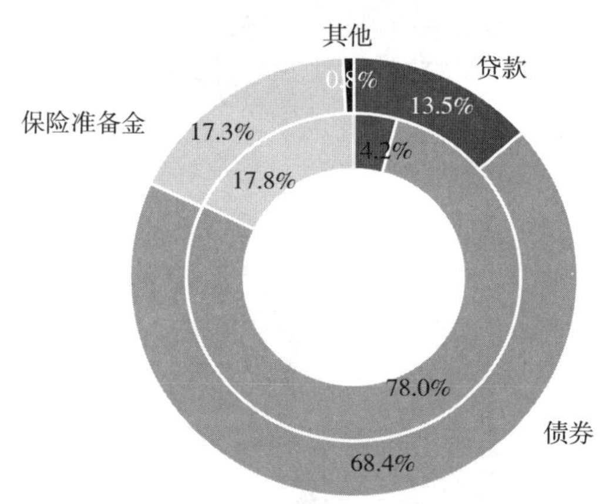

图 1－5－16　政府部门融资占比

（资料来源：中国人民银行）

（七）金融机构部门贷款和债券资产较快增长，特定目的载体融资占比明显提升

从金融机构子部门结构看，2019 年末银行业存款类金融机构金融资产余额为 258 万亿元，占金融机构部门金融资产余额的 63. 9%；负债余额为 265. 7 万亿元，占金融机构部门负债余额的 65. 1%。特殊目的载体和保险业金融机构金融资产余额分别为 56. 2 万亿元和 15. 4 万亿元，占比分别为 13. 9% 和 3. 8%；负债余额分别为 60. 4 万亿元和 15. 7 万亿元，占比分别为 14. 8% 和 3. 9%。

从资产工具结构看，金融机构部门贷款、债券资产余额分别为 181. 2 万亿元和 95. 2 万亿元，较 2007 年年均增长 17% 和 18. 9%，均保持较快增长，占金融机构部门资产总额的比重为 45% 和 23. 6%，分别提高 2. 9 个和 5. 5 个百分点，贷款是银行扩张资产负债表的主要方式；存款准备金资产余额为 23 万亿元，占比为 5. 7%，较 2007 年下降 3. 5 个百分点（见图 1－5－17）。

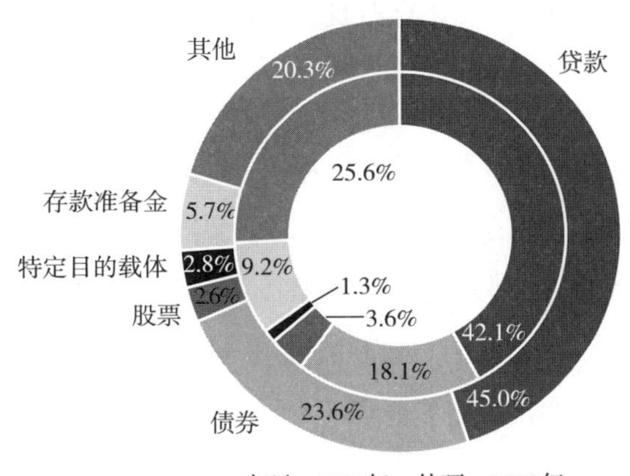

图 1－5－17　金融机构部门金融资产工具占比

（资料来源：中国人民银行）

从融资工具看，存款是金融机构的主要资金来源，2019 年末存款余额为 204.1 万亿元，占资金来源总额的 50%，较 2007 年末下降 3.8 个百分点。债券、股票融资额分别为 36.3 万亿元和 14.3 万亿元，占比分别为 8.9% 和 3.5%，较 2007 年末分别下降 0.4 个和 5.9 个百分点。特定目的载体融资占比则大幅提升，2019 年末特定目的载体融资额为 56.9 万亿元，超过债券和股票融资额之和，占融资总额的 14%，较 2007 年提高 9.6 个百分点（见图 1－5－18）。

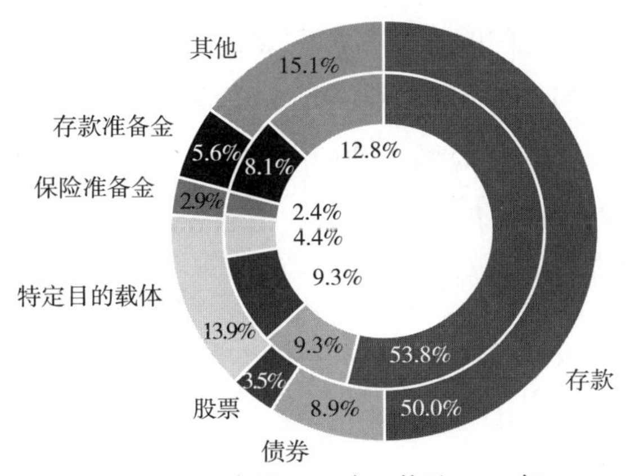

图 1－5－18　金融机构部门融资工具占比

（资料来源：中国人民银行）

（八）国外部门金融市场投资占比提高

2019 年末，国外部门的资金运用和来源总额分别为 39 万亿元和 53.8 万亿元，较 2007 年末年均分别增长 12.3% 和 10.3%。从资产结构看，国外部门以直接投资为主，2019 年末直接投资占比为 52.4%，较 2007 年末下降 1.7 个百分点。随着国内金融市场的逐步开放，国外部门对我国债券和股票的投资显著增多，2019 年末债券和股票资产占国外部门资产总额的比重分别为 5.2% 和 15.4%，较 2007 年末分别提高 5.2 个和 6 个百分点（见图 1－5－19）。

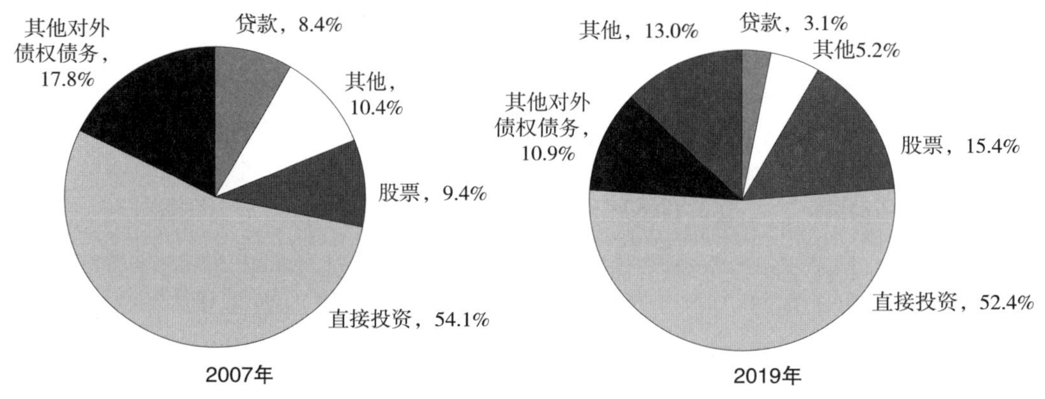

图 1－5－19　2007 年和 2019 年国外部门金融资产占比

（资料来源：中国人民银行）

从融资工具看，国外部门的资金来源主要是国际储备资产，2019 年末为 22.5 万亿元，占融资总额的 41.8%，较 2007 年末下降 25.5 个百分点。第二大资金来源是直接投资，2019 年末我国对国外部门的直接投资为 14.6 万亿元，占国外部门融资总额的 27.2%，较 2007 年末提高 22.4 个百分点。

第六章　中国金融资产结构及国际比较

金融结构优化是金融发展的重要方面，对此各国学者从金融结构的演变，金融结构与产业结构、经济发展之间的关联等角度开展了深入的理论实务研究。资金流量核算提供了全面、直接的机构部门和金融工具结构信息，为研究金融结构提供了更为丰富、规范、系统的数据内容和独特的研究视角。本章基于相关国家资金流量核算数据的可得性、规范性及对我国的借鉴意义等角度，选取了美国和日本进行相关金融资产结构国际比较研究。

一、金融结构概述

（一）金融结构的内涵与外延

美国经济学家戈德史密斯（Goldsmith，1969）最早提出金融结构概念，指出不同类型的金融工具与金融机构的存在、性质差异及相对规模体现了一国的金融结构。罗斯·莱文（Ross Levine，1997）进一步扩展，认为狭义的金融结构包括社会金融合同、金融市场和金融机构的总体关系，广义的金融结构则涵盖社会金融系统和金融政策。我国学者林毅夫等（2009）则将金融结构定义为金融体系内部各种不同金融制度安排的比例和相对构成。总体来看，一国的金融结构主要包括该国的社会融资结构、金融资产结构、金融工具结构、金融市场结构和金融组织结构等方面的比例及构成关系。

根据不同的标准，学者们对金融结构进行了划分。主流的划分方法有金融结构“三分法”和“二分法”，其中“三分法”是根据金融相关率及其他指标，将金融结构按照金融发展程度分为初级、发展和成熟三种阶段。而“二分法”则是通过分析金融资产占比结构，将一国金融体系划分为“银行主导型”和“市场主导型”两种。此外，还有很多不同的划分方法。例如，根据金融结构变迁的动力机制差异，将金融结构分为“市场诱致型”和“政府推动型”；根据金融主体的身份及其行为是否被法律法规认可，将金融结构分为正规和非正规金融结构；根据生产资料所有制的不同，将金融结构分为发达的资本主义市场经济金融结构、不发达的社会主义计划经济体制金融结构和社会主义初级阶段由计划经济向市场经济转轨过程中的金融结构；等等。无论如何划分，都是为了掌握不同阶段、不同类型金融结构特点和演进规律，推动金融结构优化，并与经济发展相匹配。

（二）金融结构变化的内在理论逻辑

金融结构是经济结构的映射，又反作用于经济结构；通过金融结构变化，可以厘清宏观经济运行逻辑，指导金融实践，促进经济金融良性循环。金融结构变化的内在逻辑是金融结构研究的重要内容，关于金融结构变化的研究，理论界主要有以下三类观点。

戈德史密斯等为代表的金融结构观指出一个国家的金融结构会随着时间的推进而不断变化，这种变化就是金融发展。各国的金融发展通常表现为金融结构由简单向复杂、由低级向高级演变，各国的演变路径大体相似，但所处阶段有所不同。

金融功能观则认为金融结构是动态演变的，经济社会发展需要决定金融功能，金融功能决定金融的形式和结构。其中，默顿和博迪认为金融创新会推动金融结构的演进，同时金融创新、技术发展及金融理论的重大进步会促进金融市场对金融机构部分职能的替代，使二者之间不断竞争、相互补充、相互促进，共同推动金融体系向更有效的方向演进。

在金融结构观和功能观之后，林毅夫等为代表的最优金融结构理论认为，处于某一发展阶段的经济体，其要素禀赋结构决定了该经济体的最优产业结构、企业规模和风险特性，进而形成对金融服务的特定需求。因此，随着要素禀赋结构的优化，实体经济的最优产业和技术结构发生调整，企业规模和风险特性发生变化，最优金融结构也会相应改变。

（三）我国金融结构的研究现状

立足于不同的研究视角，我国学者对金融结构展开了丰富的研究，为优化全国或区域经济金融结构，促进经济金融发展提供思路和建议。例如，范方志（2003）、林毅夫（2006，2008）、彭俞超（2015）等从经济增长角度研究金融结构，曾国平（2007）、龚强（2014）、王立国（2015）等从产业发展角度开展研究，李超（2015）、巴曙松（2016）、吴晓求（2017）等在金融监管和金融风险方面研究金融结构优化，刘挺军（1996）、祁斌（2013）等在金融结构国际比较研究方面进行相关研究等。

与当前大多数学者的研究方法不同，本章运用资金流量核算框架，借助金融部门和金融工具结构信息来比较分析中国、美国和日本的金融结构差异及演变特点。

二、金融结构类型比较及原因分析

金融结构类型和金融深化水平能从整体上反映金融发展状况，同时受到各国政治、经济、文化和历史等因素的影响。

（一）金融结构类型比较

1. 金融结构类型比较基本情况

按照“二分法”分类，美国具有“以金融市场为主导”的金融结构特征；中国和日本则属于“以银行中介为主导”的金融结构，且日本金融市场的发展水平高于中国（见表1－6－1）。

表1－6－1　三国银行业资产、股票市值与GDP的比值　单位：%

年份	银行业资产/GDP			股票市值/GDP		
	美国	日本	中国	美国	日本	中国
1993	52.48	152.78	—	76.56	65.25	9.22
1994	52.86	146.81	—	70.50	73.20	7.78
1995	54.62	146.40	—	91.00	65.06	5.78
1996	54.29	143.39	—	105.05	62.47	13.29
1997	56.04	147.48	—	125.56	47.24	21.66
1998	57.84	147.51	—	142.59	60.50	22.69
1999	57.93	147.84	—	153.44	97.66	30.53
2000	59.45	144.13	—	147.36	64.60	48.48
2001	60.37	145.17	—	132.15	52.62	39.55

续表

年份	银行业资产/GDP			股票市值/GDP		
	美国	日本	中国	美国	日本	中国
2002	63.78	141.82	—	101.08	50.29	31.85
2003	64.00	142.72	201.27	124.51	66.43	30.90
2004	65.60	142.06	195.25	133.65	73.89	22.90
2005	67.56	142.71	200.03	130.41	96.16	17.58
2006	70.98	142.23	200.28	141.65	101.85	41.62
2007	75.09	144.56	194.74	137.85	95.92	126.15
2008	83.33	156.19	195.43	78.78	61.85	38.72
2009	80.93	163.49	226.01	104.35	63.20	70.04
2010	78.66	162.84	228.72	115.28	67.15	66.17
2011	80.98	173.19	228.55	100.63	54.01	45.18
2012	81.45	178.41	243.73	115.26	56.08	43.33
2013	84.12	183.92	249.67	143.19	88.12	41.26
2014	85.23	190.89	261.30	150.27	90.26	57.32
2015	85.09	190.14	281.88	137.59	111.51	74.02
2016	85.51	201.50	303.13	146.21	100.67	65.17
2017	85.93	202.17	295.39	164.85	127.86	70.76
2018	82.92	204.14	284.36	148.26	106.90	45.52
2019	83.04	203.90	285.12	—	121.83	59.37

在日本和中国，银行业居于主导地位，其资产占GDP比重远高于美国，中国尤其倚重银行业来提供融资服务。2019年末，日本银行业资产占GDP的比重为203.9%，同期中国占比为285.1%，而美国占比仅为83%。相较之下，美国资本市场在其金融体系中的地位更为重要，2018年末，美国股票市场市值占GDP的比重为148.3%，远高于日本的106.9%和中国的45.5%。

2. 金融结构形成的社会历史原因

（1）美国独特的政治历史环境促成了以金融市场为主的金融结构。美国自建国以来，其国内银行业始终未能得到充分发展。从19世纪颁布《国家银行法》，建立国家银行体系，规定银行只能在单一行政区域内经营，到大萧条时期颁布《格拉斯—斯蒂格尔法案》，形成银行、证券分业经营模式，都在一定程度上限制了美国银行业的发展。与之相对应，美国资本市场先是通过为一系列战争融资，如南北战争、第一次世界大战等，得到快速发展。而后到大萧条时期，随着美国证券监督管理委员会（SEC）的成立，相关监管机制得以完善，美国资本市场进一步发展，并逐渐形成了以金融市场为主的金融结构体系。

（2）日本基于经济发展需要形成以银行业为主的金融结构。日本在明治维新后，积极引进西方金融制度，加快推动银行业发展。之后为加强对银行业的管理，日本政府陆续颁布《国立银行条例》《日本银行法》和《银行法》等系列法规，一定程度上促进了日本银行业的集中。第二次世界大战期间，为满足军事需要，日本银行业加强与军事企业联系，战时及战后政府又陆续颁布一系列金融管控措施限制金融市场发展，这些政策客观上推动了日本银行业的发展，促使日本形成以银行中介为主导的金融体系。

（3）中国由计划经济向市场经济转变的过程中形成了银行业占绝对主导的金融结构。与美国、日本相比，中国金融结构的变迁具有特殊性。中华人民共和国成立以后，国内金融市场尚未建立，银行信用体系充满计划经济色彩。改革开放后，随着社会主义市场经济体制的建立和完善，我国的金融实力不断壮大，由原有的几家国有专业银行发展为以人民银行为核心，商业银行为主体，涵盖信用社、政策性银行、非银行业金融机构等多类型机构的金融体系，其中银行业依旧占据主导地位。与此同时，中国的股票市场直到20世纪90年代才随着上海证券交易所和深圳证券交易所的陆续建立而得到发展，货币市场也直到1996年才开始建立。

（二）金融相关率比较

金融相关率（FIR）普遍用于衡量一个国家（地区）的金融深化程度，能较好地反映金融上层结构与经济基础结构的关系。一般在假定国民财富或国民生产总值不变的情况下，一国的金融体系越发达，金融相关率越高。

金融相关率是某一时点尚未清偿的金融工具价值与国民财富的比率。即

$$FIR = \frac{F_t}{W_t}$$

公式中，F_t 是某一时点尚未清偿的金融工具价值总和，W_t 是指该期国民财富的市场价值。

我们用各国资金流量核算（金融交易）中的金融资产存量数据，即资金存量表国内部门资金运用合计数来表示尚未清偿的金融工具价值总和，同时用国内生产总值（GDP）表示国民财富。以2019年数据为例，美国国内部门的金融相关率为11.1，日本为14.4，中国为7.6。从中国、美国、日本三国的金融相关率变动

情况（见图1-6-1）同时期银行业资产、股票市值与GDP比值变动对比（见图1-6-2、图1-6-3）可以看出：

一是随着经济的不断发展，中国、美国、日本三国的金融发展水平不断提高，金融相关率整体呈现向上变动趋势。其中，美国、日本作为发达国家，金融体系成熟，金融深化程度较高；而中国由于金融体系建设起步晚，金融深化程度相对较低，但发展势头迅猛。

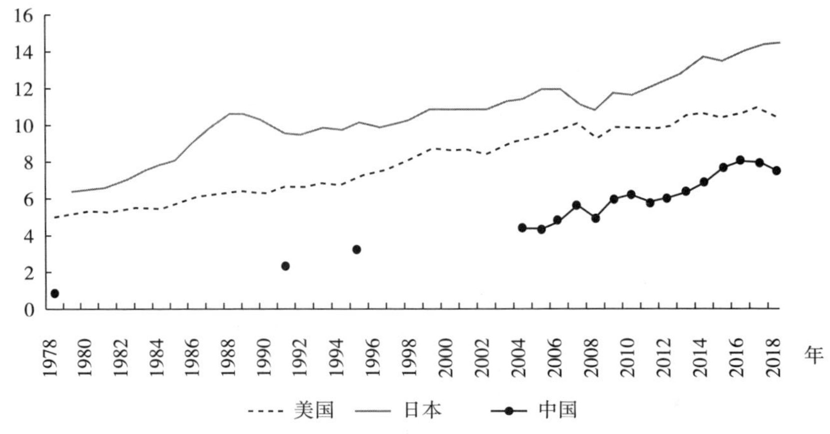

图1-6-1 中国、美国、日本金融相关率比较

二是股票市值变动对金融相关率的影响较大，但持续时间较短。20世纪80年代末日本股市暴跌、21世纪初美国“互联网泡沫”破裂，以及2008年国际金融危机，均导致相应国家的股票市场在短时间内出现大幅度变动，金融相关率受到较大冲击，之后随着股票市场恢复平稳运行，金融相关率又能很快恢复到原有水平。

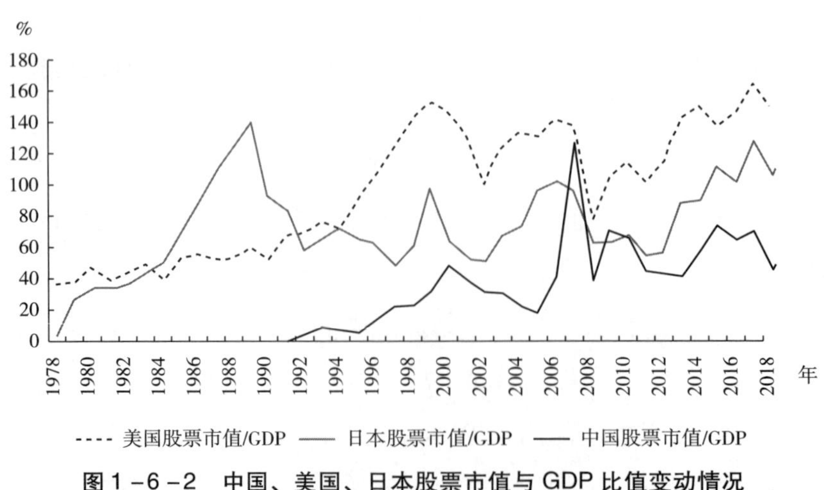

图1-6-2 中国、美国、日本股票市值与GDP比值变动情况

三是银行业资产波动幅度远小于股票市场市值波动幅度，对金融相关率多表现为趋势性影响。对比图1－6－1和图1－6－3可以看出，金融相关率的变动趋势与银行业资产占GDP比重的变动趋势基本一致，并且在银行业占主导地位的中国和日本两国更为明显。

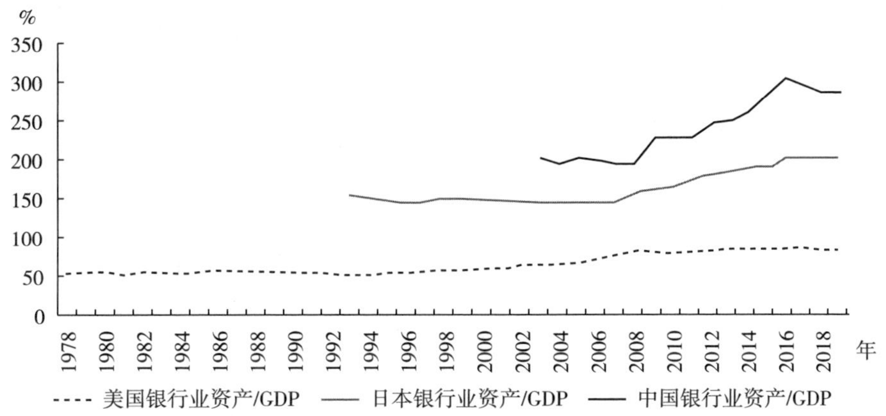

图1－6－3　中国、美国、日本银行业资产与GDP比值变动情况

四是金融政策的调整对金融相关率的影响更具长期性。例如，在中国，受2016年开始推行的金融去杠杆政策影响，金融相关率一改先前持续上升的势头，出现明显下滑迹象，至今未恢复政策推行前的发展趋势。

三、非金融机构部门金融资产结构比较

（一）住户部门金融相关率明显高于其他部门，发达国家金融深化水平高于发展中国家

通过对比分析中国、美国、日本三国非金融机构子部门的金融相关率（见图1－6－4、图1－6－5和图1－6－6）可以看出，住户部门金融相关率在非金融机构部门中最高，是主要的资金盈余部门。

非金融企业部门是主要的资金短缺部门，其所持有的金融资产更多是为生产服务，整体上非金融企业部门的金融相关率水平低于住户部门。政府部门既可以是资金盈余部门，也可以是资金短缺部门，其金融相关率在三个子部门中最低。

中国、美国、日本三国金融发展水平的差异，导致三国非金融机构子部门的金

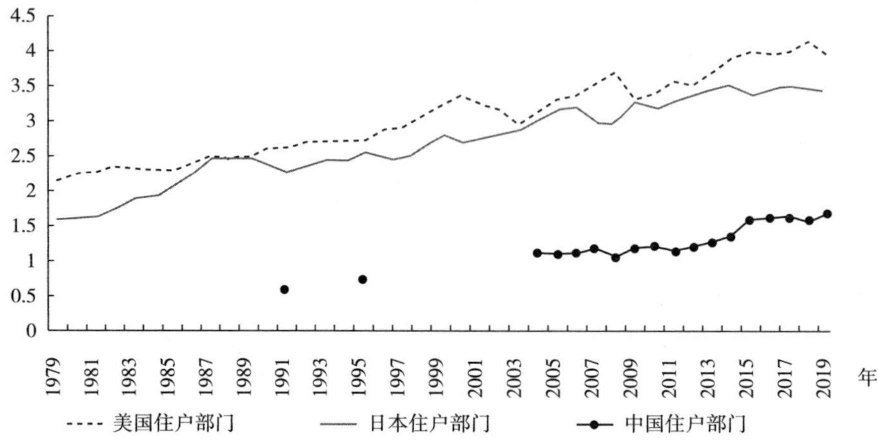

图 1-6-4　中国、美国、日本住户部门金融相关率比较

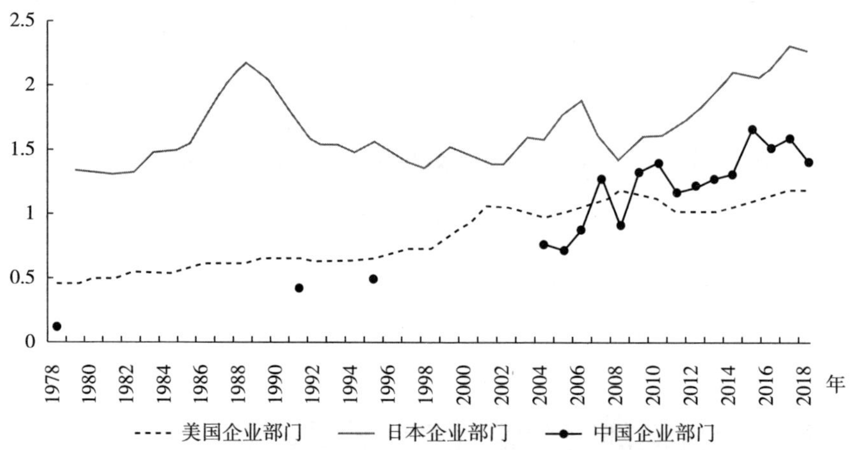

图 1-6-5　中国、美国、日本非金融企业部门金融相关率比较

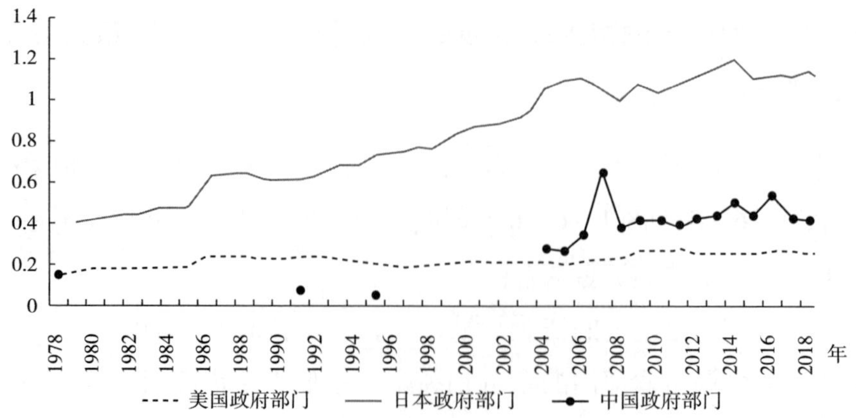

图 1-6-6　中国、美国、日本广义政府部门金融相关率比较

融相关率相差较大。从住户部门看，发达国家住户部门持有的金融资产数量远高于发展中国家，2019 年末，中国、美国、日本三国住户部门金融相关率分别为 1.7、4.5 和3.4，中国住户部门的金融相关率最低，美国略高于日本。从企业部门看，日本非金融企业部门金融相关率最高，中国在近几年超过美国位居第二，美国则始终维持在较低水平，2019 年末，中国、美国、日本三国非金融企业部门金融相关率分别为 1.4、1.3 和 2.2。从广义政府部门看，美国政府部门的金融相关率比较稳定且整体水平较低；日本政府部门的金融相关率保持增长趋势且远高于其他两个国家，2019 年末，中国、美国、日本三国政府部门金融相关率分别为 0.4、0.3 和 1.1。

（二）金融发展水平越高，非金融机构部门持有的金融资产种类越丰富，也更注重投资回报

1978 年改革开放前夕，中国金融发展水平相对较低，非金融机构部门持有的金融资产只有通货与存款，种类单一，而同期美国和日本非金融机构部门持有的金融资产种类已十分丰富。之后随着中国金融深化水平的不断提高，非金融机构部门持有的金融资产种类日益多样。

1. 住户部门金融资产配置丰富且多样化

住户部门是非金融机构部门中金融资产总量最多的部门，持有较多的存款、股权和投资基金份额类资产，以及保险、养老基金资产，从表 1－6－2 可以看出，2019 年末中国、美国、日本以上三类资产合计均超过了九成。

表 1－6－2　三国住户部门金融资产占比变化情况　单位：%

项目	1978 年	1979 年	1978 年	1995 年			2007 年			2008 年			2019 年		
	美国	日本	中国	美国	日本	中国	美国	日本	中国	美国	日本	中国	美国	日本	中国
货币黄金和特别提款权	—	—	—	—	—	—	—	—	—	—	—	—	—	—	—
通货与存款	22.1	57.5	100.0	15.2	49.9	86.9	15.0	51.3	68.1	18.9	53.7	77.0	14.2	54.7	57.6
债务证券	5.3	8.4	—	9.3	6.8	4.3	6.4	3.6	2.1	8.8	3.6	1.5	5.8	1.8	0.9
贷款	1.3	1.5	—	1.1	0.6	—	2.0	0.1	—	2.0	0.2	—	0.9	0.1	—
股权和投资基金份额	40.1	14.2	—	37.8	13.5	7.6	42.5	12.0	20.3	33.5	9.2	10.2	46.3	12.9	28.0
保险、养老金和标准化担保计划	30.1	12.4	—	34.8	24.5	1.2	32.2	29.9	8.5	34.6	30.2	11.1	31.1	27.6	12.2
金融衍生工具和雇员股票期权	—	—	—	—	—	—	—	0.0	—	—	0.02	—	—	0.07	—
其他	1.1	6.1	—	1.9	4.7	—	1.8	3.0	1.1	2.2	3.1	0.3	1.6	2.8	1.4

进一步比较中国、美国、日本资金存量表数据可以看出：在银行中介占主导地位的国家，住户部门持有的存款与通货占比较高，2019 年末中国和日本住户部门持有的通货和存款占比均超过了 50%，美国为 14.2%；而金融市场占主导地位的国家，股权及投资基金份额占比高，同期美国住户部门持有的股权和投资基金份额达 46.2%，中国和日本分别为 12.9% 和 28%；此外，发达经济体住户部门风险管理需求较强，保险、养老基金资产占比较高，相比之下，中国住户部门的保险、养老基金资产占比略低。2019 年末，中国、美国、日本住户部门持有保险、养老金资产分别为 31.1%、27.6% 和 12.2%。

2. 非金融企业部门金融资产配置相对集中且差异较大

各国非金融企业部门持有的金融资产具有以下特点：一是发达经济体的通货与存款类资产占比偏低。2019 年末，美国、日本非金融企业持有的金融资产中，通货与存款占比分别为 13.4% 和 24.4%，而中国的占比达 49.4%，一定程度上反映出发达国家企业部门融资渠道丰富，不需要持有大量流动资金维持日常经营，而是将更多资金用于投资获取收益。二是经济全球化背景下，发达国家非金融企业持有的金融资产中，对外直接投资占比更高。非金融企业通过全球化布局，不断在海外投资扩张，利用全球生产要素为全世界提供产品，拥有更多的国外金融资产；相比而言，中国非金融企业部门持有的国外资产占比偏低（见表 1-6-3）。

表 1-6-3 三国非金融企业部门金融资产占比变化情况 单位：%

项目	1978 年	1979 年	1978 年	1995 年			2007 年			2008 年			2019 年		
	美国	日本	中国	美国	日本	中国	美国	日本	中国	美国	日本	中国	美国	日本	中国
货币黄金和特别提款权	—	—	—	—	—	—	—	—	—	—	—	—	—	—	—
通货与存款	13.8	24.9	100.0	10.6	23.2	86.2	12.3	22.3	48.9	12.6	25.5	71.3	13.4	24.3	49.4
债务证券	2.9	3.6	—	2.9	2.9	—	1.2	4.2	—	1.1	4.6	4.5	1.4	2.7	2.8
贷款	4.2	4.7	—	3.0	5.2	—	0.8	5.2	0.2	0.7	6.1	—	0.4	4.7	—
股权和投资基金份额	5.9	13.1	—	9.6	22.7	—	7.0	24.1	41.8	5.4	20.1	14.7	9.3	30.2	30.5
保险、养老基金和标准化担保计划	—	—	—	—	—	1.1	—	0.3	0.5	—	0.3	1.0	—	0.3	0.9
金融衍生工具和雇员股票期权	—	—	—	—	—	—	—	0.2	—	—	0.2	—	—	0.1	—
其他	73.2	53.7	—	73.8	46.1	12.7	78.8	43.7	8.6	80.2	43.1	8.6	75.5	37.7	16.3
其中：对外直接投资	35.2	0.4	—	23.8	1.7	5.0	16.0	5.6	2.3	15.7	6.5	4.0	15.4	11.9	10.5
贸易信贷	22.2	45.3	—	21.4	34.6	—	24.9	29.6	—	15.1	27.1	—	22.3	18.6	—

3. 发达经济体广义政府部门金融资产配置分散且持有更多的证券类资产

各国广义政府部门持有的金融资产既有共性又有个性。一是美国、日本等发达经济体政府部门持有的金融资产较为分散，中国则相对集中。2019 年末我国政府部门持有的金融资产中 87.2% 为存款与通货。二是发达经济体政府部门持有更多证券类金融资产，如 2019 年末日本政府持有的金融资产中，12% 为债务证券，24.2% 为股权和投资基金份额，35.1% 为对外证券投资。而中国政府仅持有 1.6% 的债务证券和 8.7% 的股权和投资基金份额（见表 1－6－4）。

表 1－6－4　　三国广义政府部门金融资产占比变化情况　　单位:%

项目	1978 年	1979 年	1978 年	1995 年			2007 年			2008 年			2019 年		
	美国	日本	中国	美国	日本	中国	美国	日本	中国	美国	日本	中国	美国	日本	中国
货币黄金和特别提款权	1.2	—	—	3.4	—	—	1.1	0.1	—	1.1	0.1	—	1.7	0.6	—
通货与存款	22.6	47.3	100.0	16.0	48.1	95.6	15.9	18.3	31.8	22.8	17.2	44.5	20.1	17.2	87.2
债务证券	29.3	10.0	—	33.8	8.8	—	44.8	26.2	0.3	37.4	26.7	2.2	24.1	12.0	1.6
贷款	30.9	11.9	—	19.9	8.4	—	14.7	4.5	—	13.8	4.9	—	33.4	3.7	—
股权和投资基金份额	—	12.6	—	4.0	16.9	—	4.6	24.7	66.9	7.5	24.0	51.6	5.3	24.2	8.7
保险、养老基金和标准化担保计划	—	—	—	—	—	—	—	—	—	—	—	—	—	—	—
金融衍生工具和雇员股票期权	—	—	—	—	—	—	—	—	—	—	—	—	—	—	—
其他	16.0	18.2	—	17.8	17.8	4.4	19.0	26.2	1.0	17.5	27.1	1.7	15.4	42.4	2.5
其中：贸易信贷	7.1	0.3	—	6.4	0.3	—	6.4	0.2	—	5.4	0.1	—	5.5	0.2	—
对外证券投资	—	0.1	—	—	1.7	—	—	19.8	—	—	21.5	—	—	35.1	—

（三）金融体系越成熟，非金融机构部门持有的高风险资产占比越高

从风险结构看，随着经济的发展，金融体系不断完善，非金融机构部门持有的金融资产整体风险水平呈上升趋势，但不同国家非金融机构子部门间又呈现出明显的差异化特征。

1. 住户部门金融资产风险偏好受金融发展水平和社会文化影响较大

从图 1－6－7 中可以看出，一方面，金融发展水平会影响住户部门的风险偏好，同一时期美国和日本金融发展水平高于我国，其住户部门高风险资产占比更高；随着一国金融不断发展，风险偏好会有所上升，2019 年中国住户部门持有的高风险资产比例远高于 2004 年。另一方面，住户部门风险偏好受社会文化因素影

响较大，日本作为发达经济体，住户部门整体风险偏好水平远低于美国，高风险资产占比一直未超过 50%，从社会文化角度看，东亚国家深受儒家传统思想影响，会对消费行为“过度自我控制”，造成持续的消费拖延及消费不足，因此会产生高储蓄、低消费的现象，导致住户部门持有较多的低风险储蓄资产。

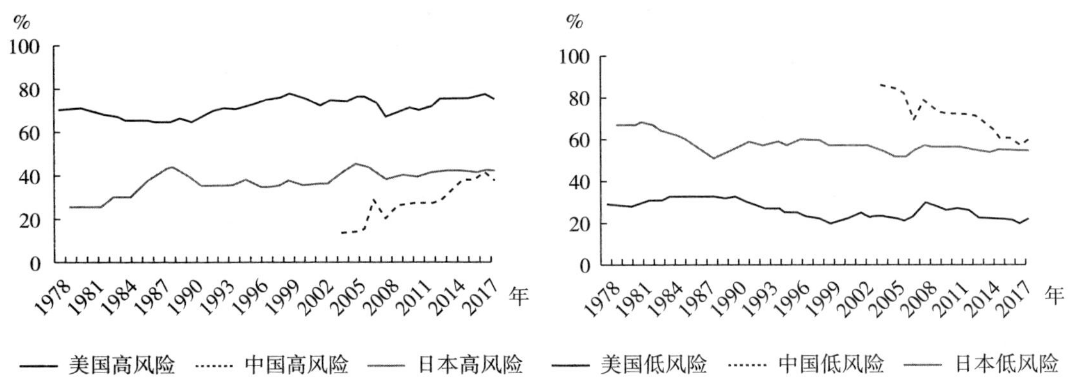

图1－6－7 住户部门金融资产风险结构变动情况

2. 非金融企业部门低风险资产配置不断下降，不同国家风险偏好差异偏小

中国、美国、日本非金融企业部门持有高风险资产比例十分接近，但具体金融资产种类存在差异。其中，美国非金融企业部门持有的高风险资产多为对外直接投资，而中国和日本则为国内股权及投资基金份额。从三国金融资产风险情况看，随着金融体系日渐成熟，低风险资产占比大幅下降。2019 年末中国、美国和日本低风险资产占比分别为 52.2%、30.6% 和 50.4%，比 1991 年末分别降低 30.7 个、12.3 个和 13.3 个百分点（见图1－6－8）。

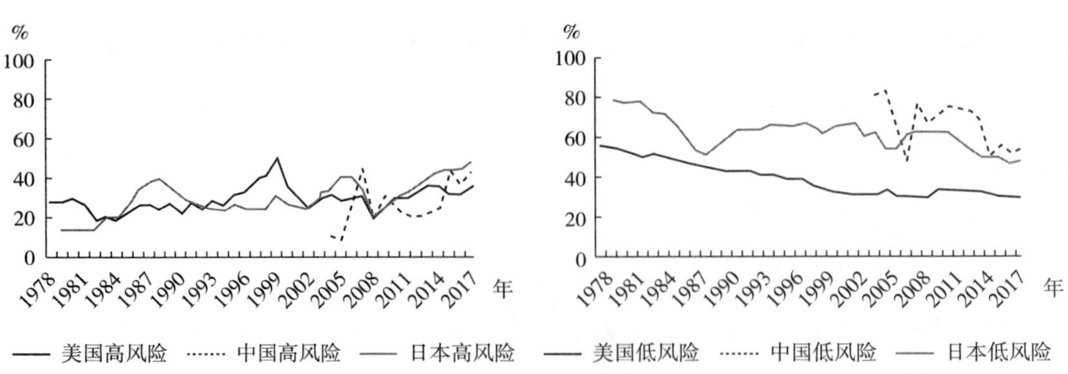

图1－6－8 非金融企业部门金融资产风险结构变动情况

3. 广义政府部门风险偏好差异较大

美国政府部门持有的高风险资产占比较低，相反低风险资产占比一直处于较高水平；中国政府部门的高风险资产占比在2007年前后处于高位，而后呈下降走势；日本则与中国、美国相反，其高风险资产占比始终维持上升趋势，低风险资产占比明显下降（见图1－6－9）。

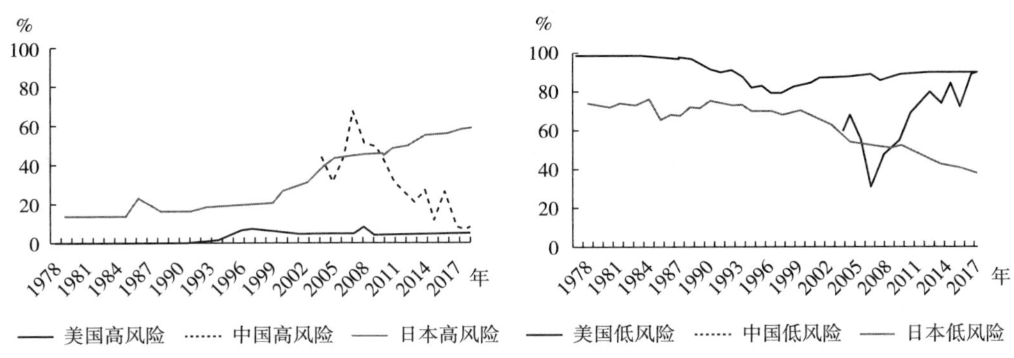

图1－6－9　广义政府部门金融资产风险结构变动情况

四、金融机构部门金融资产结构比较

作为资金融通部门，金融机构在将资金从盈余部门转移至短缺部门过程中发挥着重要的桥梁作用，金融机构部门的金融发展水平直接体现了一个国家的金融深化程度。从图1－6－10可以看出，日本金融部门的金融相关率最高，美国次之，中国最低，一定程度上反映了三国金融发展水平和金融机构部门持有金融资

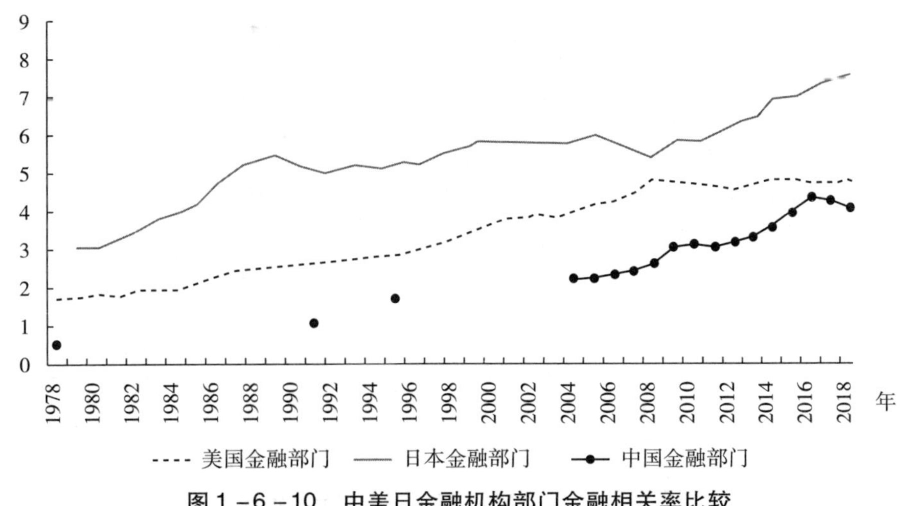

图1－6－10　中美日金融机构部门金融相关率比较

产的相对水平。下面从部门结构、工具结构和交易对手方债务结构三个方面对比分析中国、美国、日本三国金融机构部门的金融资产配置情况。

（一）金融机构子部门金融资产结构比较

金融发展最直观的体现是金融资产总量的增加和资产配置结构的优化，其中资产配置结构的优化具体体现为一国金融机构部门的多元化及各子部门金融资产配置的优化。

1. 金融机构部门分类情况

中国、美国、日本三国的金融机构部门主要包括五类：货币当局、存款类金融机构、保险类金融机构和养老基金、共同基金、其他金融机构，但各国在机构细分上有较大差异（见图1－6－11、图1－6－12和图1－6－13）。总体来看，随着金融体系不断完善，各国金融机构的种类更多样化，专业化分工也更细致。

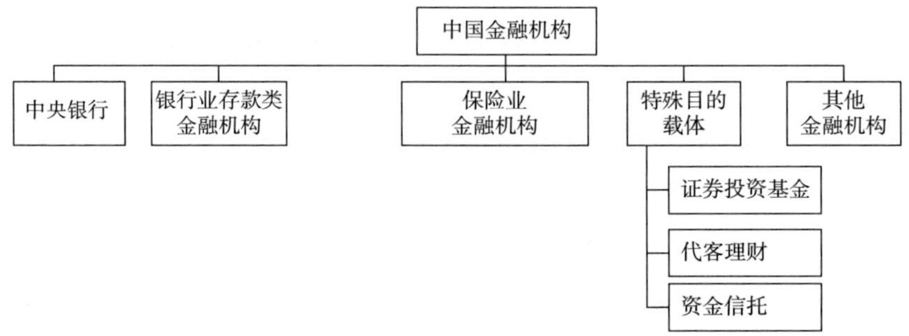

图1－6－11　中国金融机构部门分类情况

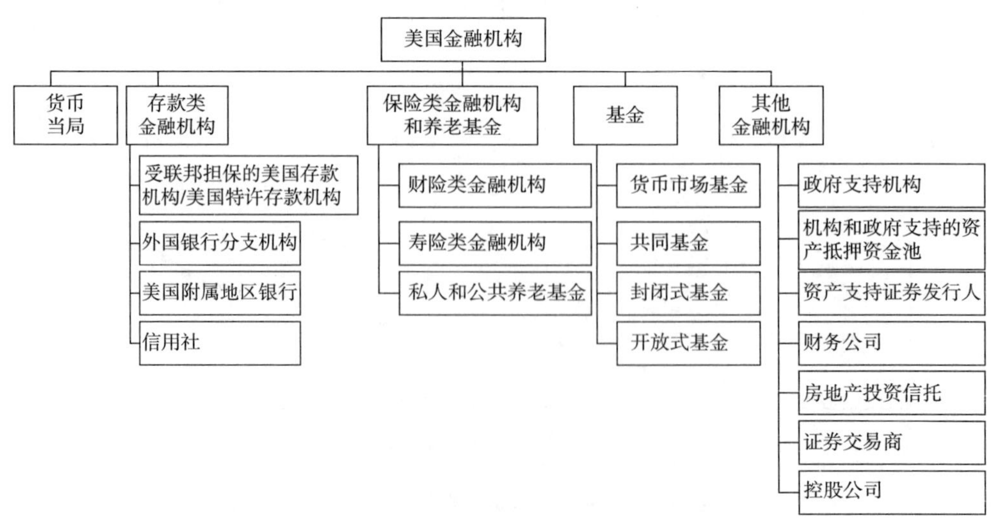

图1－6－12　美国金融机构部门分类情况

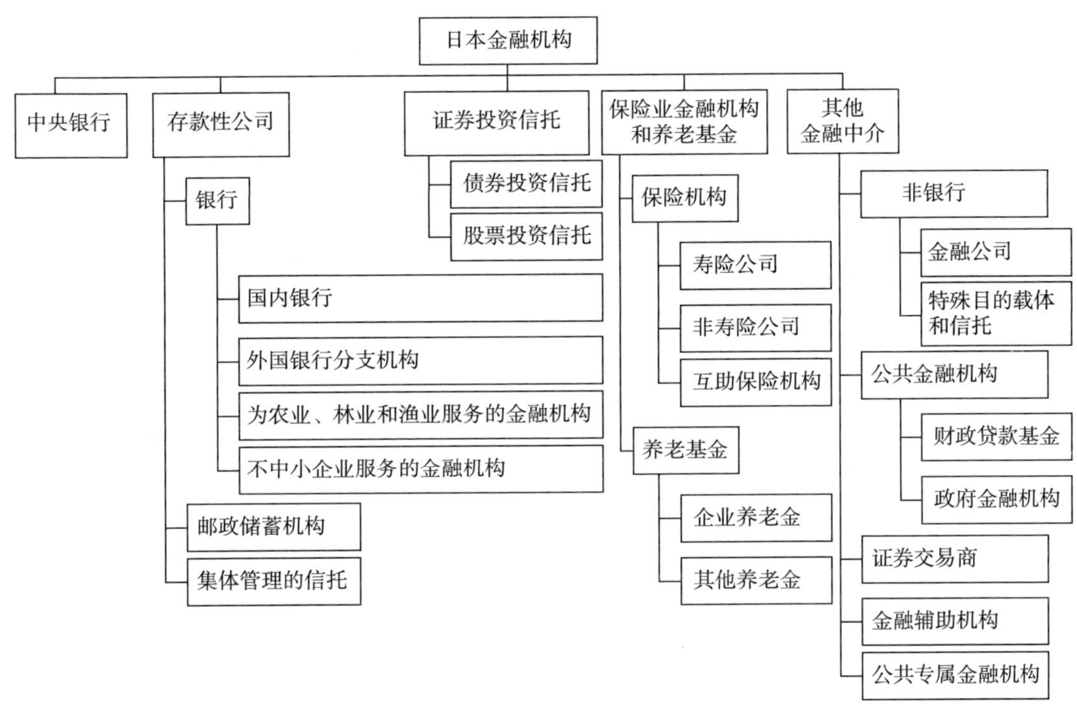

图 1－6－13　日本金融机构部门分类情况

2. 金融子部门金融资产结构变化特点

图 1－6－14、图 1－6－15、图 1－6－16 分别展示了中国、美国、日本三国金融机构子部门金融资产的结构变化情况，整体来看主要呈现以下特点：

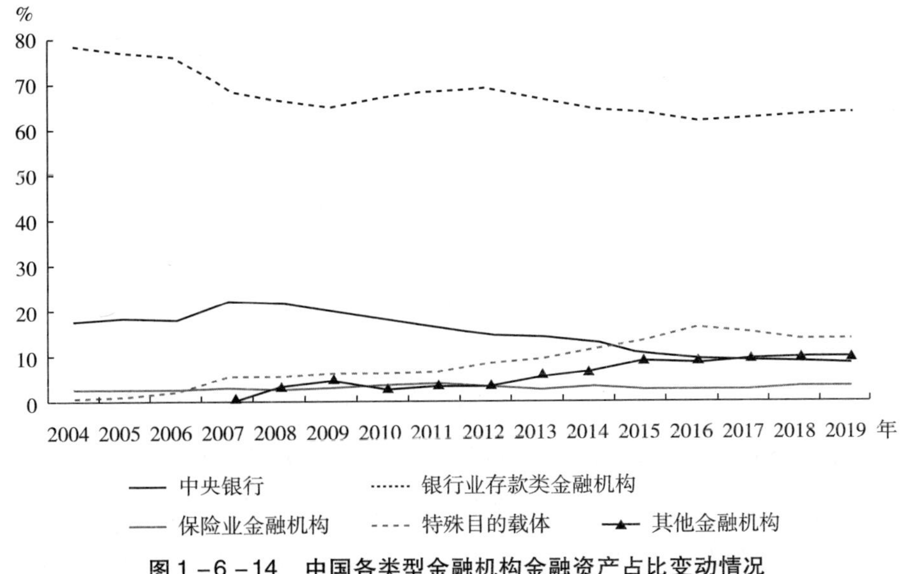

图 1－6－14　中国各类型金融机构金融资产占比变动情况

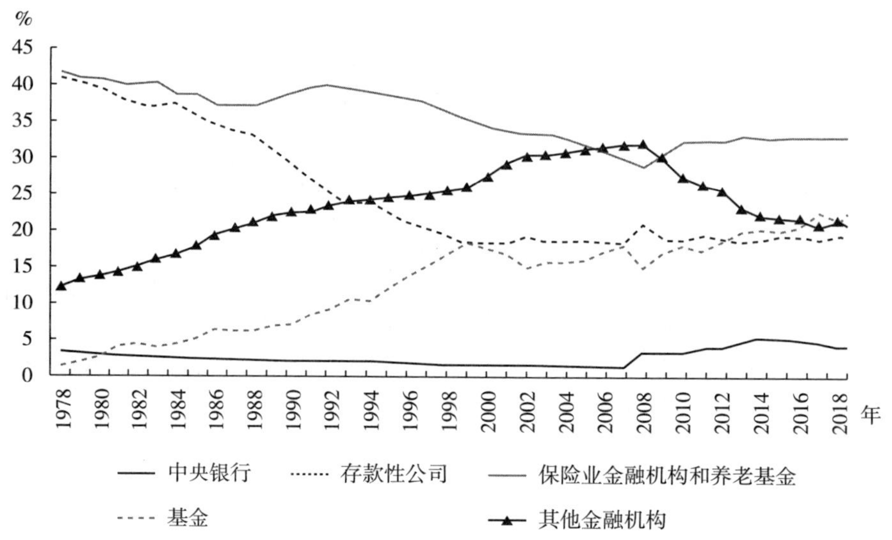

图 1－6－15　美国各类型金融机构金融资产占比变动情况

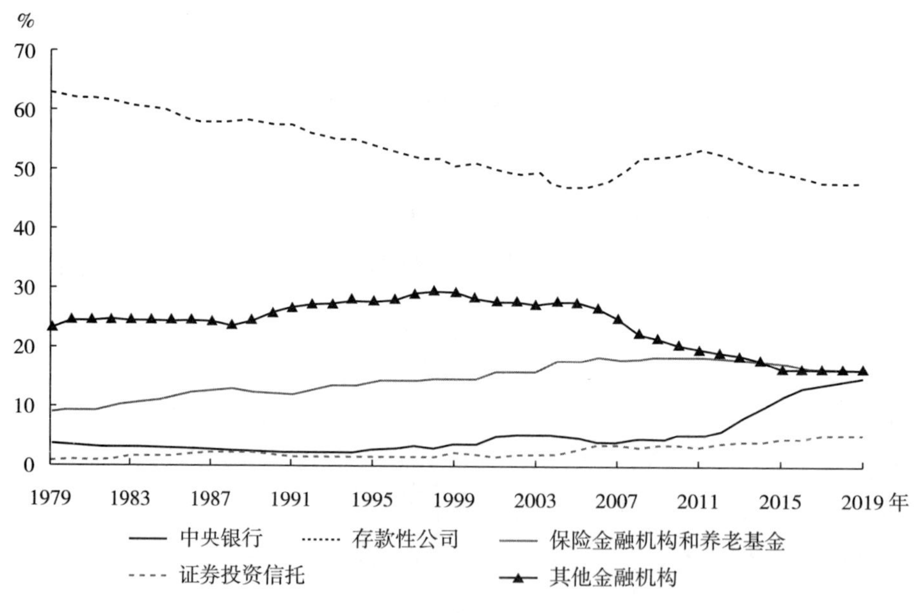

图 1－6－16　日本各类型金融机构金融资产占比变动情况

（1）以银行中介为主导的国家，存款类金融机构的金融资产占比较高，其他各类机构占比较低。2019 年末，日本各金融子部门中，货币当局、存款性公司、保险业金融机构和养老基金、证券投资信托和其他金融机构持有的金融资产分别占全部金融机构部门金融资产的 14.8%、47.8%、15.7%、5.3% 和 16.4%；中国中央银行、银行业存款类金融机构、保险业金融机构、特殊目的载体和其他金融机构持有的金融资产分别占全部金融机构部门金融资产的 8.5%、63.9%、3.8%、13.9%和9.8%。中国和日本存款类金融机构持有的金融资产占比远高于其他各类金融机构。

（2）以金融市场为主导的国家，存款类金融机构的金融资产占比较低，金融资产在各类金融主体部门之间分布较为均匀。2019 年末美国货币当局、存款性公司、保险业金融机构和养老基金、基金和其他金融机构持有的金融资产分别占全部金融机构部门金融资产的 4.2%、18.5%、32.9%、24%和 20.4%，各子部门持有的金融资产占比差距较小，整体分布均匀。

（3）发达经济体的保险业金融机构和养老基金的金融资产占比较高。在美国和日本，保险业金融机构和养老基金是最重要的金融机构子部门之一，其持有的金融资产在全部金融机构部门中占比较高，2019 年末分别为 32.9%和 15.7%；而在中国，保险业金融机构发展相对落后，其持有的金融资产占比仅为 3.8%，在保险密度、保险深度上与发达国家都有很大差距。

（4）发达经济体的其他金融机构发展较快，持有的金融资产占比较高。其他金融机构作为银行、证券、保险业金融机构、SPV 等主要金融机构的辅助和有效补充，对于金融支持实体经济发展发挥着重要作用。相对于美国、日本等发达经济体，中国的其他金融机构发展相对缓慢，持有的金融资产占比较低。

（二）金融资产的工具结构变迁

1. 发达经济体的金融工具种类丰富，资产配置更为合理（见表 1-6-5）

一是在发达经济体金融机构部门持有的金融资产中贷款占比较低，直接融资的发展水平相对较高。即使在日本这样银行占主导地位的国家，2019 年末贷款在各类金融资产中的占比也仅为 35.8%。

二是金融市场占主导的国家股权类占比更高。美国作为金融市场占主导的国家，金融机构部门所持有的股权和投资基金份额占比远高于中国和日本，2019 年末该占比为 28.1%，同期中国和日本的占比仅为 5.4%和 7.7%。

表 1-6-5　三国金融机构部门金融资产占比变化情况　单位:%

项目	1978 年	1979 年	1978 年	1995 年			2007 年			2008 年			2019 年		
	美国	日本	中国	美国	日本	中国	美国	日本	中国	美国	日本	中国	美国	日本	中国
货币黄金和特别提款权	0.3	—	3.6	0.2	—	6.5	0.1	0.1	17.0	0.1	0.1	16.1	—	0.1	5.6

续表

项目	1978 年	1979 年	1978 年	1995 年			2007 年			2008 年			2019 年		
	美国	日本	中国	美国	日本	中国	美国	日本	中国	美国	日本	中国	美国	日本	中国
通货与存款	4.7	14.3	—	6.5	15.3	11.6	6.5	7.2	10.4	8.3	7.2	10.7	6.5	15.1	9.1
债务证券	24.4	15.5	—	30.6	16.4	3.0	23.8	27.0	18.1	24.6	28.6	18.6	26.8	27.4	24.4
贷款	40.6	62.1	96.4	28.9	56.2	78.1	29.7	45.7	45.7	31.7	45.7	48.6	22.5	35.8	49.7
股权和投资基金份额	6.3	4.9	—	17.3	6.5	—	22.9	6.7	4.9	14.7	4.7	2.6	27.5	7.7	5.4
保险、养老基金和标准化担保计划	—	—	—	—	—	—	0.5	1.1	—	0.6	1.8	—	0.6	0.6	—
金融衍生工具和雇员股票期权	—	—	—	—	—	—	—	1.1	—	—	1.9	—	—	1.4	—
其他	23.7	3.2	—	16.5	5.5	0.8	16.5	11.1	3.8	20.0	10.1	3.4	16.1	11.8	5.8

2. 随着金融发展水平的提高，金融机构部门风险偏好会有所上升

从金融工具的风险结构看，中国、美国、日本三国金融机构部门持有的低风险资产占比均较高，近些年略有下降（见图 1－6－17）。2019 年末，中国、美国和日本金融机构部门持有的低风险资产占比分别为 88.8%、55.5% 和 78.5%，比 2007 年分别下降 2.4 个、4.4 个和 1.8 个百分点。其中，中国金融机构部门持有的低风险资产比例最高，日本其次，美国最低。总体上看，金融发展水平越高，金融市场越发达，金融机构部门会偏好于持有更多风险较高的金融资产，以获得更高的投资回报。

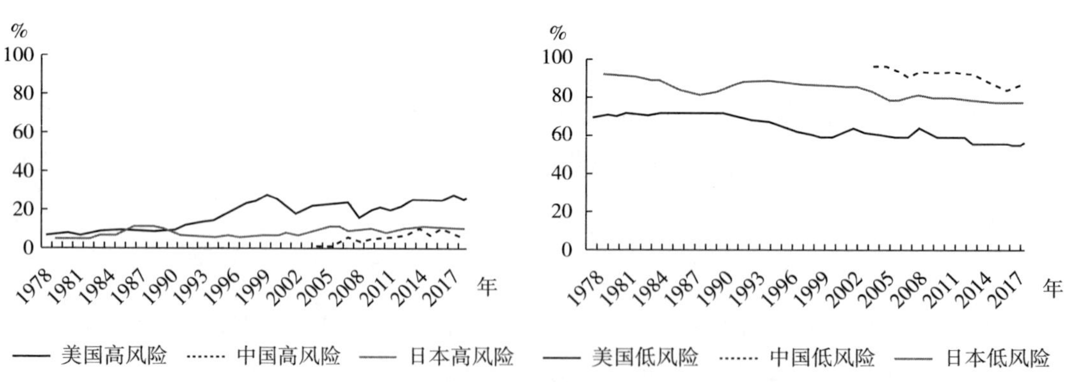

图 1－6－17 金融机构部门金融资产风险结构变动情况

3. 在创新推动下，金融产品复杂度提高，机构之间关联性明显增强，金融风险趋于隐蔽化、系统化

金融业在创新推动下不断向前发展，与此同时，金融产品的创新也会造成一些

不可忽视的问题，如设计叠加多层嵌套，金融产品变得更加复杂，金融风险不易被发现，容易导致风险累积，同时随着产品关联链条纵向延伸，不同金融机构间的关联性明显增强，金融风险趋于系统化。2011 年以来，我国部分商业银行为规避信贷规模管制和行业监管，通过信托、券商、保险公司等通道投资非标资产，以及发展代客理财产品和委托贷款等表外业务，使资金在金融体系中流转的链条明显拉长，金融机构间的关联性增强。图 1－6－18 显示，中国银行业存款类金融机构的委托贷款余额从 2008 年的 1.6 万亿元上升至 2017 年的 14.1 万亿元，9 年间扩大了 8.8 倍之多。为避免可能带来的各类风险，监管部门从 2017 年开始集中整治各类不规范的表外业务，并于 2018 年出台《关于规范金融机构资产管理业务的指导意见》，即“资管新规”，之后商业银行表外业务、通道业务均出现不同程度调整。

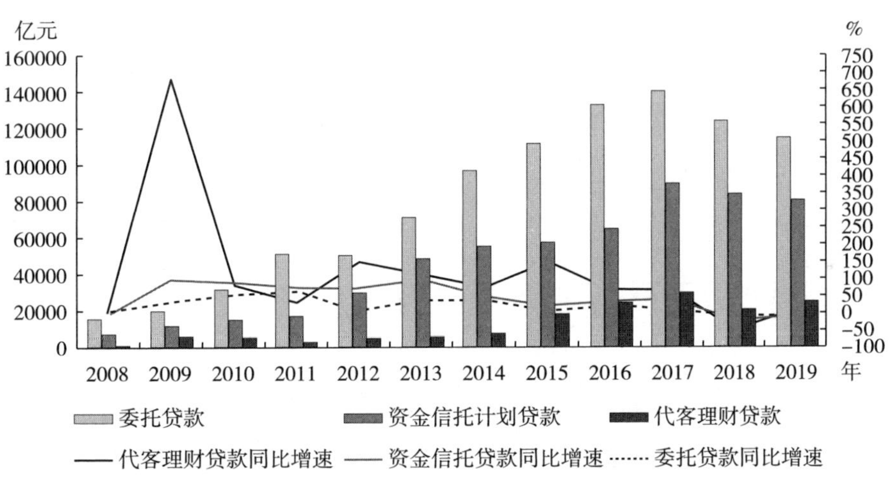

图 1－6－18 中国委托贷款、资金信托贷款、代客理财贷款余额和增速

（三）非金融机构部门的资金来源结构变化

金融机构部门的资产是非金融机构部门的资金来源，非金融机构部门的资金来源结构变化在一定程度上反映了金融机构部门的金融资产配置、资金投向和流量变化。分析非金融机构部门的资金来源结构，是研究金融机构部门支持实体经济部门发展的重要视角。

1. 中国非金融企业部门的股权融资比例相对较低，债券类融资发展较快，企业部门债务负担较重

从非金融企业部门的资金来源结构看，美国和日本作为成熟、发达经济体，

其股权融资所占比重较高，接近五成；贷款融资所占比重较低，而日本作为银行中介为主的国家，贷款融资所占比重高于美国。相比而言，中国作为银行中介为主的发展中国家，金融体系建设起步较晚，整体上股权融资占比低于发达经济体，贷款融资占比较高，近年来债务融资发展有所提速（见表1－6－6）。

表1－6－6　三国非金融企业部门各融资工具份额占比　单位:%

年度	国别	债务证券	贷款	股权和投资基金份额	其他
2005年	美国	7.57	13.10	55.91	23.41
	日本	4.26	27.93	47.43	20.38
	中国	1.25	67.19	13.32	18.24
2007年	美国	7.26	14.65	54.76	23.32
	日本	5.46	31.46	39.00	24.08
	中国	1.37	39.65	47.04	11.94
2008年	美国	9.12	18.38	46.60	25.89
	日本	6.33	36.98	31.55	25.14
	中国	2.75	65.22	17.61	14.43
2015年	美国	8.88	11.55	53.99	25.58
	日本	4.09	26.71	49.78	19.42
	中国	9.13	47.31	24.29	19.28
2019年	美国	7.77	11.26	56.11	24.86
	日本	4.76	27.36	50.43	17.45
	中国	11.27	52.76	22.78	13.19

结合非金融企业资金来源，图1－6－19展示了中国、美国、日本三国非金融企业部门的债务负担率，从侧面反映金融企业融资结构。国际金融危机后，美国

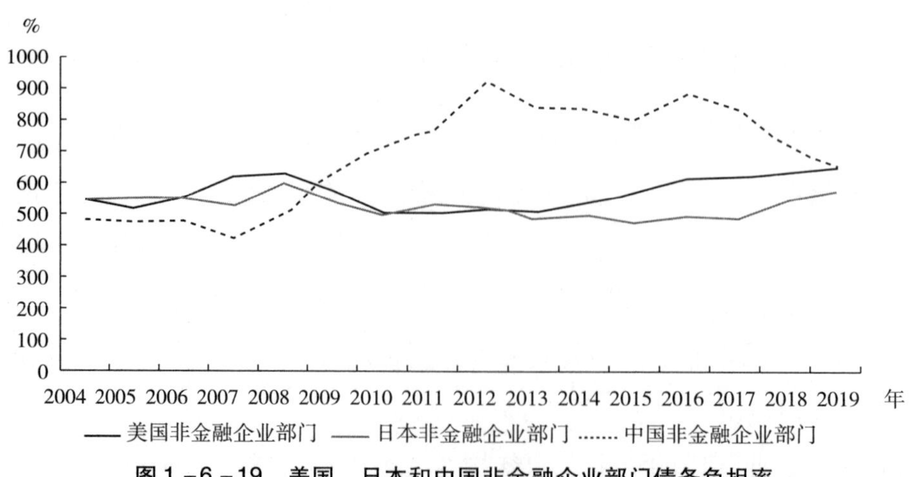

图1－6－19　美国、日本和中国非金融企业部门债务负担率

和日本非金融企业的债务负担率有所下降，近几年略有回升，而中国的非金融企业债务负担率从2008年的494.5%攀升至2012年的922.9%，此后受供给侧结构性改革和金融去杠杆的影响，债务负担率有所下降，但整体水平仍然偏高。总体来看，中国非金融企业部门过度依赖贷款融资，且债务负担在三国中最重。

2. 三国住户部门债务结构类似，中国债务负担增长较快

中国、美国、日本三国住户部门的负债结构较为类似，占比最高的均为住房抵押贷款，其次是消费贷款和经营性贷款，且均以中长期贷款为主（见图1-6-20）。日本住户部门的债务负担率较为平稳，美国住户部门自金融危机后进入“去杠杆”周期，2007—2019年，债务负担率降低了38.9个百分点；同时期我国住户部门的债务负担率急剧上升，从2008年的31.4%上升至2019年的104.3%，11年内提高了72.9个百分点。住户部门是实体经济中风险承担能力较弱的部门，日本的房地产泡沫和美国的次贷危机均始于住户部门，应警惕和关注中国住户部门债务负担过快增长。

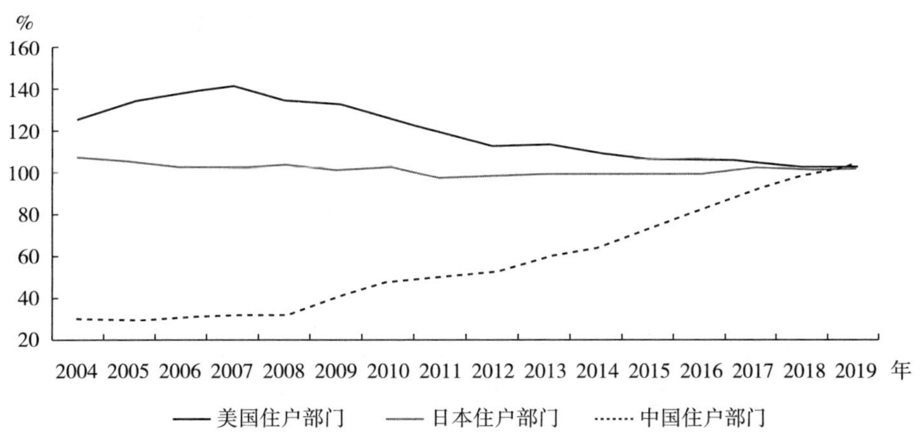

图1-6-20　美国、日本和中国住户部门债务负担率

3. 中国广义政府部门的债务负担率远低于美国和日本，具有较强的偿债能力

中国、美国、日本三国的广义政府部门未偿债务均以债券和贷款为主（见表1-6-7）。其中，美国的未偿债务中债务证券占比极高，接近100%；日本的未偿债务中，债券和贷款的比重基本维持在8:2，近年来贷款负债占比略有提升；与美国、日本相比，中国的未偿债务结构处于二者之间，近九成为政府债券，负债配比逐渐与日本接近。

表1-6-7　　三国政府部门未偿债务内部工具结构　　单位:%

年份	美国		日本		中国	
	债务证券占比	贷款占比	债务证券占比	贷款占比	债务证券占比	贷款占比
2004	99.87	0.13	77.51	22.49	92.84	7.16
2005	99.87	0.13	78.25	21.75	93.06	6.94
2006	99.87	0.13	79.02	20.98	93.29	6.71
2007	99.87	0.13	80.53	19.47	94.93	5.07
2008	99.88	0.12	81.09	18.91	89.07	10.93
2009	99.89	0.11	82.34	17.66	93.39	6.61
2010	99.90	0.10	83.38	16.62	96.02	3.98
2011	99.90	0.10	84.30	15.70	94.53	5.47
2012	99.90	0.10	85.02	14.98	96.96	3.04
2013	99.90	0.10	85.50	14.50	97.42	2.58
2014	99.91	0.09	86.08	13.92	93.50	6.50
2015	99.91	0.09	86.61	13.39	55.63	44.37
2016	99.91	0.09	86.78	13.22	73.06	26.94
2017	99.14	0.86	87.02	12.98	81.33	18.67
2018	99.91	0.09	87.59	12.41	83.09	16.91
2019	99.83	0.17	87.84	12.16	83.48	16.52

2008年国际金融危机以前，美国和日本政府部门的债务负担率总体平稳。危机期间，美国和日本政府实行扩张性财政政策，对宏观经济进行逆周期调节，债务负担率短时期内快速上升。其中，美国政府部门的债务负担率从2007年的498%攀升至2009年的1418.9%，而日本政府部门的债务负担率在2004—2016年较同时期美国政府债务负担率平均高出436个百分点。与美国、日本两国相比，中国政府部门的债务负担率在2014年以前基本维持在130%以内，之后受“债务置换”影响，在2015年出现快速上升，而后上升速度有所放缓。2019年末中国政府部门的债务负担率为243.2%，较2014年提高148.8个百分点，但总体仍远低于美国和日本（见图1-6-21）。

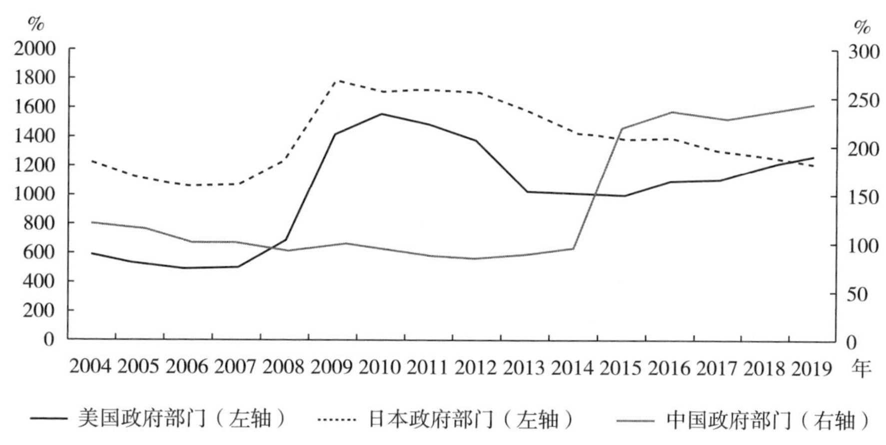

图 1-6-21　美国、日本和中国广义政府部门债务负担率

综合以上分析，提出相关政策建议：

第一，继续深化金融体制改革，加大对外开放力度。一是深化金融领域的供给侧结构性改革，加大金融产品和服务创新力度，扩大金融有效供给。二是推动金融回归服务实体经济本源，通过服务模式和科学技术的创新，加速科技创新成果向现实生产力转化。三是识别并强化系统重要性银行监管，构建不妨碍金融市场良性运转的监管框架，提高银行体系稳健程度。四是积极扩大对外开放，促进国内金融机构改革创新，提高金融深化程度，提升金融国际化水平。

第二，着力完善金融功能，推动融资效率提高。一是要减少政府对企业融资的干预，提高非金融机构部门资金使用效率，优化全社会金融资产结构。二是要发挥金融体系的融资监督作用，降低信息不对称带来的交易成本，提高储蓄向投资转化的效率。三是要盘活存量金融资产，依法严厉打击资金空转和违规套利行为，大力发展中小金融机构，通过“鲇鱼效应”激发金融市场活力，提高金融服务实体经济的能力和效率。

第三，积极培育金融市场，加快直接融资发展步伐。一是要着眼于提高直接融资比重，加快完善多层次资本市场体系，以注册制和退市制度改革为抓手，全面加强资本市场基础制度建设。二是要构建市场化、法治化债券违约处置机制，完善债券市场的基础性制度，补齐市场发展短板，促进债券市场长远健康发展。三是培育非银行金融机构特色优势，积极推动保险业高质量发展，发挥经济“减震器”和社会“稳定器”的作用，为经济社会发展提供风险保障和长期稳定资金。四是要推动形成多层次、广覆盖、有差异的金融体系，满足不同类型市场主体的金融服务需求，发挥社会主义市场机制的优势，为优质企业融资提供便利。

第四，保持宏观杠杆率基本稳定，促进经济平稳增长。一是优化杠杆结构，积极推动非金融企业部门“降杠杆”，尤其是推动国有企业去杠杆，加快清理僵尸企业，引导金融资源优化配置。二是警惕居民债务过快增长，严格控制房地产贷款违规投放，过度扩张。三是我国各级政府部门在保证偿债能力的前提下，可以适当提高部门杠杆率，发挥政府在国民经济中的作用，但需要处理好防风险和稳增长的关系，警惕地方政府隐性债务风险。

第七章　资金流量核算与货币政策

制定和执行货币政策是中央银行的基本职责。资金流量核算将国民经济各个部门、各种资金的来源与运用、流量与存量有机地联系起来，为中央银行分析和评估货币政策执行效果提供了基础核算资料和信息支持。

一、货币政策框架概述

（一）货币政策框架及其演变

货币政策框架是有关货币政策目标、手段和传导机制的总和，也可以理解为货币当局运用政策工具、借助传导机制以最终实现调控目标的一整套制度安排。它是中央银行引导银行的货币创造行为，从而管理货币的重要制度安排，是中央银行制度的重要组成部分。

货币政策目标一般分为操作目标、中介目标、最终目标（见图1－7－1）。从具体实践看，中央银行运用货币政策工具，首先会直接影响货币政策操作目标，操作目标的变化会影响中介目标，中介目标变化最后会影响到币值稳定、经济增长等最终目标。按照中央银行主要关注数量型中介目标还是价格型操作目标，货币政策调控框架可以划分为数量型调控框架和价格型调控框架。

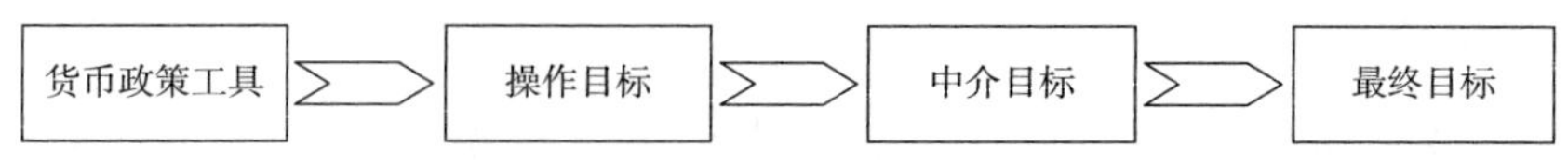

图1－7－1　货币政策框架

自1984年人民银行专门行使中央银行职能后，我国开始运用货币政策调节总量平衡。此后中国的货币政策框架演变大体经历了两个阶段：第一阶段是1984—

1997 年的信贷规模管理框架，基本特点是主要依靠对信贷及现金规模的直接控制来管理、调节经济运行，防止通货膨胀，促进经济增长。第二阶段是 1998 年取消信贷限额管理后实行间接调控货币信贷总量的框架。随着市场经济体制的逐步建立和微观主体地位的逐步增强，货币政策开始从直接调控向间接调控转型。在调控方式上，初步形成了以公开市场操作、存款准备金率、利率以及再贴现、再贷款等手段构成的货币政策工具组合。

（二）货币政策工具

1. 公开市场业务

公开市场业务是指中央银行通过与指定交易商进行有价证券和外汇交易，吞吐基础货币，调节货币供应量的活动。

从交易品种看，人民银行公开市场业务债券交易主要包括回购交易、现券交易和发行中央银行票据。回购交易分为正回购和逆回购两种，其中，正回购为中央银行从市场收回流动性的操作，逆回购为中央银行向市场投放流动性的操作。现券交易分为现券买断和现券卖断两种，其中，现券买断为中央银行直接从二级市场买入债券，一次性地投放基础货币；现券卖断为中央银行直接卖出持有债券，一次性地回笼基础货币。中央银行票据即人民银行发行的短期债券，中央银行通过发行中央银行票据可以回笼基础货币，票据到期则体现为投放基础货币。

根据货币调控需要，近年来人民银行不断开展公开市场业务工具创新。2013 年 1 月，立足现有货币政策操作框架并借鉴国际经验，人民银行创设了短期流动性调节工具（Short - term Liquidity Operations，SLO），作为公开市场常规操作的必要补充，在银行体系流动性出现临时性波动时相机使用。2019 年，为提升银行永续债的流动性，支持银行发行永续债补充资本，人民银行创设了中央银行票据互换工具（CBS）。债券持有人可以将换入的中央银行票据在市场上进行抵押融资，或作为担保品参与中央银行货币政策操作。

2. 存款准备金率

存款准备金是指金融机构为保证客户提取存款和资金清算需要而准备的资金。存款准备金分为法定存款准备金和超额存款准备金，金融机构按规定向中央银行缴纳的存款准备金占其存款总额的比例就是法定存款准备金率。中央银行通过调整法定存款准备金率，影响金融机构的信贷资金供应能力，从而间接调控货币供应量。

目前，我国针对大型金融机构、中小型金融机构、农村金融机构、政策性金融机构、银行业非存款类金融机构分别设置了不同的存款准备金率及相应的定向降准政策，形成了多层次的存款准备金体系。定向降准政策对于促进建立信贷结构优化的正向激励、稳增长、调结构、促改革有重要意义。

3. 中央银行贷款

（1）再贴现。再贴现是中央银行对金融机构持有的未到期已贴现商业汇票予以贴现的行为。在我国，中央银行通过适时调整再贴现总量及利率，明确再贴现票据选择，达到吞吐基础货币和实施货币政策宏观调控的目的，同时发挥调整信贷结构的功能。再贴现作为中央银行的重要货币政策工具，在完善货币政策传导机制、促进信贷结构调整、引导扩大中小企业融资、推动票据市场发展等方面发挥了重要作用。

（2）再贷款。再贷款指中央银行对金融机构的贷款，是中央银行调控基础货币的渠道之一。中央银行通过适时调整再贷款的总量及利率，吞吐基础货币，促进实现货币信贷总量调控目标，合理引导资金流向和信贷投向。自1984年人民银行专门行使中央银行职能以来，再贷款一直是我国中央银行的重要货币政策工具。近年来，人民银行不断创新再贷款工具，通过设立支农再贷款、支小再贷款等，精准加大对“三农”、小微和民营等重点领域和薄弱环节的支持力度。

4. 利率政策

利率政策是我国货币政策的重要组成部分，也是货币政策实施的主要手段之一。人民银行根据货币政策实施的需要，适时地运用利率工具，对利率水平和利率结构进行调整，进而影响社会资金供求状况，实现货币政策的既定目标。人民银行在充分发挥数量调控作用的同时，积极推动利率市场化改革，助推货币政策向价格型调控方式转型。本着先放开货币市场利率和债券市场利率，再逐步推进存贷款利率市场化的改革思路推进利率市场化改革。存贷款利率市场化按照“先外币、后本币；先贷款、后存款；先长期、大额，后短期、小额”的顺序进行。1996年，我国率先放开银行间同业拆借利率后，在2000年前后基本实现了金融市场利率的市场化，之后逐步放开存贷款利率上下限，并于2015年10月基本完成了利率市场化改革，之后我国通过培育短期政策利率、探索构建利率走廊机制和贷款市场报价利率（LPR）形成机制改革等方式不断深化利率市场化改革，畅通货币政策传导机制。

5. 常备借贷便利

人民银行于2013年初创设了常备借贷便利（Standing Lending Facility，SLF）。

常备借贷便利是人民银行正常的流动性供给渠道，主要满足金融机构期限较长的大额流动性需求；对象主要为政策性银行和全国性商业银行；期限为1～3个月。常备借贷便利以抵押方式发放，合格抵押品包括高信用评级的债券类资产及优质信贷资产等。

6. 中期借贷便利

2014年9月，人民银行创设了中期借贷便利（Medium－term Lending Facility，MLF）。中期借贷便利是中央银行提供中期基础货币的政策工具，对象是符合宏观审慎管理要求的商业银行、政策性银行。中期借贷便利采取质押方式发放，金融机构提供国债、中央银行票据、政策性金融债、高等级信用债等优质债券作为合格质押品。中期借贷便利利率发挥中期政策利率调整的作用，通过调节向金融机构中期融资的成本来对金融机构的资产负债表和市场预期产生影响，引导其向符合国家政策导向的实体部门提供低成本资金，促进降低社会融资成本。

7. 抵押补充贷款

2014年4月，人民银行创设抵押补充贷款（Pledged Supplemental Lending，PSL），支持国民经济重点领域、薄弱环节和社会事业发展而对金融机构提供期限较长的大额融资。抵押补充贷款采取质押方式发放，合格抵押品包括高等级债券资产和优质信贷资产。

8. 定向中期借贷便利

2018年12月，人民银行创设定向中期借贷便利（Targeted Medium－term Lending Facility，TMLF），为金融机构提供长期稳定资金来源，定向支持其扩大对小微企业、民营企业信贷投放。

此外，2020年，针对新冠肺炎疫情冲击，人民银行创新普惠小微企业贷款延期支持工具和普惠小微企业信用贷款支持计划两项直达工具，有力支持了统筹疫情防控和经济社会发展。

二、资金流量核算与货币政策分析

资金流量核算连接了金融部门及其内部子部门与实体经济部门、国内部门与国外部门、流量统计与存量统计，为监测货币政策操作与传导过程、评估宏观政策效果提供了系统的分析工具框架和独特的观察视角。

（一）中央银行部门表与货币政策

中央银行运用货币政策工具，首先影响资金流量核算中央银行部门表的相关金融资产或负债项目变动，同时会影响其他机构部门资产负债表，体现货币政策的传导过程和效果。例如，中央银行持有的国外资产增加同时会影响国外部门相关金融资产或负债变动，在公开市场上的回购操作会引起存款类机构资产负债变动，再贷款和再贴现操作可能引起存款类机构或其他金融机构等资产负债变动，调整存款准备金率会引起金融机构子部门的法定存款准备金或超额存款准备金等资产负债项目变动，发行中央银行票据则可能引起存款类机构、其他金融机构、国外部门的资产或负债变动。

这些变动最为集中的体现是中央银行基础货币的变动，进而影响存款类机构的资产负债表。基础货币又称为高能货币，反映中央银行对公众或者金融机构的负债，中央银行通过调节基础货币的数量就能数倍扩张或收缩货币供应量。中央银行各类货币政策操作都可能影响基础货币数量和存款类金融机构的流动性（见表1－7－1），进而通过存款类机构资产负债表进一步传导到其他部门。通过中央银行部门表，不仅能观察到货币政策操作目标的变化情况，也可以分析基础货币变化的原因。

表1－7－1　　　　中央银行部门表基本结构与基础货币构成

资产	负债
对国外的净债权	基础货币
对政府的债权	流通中现金
对金融机构债权	准备金
对存款类机构的债权	中央银行负债（中央银行票据）
对非存款类机构的债权	政府存款
	其他

（二）金融机构部门表与货币政策

货币政策主要通过影响存款性公司、其他金融机构等金融机构子部门的资金运用或来源，实现货币政策的中介目标。金融机构部门表（见表1－7－2）可以从资金运用和来源两个角度反映相关货币政策中介目标的变化情况，为分析货币政策传导提供具体信息。

表 1 –7 –2 资金流量核算金融机构部门表基本表式

项目	中央银行		其他存款性公司		其他金融机构	
	运用	来源	运用	来源	运用	来源
货币黄金和特别提款权						
通货和存款						
债务证券						
贷款						
股票和投资基金份额						
保险、养老金和标准化担保计划						
金融衍生工具和雇员股票期权						
其他应收/应付账款						
合计						
净金融投资（金融资产净获得减负债净发生）						

资料来源：根据 IMF 编制的《货币与金融统计手册及编制指南 2016》整理。

1. 从金融机构部门表的来源方指标分析货币政策中介目标

金融机构部门表的来源方可反映货币供应量、流动性总量等货币政策中介目标。基于这些指标变量，结合资金流量核算框架，可对货币政策进一步展开分析。

（1）货币供应量。货币供应量包括流通中货币（M_0）、狭义货币供应量（M_1）、货币和准货币或广义货币供应量（M_2）三个层次。货币供应量一般体现在存款性公司概览负债方（见表 1 –7 –3）。从资金流、存量表的金融机构子部门来源方相关数据，结合相关交易对手部门的资产负债数据，可以分析货币政策相关中介目标的变动情况，以及相关货币政策操作引起的其他部门数据变化。例如，当货币政策宽松时，其他存款性公司资金流动性约束会得到缓解，信贷投放的意愿增强，对其他金融部门债权、对非金融部门债权或对政府债权会相应增加，广义货币供应量随之增加。

表 1 –7 –3 存款性公司概览（广义货币及对手方）

资产	负债
国外净资产	广义货币（M_2）
国内信贷	狭义货币（M_1）
对中央政府债权（净）	流通中现金（M_0）
对其他常住部门*债权	可转让存款
其他（净）	准货币
–存款性公司股权	其他存款
+/–其他（非金融资产，银行间净头寸等）	债务性证券
	货币市场基金份额
	未纳入广义货币的负债
	未纳入广义货币的存款
	未纳入广义货币的债务性证券

资料来源：根据 IMF 编制的《货币与金融统计手册及编制指南 2016》196 页表 6.1 整理。

注：其他常住部门包括全部货币持有部门，即其他金融性公司、非金融企业、政府部门（不含中央政府）、住户及为住户服务的非营利性机构。

（2）流动性总量。随着其他金融机构（OFCs）重要性日益增加，以及与其他存款性公司（ODCs）和其他流动性发行者发行的金融工具之间的不断相互替代，货币的边界变得模糊，广义货币可能无法涵盖创造流动性的全部机制和工具。为此，IMF 提出了“流动性总量”概念——广义货币负债和其他具有一定流动性但不包括在广义货币中的负债的总和，以便更加广泛地测量和反映经济体中可用的流动性。

为指导各国编制流动性总量统计指标，IMF《货币与金融统计手册及编制指南 2016》定义了流动性总量包含的部门和金融工具。

流动性总量发行部门除金融机构外，还包含中央政府、州和地方政府、公共非金融机构和非居民等非金融机构部门。金融机构除了广义货币的发行部门（货币当局和其他存款类机构）外，还包括其他金融机构。

属于流动性总量的金融工具除了纳入广义货币中的金融工具（核心负债）外，还包括长期存款和储蓄计划、债券、商业票据、长期债券和流通股等金融工具。

流动性总量持有部门不包括广义负债发行部门，即货币当局和其他存款性公司，具体包括住户及为住户服务的非营利性组织、非金融企业、中央政府、州和地方政府、其他金融机构和非居民等众多机构部门，且中央政府和非居民持有的流动性总量金融工具通常仅限本币。

许多国家根据《货币与金融统计手册及编制指南 2016》编制了流动性总量，但由于各国金融发展情况和特点不同，编制方法也不太相同，多数国家编制 2 ~ 3 个不同层次的流动性总量指标，具体如表 1 – 7 – 4 所示。

表 1 – 7 – 4　　流动性总量的层次

流动性的层次	负债发行者	金融工具范围
L1	存款性公司（DCs）、其他广义货币发行者、其他金融机构（OFCs）	广义货币 + 长期存款和长期储蓄计划
L2	所有金融机构（FCs）、政府部门	L1 + 其他存款性公司（ODCs）发行的短期和长期债券（未包含在广义货币中）+ 其他金融机构（OFCs）和政府发行的债券 + 非货币市场基金（non – MMF）投资基金份额
L3	所有金融机构（FCs）、政府部门、非金融企业	L2 + 非金融企业发行的债券
L4	所有金融机构（FCs）、政府部门、非金融企业、非居民	L3 + 非金融企业股权 + 非居民发行的存款、债券和股权

资料来源：根据 IMF 编制的《货币与金融统计手册及编制指南 2016》整理。

流动性总量所定义的金融工具、发行部门和持有部门明细信息，都可以在资金流、存量表中得以反映，一些细分信息可能需要报表编制过程中的一些源数据支撑，或者通过进一步的部门资产负债信息获得。通过资金流量核算的矩阵框架，可以进一步分析流动性总量结构，以及相关货币政策操作情况、中介目标变化情况、货币政策执行效果等。

2. 从金融机构部门表运用方指标分析货币政策中介目标

金融机构部门表资产方可反映各项贷款、广义信贷等货币政策中介目标变量。各项贷款长期以来作为我国货币政策的重要中介目标。近年来，随着金融产品和融资工具的不断创新，证券、保险类机构对实体经济支持力度显著加大，商业银行各种表外业务快速发展，传统的贷款总量与经济增长的相关性下降，理论和实务上都需要能全面、准确地反映金融与经济关系的统计指标。从国际上看，近年来较为通用的指标主要是广义信贷。

2008 年国际金融危机后，广义信贷相关理论实践探索不断深入，国际清算银行（BIS）成为较早开展广义信贷研究的国际机构，2010 年 12 月，其下属的巴塞尔委员会在《逆周期资本指引》中正式提出，广义信贷有别于狭义的银行贷款，是指境内私人非金融部门的全部债务余额，包括境内和境外主体对境内私人非金融部门发放的贷款、债务证券及其他债务融资工具。从金融工具上看，广义信贷包括贷款（狭义信贷）和债务性证券两大类金融工具；从机构部门上看，广义信贷的资金融出部门包括金融机构、非金融公司、广义政府、住户、为住户服务的非营利性机构（NPISH）和国外部门，资金融入部门主要包括境内非金融部门，即非金融公司、广义政府、住户和 NPISH。按照金融工具和机构部门两种维度，广义信贷分为6 个口径（见表1 –7 –5）。

表1 –7 –5 BIS 划分的不同层次的广义信贷

口径序号	口径类别	资金融出部门	资金融入部门
1	银行部门提供给私人非金融部门* 的信贷	银行部门	私人非金融部门
2	经济体中所有部门提供给私人非金融部门的信贷	所有部门	私人非金融部门
3	经济体中所有部门提供给非金融公司的信贷	所有部门	非金融公司
4	经济体中所有部门提供给住户和 NPISH 部门的信贷	所有部门	住户和 NPISH 部门
5	经济体中所有部门提供给广义政府的信贷	所有部门	广义政府
6	经济体中所有部门提供给非金融部门的信贷	所有部门	除金融公司外的所有国内部门

资料来源：闫先东、刘珂等人的工作论文《广义信贷研究》，http：//www. imi. ruc. edu. cn/workingpaper/67274。

注：1. 私人非金融部门包括非金融公司、住户和 NPISH。

2. 各口径之间的关系为：口径 2 = 口径 3 + 口径 4，口径 6 = 口径 2 + 口径 5。

（三）非金融机构部门表与货币政策

通过资金流量核算非金融机构部门表可以分析各实体经济部门从金融体系的融资和持有金融资产情况，对于分析货币政策在实体部门生产、投资和消费等环节的传导机制与效果方面具有重要作用。若进一步结合实物交易部分数据，提供更多的各部门生产投资和消费等活动情况，可用于分析货币政策传导及政策效果，也可通过建模分析开展相关政策评估等。

货币政策的最终目标是通过影响消费、投资、出口等需求因素，促进经济增长和物价稳定。从货币政策传导看，中央银行通过货币政策可以改变银行体系面临的现金制约、清算制约和准备金制约，控制银行体系流动性、调节利率，并调控银行体系资产扩张，进而影响住户、非金融企业、政府和国外主体的资金来源和运用及其消费/投资意愿，促进金融向实物资本转化，进而实现经济增长等目标。一般认为，货币政策会通过跨期替代效应、财富效应、融资成本效应、资产价格效应、汇率效应等影响实体部门投融资及消费等（见图1－7－2）。下面以利率变动为例具体说明。

跨期替代效应①是指利率变动所引起的实体部门当期消费、投资和未来消费、投资相互替代的现象。如货币政策收紧时，利率上升，较高的利率会提高当期消费或投资的机会成本，实体部门会推迟消费或投资计划，且较高的利率意味着储蓄会有更高收益，因此，实体部门会增加储蓄、减少消费和投资。以住户部门为例，利率上升会增加消费和投资的机会成本，降低其消费投资意愿，进而影响经济增长。

财富效应主要针对住户部门，是指利率变动会影响资产估值，住户部门的消费或投资支出随财富值增减而波动。财富较多时，倾向于增加消费或投资，反之则减少。例如，中长期贷款利率上升通常对应着房地产市场降温、房价下降和住房资产缩水，住户部门会减少消费和投资，并对经济增长产生抑制作用。

融资成本效应可分两种情况，对有负债的微观主体来说，较高利率会提高利息支出，恶化现金流，在这种情况下，微观主体会相应地缩减成本或延缓其他支出；对无负债的微观主体来说，高利率也意味着新项目有更高的机会成本和折现率，在利息支出和利息收入两因素的叠加作用下，较高的利率有可能会减缓企业

① 利率、预期等均为产生跨期替代效应，这里仅以利率为例。

支出和投资。

资产价格效应主要针对企业部门，指的是当货币政策收紧导致利率上升时，高利率会带来高折现率，从而降低资产价格[①]，较低的资产价格将降低企业抵押能力，使企业更难申请到银行贷款。同样，对于上市公司而言，较低的资产价值也意味着较低的资产净值，会使其通过发行新股为新项目融资变得更加困难。因此，通过资产价格效应，高利率将减少企业用在扩张和新投资上的支出。

汇率效应是指高利率能吸引资本流入国内，并推高本币汇率。当汇率升高时，实体部门的成本和收益均会受到影响，就成本而言，汇率上升将导致进口成本下降，出口商品价格上涨，高价之下，顾客会把消费从本国产品转向进口商品。此时，国内相关产品竞争力下降，相关企业就会缩减经营活动和投资支出等。通过汇率效应，紧缩性货币政策会降低国内产品和劳务对国外商品的竞争力，抑制国内经济活动。

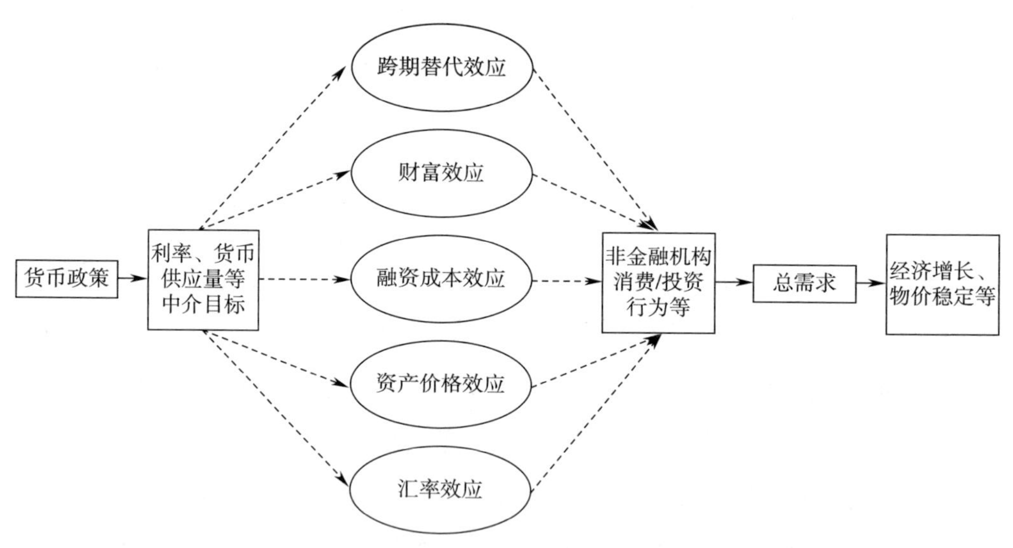

图1-7-2 货币政策与非金融机构经济行为

三、社会核算矩阵与宏观政策评估

资金流量核算可与国民经济其他核算账户相结合，通过编制社会核算矩阵等

① 资产价格是未来现金流的折现值。

综合经济账户，并进一步利用模型等工具对宏观经济金融总量和结构开展分析，并用于宏观政策效果评估。

（一）基于社会核算矩阵开展宏观政策评估的优势和作用

宏观政策影响广泛、涉及因素众多，具有宏观性和系统性特点，这决定了它在制定之前需要经过合理的模拟和评估。社会核算矩阵是资金流量核算与国民经济其他核算账户的综合经济账户矩阵，基于社会核算矩阵开展分析体现了一般均衡的分析思路，能够有效捕捉经济系统中的复杂联系和相互作用，在宏观政策评估和模拟中具有突出优势和作用。

1. 能够全面评估政策效果

社会核算矩阵涵盖了经济系统的大部分数据，可开展多角度政策分析。一是总量分析。基于社会核算矩阵可自由设置综合衡量和评价指标，如 GDP、CPI、杠杆率和财政赤字等。二是结构性和原因分析。包括行业、部门、国别等多个层次的结构性变化，并且沿着政策变化路径，可以分析总量变化的原因。三是实物量和价值量分析。社会核算矩阵区分价值量、价格和实物量三种指标，如果将价格标准化，就可以容易计算出实物量指标。四是福利分析。分清楚谁是受益者或受损者对于政策的制定至关重要，社会核算矩阵提供了福利分析的便利性，可以测算等价性变化量和补偿性变化量这两个指标。五是能够反映经济和金融之间的相互影响。通过编制金融 SAM 表，将资金流量实物交易和资金流量金融交易核算有机衔接，可以反映一定时期内经济和金融运行活动全貌，直接观测实体经济如何影响金融市场，而金融市场又如何反作用于实体经济，从而最大化地开发和利用好资金流量核算框架的深层价值。

2. 分析结果更具稳健性

基于社会核算矩阵可以构建 CGE 模型，而 CGE 模型的解属于一般均衡解，是不同经济主体之间相互影响和作用后的结果，包含了反馈效应，从而可以有效避免“卢卡斯批判”，这也是社会核算矩阵成为国际上公共政策分析数据基础的重要原因。

3. 有利于开展政策比较

在社会核算矩阵中，可以很方便地添加各类政策工具。因而通过改变这些政策工具参数的上升或下降方向、大小和变动次数，就可以很方便地模拟政策的取向、力度和节奏，如可以开展各类金融冲击及包括货币政策在内的金融政策影响分析。如果要同时模拟两个以上政策的组合效果，如货币政策和财政政策，只需调整对应政策工具的参数即可。

（二）社会核算矩阵的原理

社会核算矩阵（Social Accounting Matrix，SAM）是用矩阵方法展现的国民经济账户体系，它用矩阵的形式将独立的账户集中起来，构造了一个账户内部收支平衡、相邻账户依次衔接、账户之间交叉平衡的宏观经济综合数据系统，描述了经济从生产到收入分配及使用再到积累的全部过程。SAM 表是资金流量核算的拓展应用，它与国民账户体系相结合，从更宏观的视角，对经济与金融之间的关联关系、各部门之间的交易联系进行整体性描述，以适用于更为广泛的宏观政策分析目的。

SAM 表的构建体现了复式记账法基本原理。从具体形式看，SAM 表是一个方形矩阵，矩阵中的每一个行及其对应的列，代表了一个国民经济账户，其中行记录该账户的来源，列记录该账户的运用。这样，SAM 表中每一个元素都可以从行与列两个方面去理解，即每个元素具有收支两重性：既表示该元素对应行账户的收入，又表示该元素对应列账户的支出。复式记账的原理恰好通过这种形式来表现，复式记账的基本规则是在一个账户的使用方记录一次，在另外一个账户的来源方等额记录一次，而在 SAM 表中两个账户的交叉项目虽然只在它们的交叉点记录一次，但从经济意义上讲，该记录作为所在行账户来源收入的同时，也是所在列账户的运用支出。SAM 表中行列应依据经济循环理论有序排列，使上一个账户的“使用”为下一个账户提供“来源”。通过这样一种行列排序，SAM 表包含了比单个核算账户更多的信息，不仅能够反映经济的总量及其分类活动，而且还能反映不同部门之间的关系，涵盖整个宏观经济中的平衡关系。正所谓既见树木，又见森林。

从结构看，标准 SAM 表通常有八个账户，即活动、商品、要素、居民、企业、政府、储蓄—投资和国外账户等（见表 1 – 7 – 6）。活动账户是指部门的生产活动，矩阵内活动账户的数据是按出厂价格来计算的。商品账户是指在市场上销售的商品，其数据是按市场价格计算的。要素账户中通常包括劳动要素和资本要素，也可以根据研究需要加入土地或能源等要素。居民、企业、政府和国外是四个经济主体。另外，储蓄—投资账户记录各经济主体的储蓄，以及总投资（包括新增固定资产投资和新增存货等），SAM 表的账户平衡要求各部门总储蓄 = 总投资。SAM 表的结构具有很大的灵活性，上述八个账户是概括性账户，在研究需要的情况下，可以进一步细分，但是以上提到的账户一般不可缺少。

表 1 –7 –6　　　　　　　　标准的 SAM 表

序号	项目	1	2	3	4	5	6	7	8	
		活动	商品	要素	居民	企业	政府	储蓄—投资	国外	总计
1	活动		国内生产国内销售						出口	总产出
2	商品	中间投入			居民消费		政府消费	资本形成		总需求
3	要素	劳动报酬							国外支付要素收入	要素收入
4	居民			居民要素收入		企业对居民的转移支付	政府对居民转移支付			居民总收入
5	企业			企业要素收入					国外支付的红利	企业总收入
6	政府	间接税费	关税		居民所得税	企业所得税			国外对政府转移支付	政府总收入
7	储蓄—投资				居民储蓄	企业储蓄	政府储蓄		国外储蓄	总储蓄
8	国外部门		进口	给国外的要素支出		企业支付国外红利	政府对国外转移支付			国外总收入
	总计	总投入	总供应	要素支出	居民总支出	企业总支出	政府总支出	总投资	国外总支出	

资料来源：张欣．可计算一般均衡模型的基本原理与编程（第二版）［M］．上海：格致出版社，2017。

（三）金融 SAM 表的含义和结构框架

金融 SAM 表是指包含资本账户和金融账户的 SAM 表，它同时记录了实体部门的交易活动和金融市场的交易活动，即包括了各个机构部门的储蓄和投资，以及不同金融资产和实物资本的分配状况。长期以来，SAM 表并未将资本账户和金融账户囊括在内，使 SAM 表只能反映实体经济的运行情况。SNA2008 中，明确将资本账户和金融账户包括在 SAM 表中，从而形成了事实上的金融 SAM 表（见表 1 –7 –7）。

表 1 –7 –7　　　　SNA2008 中的 SAM 简化表（金融 SAM 表）

项目				生产		收入及使用			积累		国外	
				1	2	3	4	5	6	7	8	9
				货物和服务账户	产出账户	收入初次分配账户	收入再分配账户	收入使用账户	资本账户	金融账户	经常账户	资本账户
				产品部门	产业部门	机构部门	机构部门	机构部门	机构部门	金融资产	所有项目	所有项目
生产	货物和服务账户	产品部门	1		中间消耗			最终消费	总资产形成		出口	
	产出账户	产业部门	2	总产出								
收入及使用	收入初次分配账户	机构部门	3		增加值	财产收入					财产收入	
	收入再分配账户	机构部门	4			收入初次分配	经常转移				经常转移收入	
	收入使用账户	机构部门	5				可支配收入	收入调整				
积累	资本账户	机构部门	6		固定资本消耗			储蓄	资本转移	净借入		资本转移收入
	金融账户	金融资产	7						净贷出			净贷出
国外	经常账户	所有项目	8	进口		财产收入支付	经常转移支付					
	资本账户	所有项目	9						资本转移支付	净借入	经常项目差额	

资料来源：SNA2008，对原表略有调整。

本质上，金融 SAM 表是对标准 SAM 表的一种拓展，因此 SAM 表的构建原理和平衡规则同样适用于金融 SAM 表。金融 SAM 表与标准 SAM 表的主要差异在于是否突出金融市场功能。为了充分展示金融市场的功能与作用，金融 SAM 表在结构上一般进行三方面拓展：一是增加资本账户和金融账户。这使金融 SAM 表包括了金融资产流量和负债流量模块。其中，金融资产流量是金融工具 × 机构部门的矩阵，对应于资金流量表中的各机构部门的运用方矩阵（见表 1 –7 –8）。负债流量是机构部门 × 金融工具的矩阵，对应于资金流量表中的各机构部门的来源方矩阵（见表 1 –7 –9）。二是适当扩展机构部门，一般会增加金融机构和中央银行，以体现金融行为主体和金融政策主体。三是将机构部门的金融账户根据不同的金融资产进行细化，即增加金融工具分类，以反映各部门的金融资产和负债变化情况。

表 1－7－8　　　　金融资产流量矩阵

项目		资本账户			
		机构部门 1	机构部门 2	……	机构部门 n
金融账户	金融工具 1				
	金融工具 2				
	……				
	金融工具 m				

表 1－7－9　　　　负债流量矩阵

项目		金融账户			
		金融工具 1	金融工具 2	……	金融工具 m
资本账户	机构部门 1				
	机构部门 2				
	……				
	机构部门 n				

（四）通过 CGE 模型应用金融 SAM 表评估宏观政策

金融 SAM 表的分析应用可通过建立金融可计算一般均衡模型（以下简称金融 CGE 模型）或乘数分析模型进行。金融 CGE 模型是目前国际上政策评估方面较为规范的方法。

金融 CGE 模型的研究对象是经济系统的整体。完备的金融 CGE 模型需要两个方面的支持：建模方法和数据基础。与其他经济模型相比，金融 CGE 模型在这两个方面均呈现出鲜明特征：一是具有坚实的经济理论基础。金融 CGE 模型的建模基础是一般均衡理论。它把基于微观经济学的各种行为假定纳入一个系统框架内，通过价格信号将经济主体、商品市场和要素市场有机地联系在一起。在金融 CGE 模型所描述的经济网络链条上，无论哪个节点上发生了变化，它都会将其传导、波及整个经济系统，充分体现了金融 CGE 模型牵一发而动全身的“一般均衡”特点，非一般计量经济模型所能及。二是以金融 SAM 表为数据基础。金融 SAM 表是金融 CGE 模型的数据输入，也是数据输出。金融 CGE 模型中的大多数参数都由 SAM 表计算而成。当施加冲击后，金融 CGE 模型可生成一张新的金融 SAM 表，通过比较新金融 SAM 表和基准金融 SAM 表，来定量测算冲击的效果。

金融 SAM 表的结构（包括机构部门结构和金融工具种类等）在很大程度上决定了金融 CGE 模型的构建。

金融 CGE 模型的结构具有很强的灵活性，因研究目的不同，金融 CGE 模型的形态、规模均有很大的差异。标准的金融 CGE 模型一般包括实体和金融两个部分。实体部分主要涉及生产模块、贸易模块、价格模型及收入支出模块；金融部分一般涉及金融行为模块和利率模块。此外，所有的金融 CGE 模型均应包括闭合规则模块。上述每一个模块都应根据相关理论和一定的假设设定函数形式，标准的金融 CGE 模型框架结构参见图 1 -7 -3。

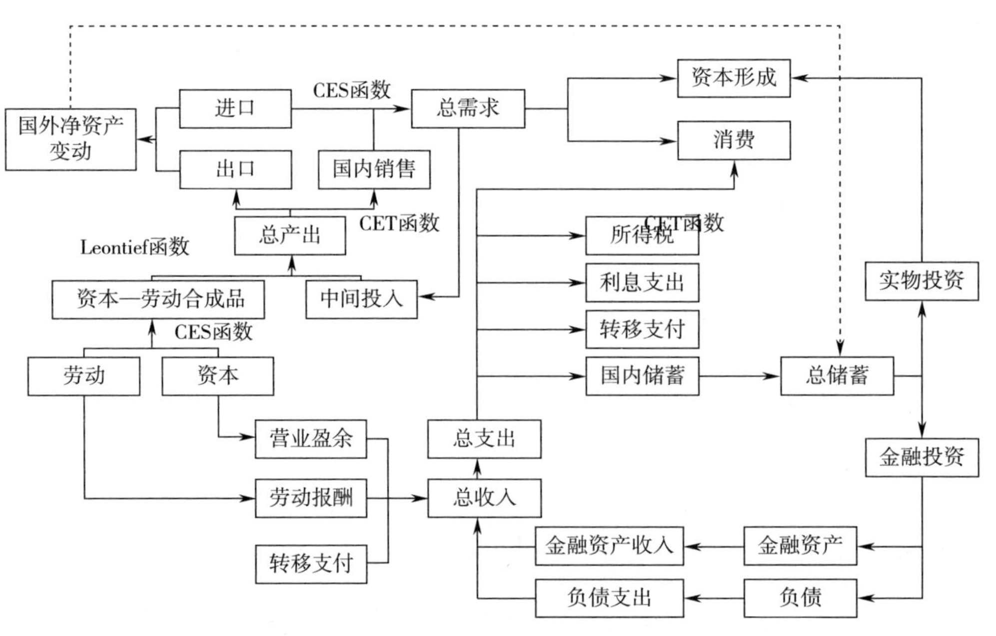

图 1 -7 -3　金融 CGE 模型框架示意

金融 CGE 模型中实体部分与金融部分的关联体现在两个方面。一是各部门的收入支出。金融 CGE 模型在各个经济主体的收入中，除了各种要素收入、转移收入外，还需要考虑包含来自经济主体的金融资产带来的利息收益，而在各个经济主体的支出中，还需要考虑经济主体对负债的利息支付。二是各部门的财富积累。在金融 CGE 模型中，各部门的总储蓄等于实物投资与净金融投资的总和扣除净资本转移，实体经济的发展状况与金融市场的发展状况都会影响部门的储蓄，即金融部分一方面通过金融资产（负债）的利息收入（支出）与收入支出模块相关联，另一方面通过净金融投资影响各部门的储蓄—投资均衡关系。

在金融部分设置货币政策工具，并调整货币政策，不仅会影响金融部分的指标，直接改变各部门金融资产和负债的配置情况，还会通过上述两个渠道间接影响各部门的储蓄—投资决策，对实体经济产生影响，能够整体评估货币政策的经济金融效应。反过来，在实体部分设置财政政策工具且调整财政政策，不仅会打破各部门的收入与支出的平衡关系及储蓄与投资的均衡关系，也会进一步影响各部门的金融资产和负债调整，进而对整个金融市场产生影响。所以，综合来看，基于金融 CGE 模型，无论是设置怎样的宏观政策，都会对经济和金融产生联动影响，从而实现了客观、准确、全面系统地评估宏观政策的目标。

为了整体评估和分析宏观政策对我国经济和金融的影响，对制定和反馈宏观政策提供依据，人民银行调查统计司于 2019 年编制了中国金融 SAM 表，并在此基础上构建了金融 CGE 模型，对一系列宏观政策开展了模拟评估，专栏展示了其中的一项应用——基于金融 SAM 表的财政与货币政策协同效应研究。

专栏

基于金融 SAM 表的财政与货币政策协同效应研究

在经济下行压力增大、供给侧结构性改革持续推进的背景下，2019 年，多项积极的财政政策措施陆续落地实施，如个人所得税改革（以下简称个税改革）、增值税减税及降低社保费率。以减税降费为代表的积极财政政策究竟能够取得怎样的实际效果？这些减税降费政策在同一时期内集中实施，是否会产生政策共振效应？作为宏观调控重要手段的货币政策应当如何协调配合？对此，中国人民银行调查统计司通过编制金融 SAM 表、构建金融 CGE 模型对上述政策效应开展了模拟评估。

首先，基于资金流量核算等数据编制了中国金融 SAM 表，表式结构参见表 1－7－10。其中，将金融机构部门扩展为中央银行、传统金融机构及特殊目的载体，设置中央银行的目的在于模拟货币政策，设置特殊目的载体可以反映金融机构表外业务。金融资产流量矩阵和负债流量矩阵位于该金融 SAM 表的右下部分。

表 1-7-10 中国金融 SAM 表框架结构

<table>
<tr><th colspan="2" rowspan="2">项目</th><th rowspan="2">活动</th><th rowspan="2">商品</th><th colspan="2">要素</th><th colspan="3">经常账户</th><th>资本账户</th><th colspan="7">金融账户</th></tr>
<tr><th>劳动</th><th>资本</th><th>国内其他部门</th><th>政府</th><th>国外</th><th>各机构部门</th><th>货币与存款</th><th>贷款</th><th>债券</th><th>理财信托基金</th><th>货币政策工具</th><th>国外债权债务</th><th>其他</th></tr>
<tr><td colspan="2">活动</td><td></td><td>国内生产销售</td><td></td><td></td><td></td><td></td><td>出口</td><td></td><td colspan="7" rowspan="4">无数据</td></tr>
<tr><td colspan="2">商品</td><td>中间投入</td><td></td><td></td><td></td><td colspan="3">各部门消费</td><td>资本形成总额</td></tr>
<tr><td rowspan="2">要素</td><td>劳动</td><td>劳动报酬</td><td></td><td></td><td></td><td colspan="3"></td><td></td></tr>
<tr><td>资本</td><td>营业盈余</td><td></td><td></td><td></td><td colspan="3"></td><td></td></tr>
<tr><td rowspan="3">经常账户</td><td>国内其他部门</td><td></td><td></td><td colspan="2" rowspan="3">各部门要素收入</td><td colspan="3" rowspan="3">经常转移</td><td colspan="8" rowspan="3">无数据</td></tr>
<tr><td>政府</td><td>生产税</td><td>关税</td></tr>
<tr><td>国外</td><td></td><td>进口</td></tr>
<tr><td>资本账户</td><td>各机构部门</td><td colspan="4">无数据</td><td colspan="3">储蓄</td><td>资本转移</td><td colspan="7">负债流量矩阵（资金来源）</td></tr>
<tr><td rowspan="7">金融账户</td><td>货币与存款</td><td colspan="7" rowspan="7">无数据</td><td rowspan="7">金融资产流量矩阵（资金使用）</td><td colspan="7" rowspan="7">无数据</td></tr>
<tr><td>贷款</td></tr>
<tr><td>债券</td></tr>
<tr><td>理财信托基金</td></tr>
<tr><td>货币政策工具</td></tr>
<tr><td>国外债权债务</td></tr>
<tr><td>其他</td></tr>
</table>

其次，基于金融SAM表的框架结构，构建一个包括财税模块的金融CGE模型。增加财税模块主要是为了模拟财政政策。该金融CGE模型为多部门模型，共包含住户、非金融企业、传统金融机构、中央银行、特殊目的载体、政府部门和国外部门7个部门，并将模型划分为8个模块，分别是生产模块、贸易模块、价格模块、收入支出模块、金融行为模块、利率模块、财税模块和闭合规则模块。得出的主要结论如下：

第一，以减税降费政策为代表的财政政策在减轻企业负担、激发微观主体活力方面均具有积极影响，但不同政策的作用机制和影响程度有所差异。(1) 增值税减税行业由于集中在上游和中游行业，因此减税拉低了我国几乎所有环节的价格水平，有效降低全社会生产经营成本，刺激投资和消费需求增长，总体来看，增值税减税对经济增长的促进作用最大，使实际 GDP 增长 0.73%。（2）个税改革改善了住户部门的可支配收入，进而促进住户消费和投资增长，其中住户消费增长 1.02%，住户投资增长 1.07%，但由于税收减少导致政府投资下降及进口增长的抵消作用，个税改革对经济的总体影响程度有限，仅影响实际 GDP 增长 0.05%。（3）降低社保费率较大幅度减轻企业的人力成本，提升企业资本回报，拉动非金融企业投资增长 1.05%。但是净出口出现较大幅度下降（降幅为 32.76%），使实际 GDP 仅增长 0.08%。

第二，当上述三项政策同时实施时，会出现叠加效应。一方面，加速推动经济增长，使实际 GDP 增速达 0.93%，比三项政策单独实施情况下多提升 0.07 个百分点；另一方面，也扩大了通缩风险，带来“稳杠杆”压力。产生政策叠加效应的原因在于各项减税降费政策都有利于降低企业成本，在同向政策共同作用下，会引发共振反应。

第三，反事实分析表明，在当前情况下，扩大政府支出不能有效应对减税降费政策同时实施的不利影响，反而会对私人部门投资产生挤出效应，最终使减税降费政策的经济增长效果受损 0.14 个百分点。其原因在于，在不增加货币供给的情况下，政府为弥补资金缺口而大规模发行债券，会引起政府和私人部门在借贷资金需求上的竞争，从而减少私人部门的资金获取。因此，当前大力压减一般性支出以支持减税降费是必要的。

第四，大规模实施减税降费要求加强货币政策的协调配合。通过比较降准和降息两项货币政策的效果，发现降准的协同配合效果要优于降息的协同配合效果，在降准 1 个百分点政策协同配合下，上述财政政策使实际 GDP 增速进一步提升 0.20 个百分点，最终达到 1.13%，而宏观杠杆率比基准情景仅上升 2.28 个百分点，主要是降准增加了货币供给，使各经济主体的流动性都更加充裕，有效改善了经济指标的名义变量，从而缓解了通缩风险，稳定宏观杠杆率水平。

第八章 资金流量核算与金融稳定

中央银行承担着维护金融稳定的天然职能。2008 年国际金融危机后，加强宏观审慎管理、防范系统性风险成为主要国际组织和经济体金融改革的共同政策主张，越来越多的国家把资金流量核算作为宏观审慎和金融稳定分析的重要工具和方法。有些国家中央银行认为资金流量核算报表是金融风险识别的关键起点。本章将讨论资金流量核算在金融稳定分析中的作用及相关应用。

一、金融稳定与宏观审慎政策

（一）金融稳定与宏观审慎政策概述

金融稳定是指金融体系处于能够有效发挥关键功能的状态，并且具有一定的韧性，即在受到内外部冲击时，整体上仍然能够平稳运行。金融稳定包含三个相互联系的核心要素：（1）没有重大金融失衡的宏观经济；（2）健康而稳定的金融机构体系；（3）平稳运行的金融市场[①]。以上三个要素相互联系、相互影响。其中，宏观经济不出现重大金融失衡是金融机构安全稳健或金融市场平稳运行的先决条件，主要是指住户部门、非金融企业部门、政府部门不能过度负债。金融机构稳健经营与金融市场的平稳运行紧密关联，也会影响宏观经济运行情况。

维护金融稳定是复杂的系统性工程，需要合理稳妥的机制安排及一系列政策的协调配合。一般认为，首先是微观审慎政策保证个体机构的稳健经营，其次是

---

① Moenjak，T. 中央银行学——维护货币稳定和金融稳定的理论与实践［M］. 本书翻译组译. 北京：中国金融出版社，2015.

宏观审慎政策从防范风险积聚和降低金融体系内部关联度的角度对金融稳定施加影响，广义的金融稳定机制还包括货币政策和财政政策从宏观调控的角度对金融稳定施加影响，以及危机管理和处置政策作为最后一道防线，妥善化解已经爆发的风险，减缓风险对金融体系和实体经济的冲击。

从历史来看，金融稳定的概念是伴随着历次危机的爆发而形成并演变的。金融稳定的概念最早出现于20世纪90年代，主要源于防范银行倒闭的传染性风险。1997年爆发的亚洲金融危机及其对世界经济产生的强烈冲击，促使人们拓宽了对金融稳定内涵和外延的认识，主要经济体中央银行纷纷成立金融稳定部门，从监测分析风险、采取风险预防及应对措施等多个角度履行金融稳定职责，但当时全球金融稳定监管的重点是微观审慎监管，即单一金融机构的安全稳健运行就能够保障金融稳定。2008年国际金融危机暴露了金融顺周期性和系统性金融风险等问题，国际组织和各国中央银行意识到原有的金融监管体系未能从系统性、逆周期的视角防范金融风险的积累和传播，强化中央银行金融稳定职能、加强宏观审慎管理、防范系统性风险逐渐成为国际组织、各国理论界和实务界的共识。

（二）宏观审慎政策的含义和主要内容

根据IMF、FSB和BIS联合发布的《有效宏观审慎政策要素：国际经验与教训》，宏观审慎政策是指运用审慎性工具防范系统性风险的做法。2010年中国人民银行发布的《中国金融稳定报告2010》指出："宏观审慎管理以防范系统性风险为根本目标，将金融业视作一个有机整体，既防范金融体系内部相互关联可能导致的风险传递，又关注金融体系在跨经济周期中的稳健状况，从而有效地管理整个体系的金融风险"，即宏观审慎管理着眼于整个金融体系的稳健运行，增强金融体系稳健性，为国民经济稳定发展提供良好的金融功能服务。

系统性风险主要产生于两个方面，跨时间维度（Cross - time Dimension）和跨空间维度（Cross - section Dimension）。跨时间维度是指由于金融体系存在顺周期性，在经济周期的迭代过程中，金融风险通过金融体系内部及金融体系与宏观经济的相互作用被催生甚至放大。跨空间维度是指由于金融机构之间、金融机构与市场和基础设施之间的相互关联性导致金融风险跨机构、跨部门、跨市场的相互传染和叠加，并造成金融系统重要变量偏离均衡状态，从而导致金融体系的脆弱性。因此，宏观审慎政策也需要从时间和空间两个维度进行设计。

在时间维度上，宏观审慎政策关注的是随时间的推移，金融风险与实体经济交互作用过程中所导致的顺周期问题。在经济扩张时期，金融机构乐观情绪上升、风险认知能力下降、信贷门槛降低、实体部门杠杆率提高、资产价格上升、流动性增加等多种因素相互作用，金融机构资产负债表膨胀，放松对风险的警惕。而在经济衰退期间，这些因素的交织则会加重危机程度。此外，由于信用评级、会计准则等制度因素的顺周期作用，在经济衰退时期会放大和加速经济的波动。对于时间维度上的系统性风险，宏观审慎政策管理的重点是制定相应的监管工具，来减轻或抑制金融体系内部存在的顺周期性。

在空间维度上，宏观审慎政策的重点在于关注、处理金融机构之间的共同风险暴露和系统性风险传染问题。这些共有风险有可能是因为金融机构内部持有的相似类别资产所导致的直接共有风险，也有可能是因为机构之间因业务交叉、交易对手等原因导致的间接共有风险。这些共同风险的存在正是风险爆发时多家机构同时出现危机、倒闭的原因。由于单家金融机构不具备考察金融系统内机构之间交互作用的能力，宏观审慎管理部门应该重点关注由于共同风险或业务交互风险导致的金融风险传染性问题，及早发现并将风险控制在局部。

（三）宏观审慎政策工具

国际金融危机后，IMF、BIS 等国际组织及各国中央银行普遍制定了宏观审慎评估方法。

1. IMF 提出的宏观审慎工具框架

随着国际社会对金融危机和原有金融监管体系缺陷的认识的不断深入，2011 年，G20 等国际组织呼吁制定一项能够明确关注系统性金融风险的政策体系。为了响应该倡议，IMF、FSB 及 BIS 制定宏观审慎政策框架，提出了宏观审慎政策工具（见表 1－8－1），为各国宏观审慎政策提供参照。

根据 2011 年（见表 1－8－1）的相关研究，IMF 持续研究论证，并在 2014 年末发布了《宏观审慎政策指引》，就宏观审慎政策操作进行说明，进一步提出一系列宏观审慎政策工具及监测指标，并明确建立宏观审慎政策框架遵循的原则，为各国制定宏观审慎政策提供了基本依据。该指引提出了一般性、住户部门、企业部门、流动性四大类宏观审慎政策工具。其中，一般性、住户部门、企业部门等工具强调在经济上行期通过增加资本要求、限制贷款规模或控制债务人偿付能

表 1－8－1　　IMF 提出的宏观审慎政策工具

工具类别	风险维度	
	时间维度	空间（跨部门）维度
类别 1：专为减轻系统风险而开发的工具	逆周期资本缓冲 全周期内回购保证金或估值折扣 对非核心负债征税 某些行业风险权重的逆周期变化 时变* 系统流动性附加费	系统性资本附加费 系统流动性附加费 对非核心负债征税 对未通过中央对手方清算的交易提出更高资本要求
类别 2：对原有工具的重新校准	时变贷款价值比、债务收入比和贷款收入比上限 货币错配或风险敞口的时变限制（如房地产） 存贷比的时变限制 信用额度或信用增长的时变上限和限制 动态准备金 通过强化的 VaR 建立额外的资本缓冲，以抵御繁荣时期蕴含的市场风险 通过将经济衰退条件纳入违约假设中来调整风险权重	基于系统性风险考虑，保留拆解金融公司的权力 应支付的衍生工具的资本费用 对系统风险敏感的存款保险风险保费 对许可活动的限制（如禁止具有系统重要性的银行进行自营交易）

资料来源：IMF 政策论文 *Macroprudential Policy－An Organizing Framework*。

注：时变指随时间变化。为了防范金融风险的顺周期积聚，该指标需要随时间变化而进行调整。

力等措施，增强银行体系抗风险能力，应对过度放贷所引发的系统脆弱性（见表 1－8－2）；流动性工具强调通过持有足够流动性资产、限制银行通过非核心负债为非流动性资产融资等措施，避免银行体系流动性受到冲击。

表 1－8－2　　IMF 发布的宏观审慎政策工具

工具类型	工具名称
一般性工具	逆周期资本缓冲 杠杆率 动态贷款损失拨备 信贷增长上限
住户部门工具	增加对该部门的资本要求 贷款价值比 偿债收入比
企业部门工具	企业贷款的风险权重 贷款增长上限 贷款集中度限制
流动性工具	流动性缓冲要求 稳定来源资金要求 流动性费用 准备金要求 外汇头寸限制 外币资金限制 针对非银行机构的工具

资料来源：《中国金融稳定报告 2016》。

2. 欧洲中央银行的宏观审慎政策工具

自2009年开始，欧洲中央银行反思了传统微观监管的不足，逐步加强宏观审慎监管，提出的宏观审慎政策工具分为四类：逆周期资本缓冲、系统重要性机构资本附加费、系统性风险缓冲和房地产市场相关工具（见表1－8－3）。

表1－8－3 欧洲中央银行宏观审慎政策工具

类别	宏观审慎政策工具
逆周期资本缓冲	信贷缺口 私人非金融部门的实际贷款和负债增速 房价、抵押贷款和信贷标准 外部失衡指标（经常账户） 风险的错误定价（实际债券收益率、公司债券收益利差） 银行贷款质量（不良贷款占比） 金融系统压力指标（信用违约掉期）
系统重要性机构资本附加费	全球系统重要性银行资本附加费在1%～3.5%
	其他系统重要性银行资本附加费在0.5%～2%
系统性风险缓冲	其他系统重要性机构系统性风险缓冲最高为2% 系统性风险缓冲最高为5%
房地产市场相关工具	债务收入比 贷款收入比 偿债收入比 贷款价值比 贷款分期偿还金额 风险权重

资料来源：根据*Macroprudential Supervision of the Eurosystem*整理。

3. 我国中央银行的宏观审慎政策

人民银行从2009年开始研究强化宏观审慎管理的政策措施，自2011年起，人民银行引入差别准备金动态调整机制，逆周期调节信贷扩张。2015年12月，人民银行公布了金融机构宏观审慎评估（Macroprudential Assessment，MPA）体系，作为差别准备金动态调整机制的“升级版”，自2016年正式开始实施。MPA体系重点考虑资本和杠杆情况、资产负债情况、流动性、定价行为、资产质量、外债风险、信贷政策执行七大方面，通过综合评估加强逆周期调节和系统性金融风险防范。此后，我国不断完善宏观审慎评估体系，逐步将表外理财纳入“广义信贷”指标范围，将同业存单纳入“同业负债占比”指标，2018年，人民银行等四部委联合发布了《关于规范金融机构资产管理业务的指导意见》（银发〔2018〕106号），该意见的核心在于统一资产管理业务监管标准、弥补监管短板、治理市场乱象，防范系统性风险。2020 年，人民银行、银保监会联合发布了《关于建立逆周期资本缓冲机制的通知》，明确了我国逆周期资本缓冲的计提方式、覆盖范围及评估机制。

二、资金流量核算在金融逆周期调节分析中的重要作用

逆周期调节工具，即时间维度的宏观审慎政策工具，主要分析金融风险随时间的积聚情况，并进行风险的逆周期调节，以应对金融体系、各机构部门及经济运行内在的顺周期性。近年来发生的金融危机，主要和住户部门、金融部门、外部债务、主权债务及房地产市场等金融风险的顺周期积累和过度膨胀有关。资金流（存）量表提供了国内部门、国外部门、国内各机构部门及其子部门的资产负债存量、流量长时间序列数据，可用于观察资金流动规模和流向、内部资金配置效率、分析各机构部门资产负债错配、流动性错配和债务负担情况等，为宏观金融风险的顺周期性研判提供了数据支持和分析框架。概括而言，资金流量核算在金融逆周期调节中的应用主要体现在逆周期资本缓冲测算、债务周期分析、房地产周期性风险、外部风险积聚等方面。IMF 和欧洲系统性风险委员会（ESRB）也基于金融账户开展了金融顺周期风险分析和监测。

（一）分析逆周期资本缓冲①

逆周期资本缓冲工具的目的在于平滑经济周期对信用增长的影响。在经济繁荣期提高对银行的资本要求，防止信用过度扩张。在经济萧条期释放资本，帮助银行吸收损失，避免信用条件过度恶化。逆周期资本缓冲作用的发挥，依赖于监管当局根据经济形势对缓冲规模作出相应调整。监测指标的选择对逆周期资本缓冲的应用十分重要。

BIS 在逆周期资本缓冲的研究和工具设定方面具有权威地位，他们提出将信贷

① 2008 年国际金融危机后，如何缓解金融体系的顺周期性成为国际社会的重要议题，2009 年 4 月，G20 伦敦峰会要求 FSB 和巴塞尔委员会研究提出缓解顺周期问题的政策工具，巴塞尔委员会成立了宏观变量工作组，专门负责逆周期资本缓冲（Countercyclical Capital Buffer，CCyB）框架的研究和规则制定工作。2010 年 9 月 12 日，巴塞尔委员会决策委员会会议正式宣布国际银行资本监管制度改革总体方案，其中包括在信贷高速增长、系统性风险不断累积的情况下，银行需要按照风险加权资产的 0 ~ 2. 50% 计提逆周期资本缓冲。巴塞尔委员会发布的逆周期资本监管框架建议各国采用“信贷/GDP”这一比例的实际值与长期趋势值的偏离度作为逆周期资本要求的参考指标。

缺口作为逆周期资本缓冲监测的重要指标。根据 BIS 的定义，信贷缺口是信贷占 GDP 的比率与其长期趋势之间的差。如果信贷缺口高于它的常态趋势值，则可以认为经济处于“信贷相对繁荣”状态，反之，经济处于“信贷相对紧缩”状态。一般认为，信贷缺口在2% ~10% 为正常范围，一旦一国缺口指标超过 10%，在之后的3年内，该国有66.7%的概率发生“严重的银行业紧张情况”。实际应用中，信贷缺口指标中的信贷口径、时间窗口等需要各国根据实际情况进行选择性调整。

（二）债务周期分析

债务周期分析和压力评估对金融稳定具有重要意义。美联储前主席格林斯潘、诺贝尔经济学奖得主埃里克·马斯金都提出，金融危机的诱因在于债务压力大、杠杆率高。一个部门债务膨胀的速度如果持续超过收入或资产增长的速度，就可能出现该部门偿债能力下降，金融机构资本充足率和偿付能力下降的信号，进而引发金融危机，2008 年爆发的国际金融危机就是典型事例。

一般用杠杆率来衡量一个国家（或部门）负债水平和债务周期，IMF、BIS 及各国中央银行等主要从两个角度、四个指标来分析部门杠杆情况。

1. 债务与资产的角度

从债务与资产角度分析的主要指标是资产负债率，即债务与资产的比值。该指标从资产与负债的匹配角度衡量各部门的偿债能力，若单纯考虑负债与金融资产的关系，则该指标简化为金融资产负债率。俄罗斯中央银行、土耳其中央银行等使用金融账户和金融资产负债率指标来分析住户部门的偿债压力[①]。

2. 债务与收入关系的视角

从债务与收入的关系看，可用总债务与年收入的关系，也可用一年内到期的债务本息与年收入的关系，还可用债务与国民总收入的关系来分析债务负担。

一是债务收入比，即债务与可支配收入的比值。该指标在住户部门杆杆率分析中应用较多。OECD、欧洲统计局利用住户部门债务与可支配收入的关系测算了多个国家住户部门的债务负担[②]。

二是偿债率。偿债率是指每年还本付息额与当年收入的比值，反映每年收入

① 参见 BIS 网站“Using financial accounts”，www.bis.org/ifc/publ/ifcb51.html。

② OECD 国家测算方法和结果参见 https：//data.oecd.org/hha/household - debt.htm，欧洲统计局测算方法和结果参见 https：//ec.europa.eu/eurostat/web/products - datasets/ - /tec00104。

对债务支出的覆盖程度，体现实际还款负担水平，因而能够更加敏感地反映短期债务偿付压力。据 BIS 测算，2008—2019 年，我国私营非金融部门偿债率从 11.5%上升到 19.2%，美国则从 17.5%下降到 14.8%，日本从 15.9%下降到 14.5%[①]。美联储也利用该指标测算住户部门偿债压力，2008 年第四季度到 2019 年第四季度，美国住户部门偿债比率从 12.82%下降到 9.71%[②]。

三是债务与 GDP 的比值，又称为宏观杠杆率。GDP 实际上是一国一年创造的总收入，宏观杠杆率实际上也是债务和收入的比率，该指标最大的特点是通用可比，即不同部门的杠杆率可直接加总，不同国家的杠杆率可直接对比。BIS 目前按季度测算和公布 G20、所有经济体、发达经济体和新兴经济体的宏观杠杆率[③]。

（三）分析房地产周期性风险

房地产市场风险是金融风险的重要方面，房地产市场健康状况是宏观审慎政策管理方面的重要内容。20 世纪 90 年代日本泡沫经济破灭、2007 年美国次贷危机及许多国家发生的金融危机都跟房地产市场有着紧密联系。

房地产风险源于住户部门的过度投机和金融部门信贷投放的非理性增长。资金流量核算报表提供了住户部门贷款（主要是住房贷款）余额数据，结合住房价值指标、居民收入指标、房地产价格指标等，可以对房地产风险进行监测。房地产风险的监控指标主要有抵借比、偿债收入比、债务收入比、贷款分期偿还金额等。结合资金流量核算报表，可对这些指标进行测算分析。

（四）分析判断外部风险积聚

内部失衡与外部失衡之间存在着紧密联系，内部失衡是外部失衡的根源，外部失衡又加剧了内部失衡。国际金融危机、欧洲债务危机后，国际社会更加关注资金流量核算与一国内外部失衡的关系。从资金流量报表平衡关系看，国内国外的资金流量构成镜像关系，国内经济的储蓄投资差额（内部失衡）与国际收支的经常收支项目差额（外部失衡）相对应，而经常收支顺差与对外净金融投资相一致，也与资本收支逆差（包括外汇储备增减）相一致，即：S－I＝

---

① 资料来源：www.bis.org/statistics/full_data_sets.htm。

② 资料来源：www.federalreserve.gov/releases/housedebt/default.htm。

③ 参见 www.bis.org/statistics/totcredit.htm? m=6%7C380%7C669。

$CA = NFI = \Delta FA - \Delta FL$。也就是说，国内部门的过剩储蓄资金会通过广义金融市场流入国外部门，成为国外部门的资金来源。如果一个国家经常项目长期逆差，就对应着该国对外净负债的持续增加，当负债增加到一定程度时，就会发生危机，只是各国国情有所差异，出现危机的部门可能有所不同。例如，美国次贷危机出现在住户部门，欧洲主权债务危机则出现在逆差国的政府部门。

资金流量核算报表是分析一国内外部均衡的重要工具。第一，国内部门净金融投资（国内部门的金融资产与金融负债之间的差额）表明了一国债务健康状况以及竞争力情况，如果一个国家净金融投资长期为正值，说明相对于其他国家，该国是净资金贷出者，也说明该国经常账户长期盈余，对国际资本市场的依赖度较低，对外债务风险问题较少。相反，如果该国外部债务压力在不断加大，且缺少稳定的偿债收入来源，长期持续下去，风险将不断加大。第二，对外净金融资产（存量）和净金融投资（流量）在外部融资溢价（外部与内部资金成本之间的差额）中具有重要作用。通常，一个国家的外部融资溢价与该国的净金融资产之间存在反比关系。如果对外净金融资产不断增加，那么额外的利息成本将下降，从而有助于该国经济增长和金融稳定。相反，该国外部融资溢价将不断上升，并对该国经济增长和金融稳定造成威胁。

（五）国际组织运用金融账户开展金融顺周期监测

1. IMF 运用金融账户分析经济与金融周期

经济周期是指经济运行中周期性出现的经济扩张与经济紧缩的交替更迭、循环往复的一种现象。传统的周期理论强调实体经济在经济周期生成和传导中的作用，认为金融机构不会对经济周期产生实质性的影响。然而，历次货币危机和金融危机不断凸显出金融机构与宏观经济的互动所造成的严重影响和溢出效应。正是由于金融因素对经济波动的“加速器”效应日益显著，关于经济与金融周期的研究才成为国际货币基金组织宏观经济金融分析的重要内容之一。

经济与金融周期分析方法包括周期转折点识别方法、金融账户分析法、事件研究法、金融状况指数法等。金融账户分析法主要是利用资金流量核算与金融账户的有关数据，构建隐含的交易对手之间的金融联动关系，并对不同机构部门和金融工具的信贷流动进行研究。IMF 将金融账户分析法用于银行、非银行金融机构和非金融部门之间的信贷联系及它们与经济周期的联动研究，如考察了美国经济周期与银行信贷周期、非银行金融机构信贷周期的同步性[①]。其主要结论如下：一是非银行金融机构信贷比银行信贷更具顺周期性，二是金融系统内部的信贷不如其对非金融部门（住户和企业）信贷的顺周期性强。

2. 欧洲系统性风险委员会利用金融账户开展风险监测

欧洲系统性风险委员会（ESRB）基于金融账户数据，从期限转换、流动性转换、部门关联性、杠杆作用、信用中介五个维度制定了衡量金融风险的相关指标（见表1-8-4），其中期限转换、流动性转换、杠杆作用、信用中介四个维度都与金融逆周期调节有关。

表1-8-4　　ESRB制定的基于金融账户的风险衡量指标

<table>
<tr><td rowspan="4">期限转换</td><td>短期资产/总资产</td><td rowspan="4">部门关联性</td><td>拥有 OMFI* 对应资产/总资产</td></tr>
<tr><td>长期资产/短期负债</td><td rowspan="3">与 OMFI 对应方的负债/总资产</td></tr>
<tr><td>长期资产/总资产</td></tr>
<tr><td>短期负债/短期资产</td></tr>
<tr><td rowspan="5">流动性转换</td><td>流动资产/总资产</td><td rowspan="2">杠杆作用</td><td>杠杆 = 已获得贷款/总负债</td></tr>
<tr><td>短期负债/流动资产</td><td>杠杆乘数 = 总资产/股本</td></tr>
<tr><td>短期资产/短期负债（流动比率）</td><td rowspan="3">信用中介</td><td>贷款/总资产</td></tr>
<tr><td>（货币金融机构存款 + 短期债务 + 股权）/资产净值</td><td rowspan="2">信贷资产（贷款和债务证券）/总资产</td></tr>
<tr><td>流动性错配：流动负债减去流动资产/总资产</td></tr>
</table>

资料来源：BIS网站 *The Use of Financial Accounts for Financial Stability Analysis*。

注：OMFI指其他货币金融机构。

三、资金流量核算在测算金融风险传染性[②]方面的重要作用

从空间维度看，宏观审慎政策主要着眼于金融风险在不同部门和不同金融工具之间的联系，分析金融风险在不同部门不同工具之间的传染性，并对这种关联风险进行整治，从而应对金融市场在特定时间段或突发事件所产生的集中共同风险暴露。资金流量核算表特别是"谁对谁"表提供了各类金融工具的部门交易对手信息，提供了各部门之间资金相互联系的数据信息，在分析金融风险传染性方面发挥重要作用。

---

① Herman, A. Igan, D. et al. The Macroeconomic Relevance of Credit Flows: An Exploration of US Data. IMF Working Paper. 2015.

② 金融风险传染性是指金融机构之间通过多种多样的金融产品产生了复杂的联系，一旦某个机构发生问题，风险会迅速向其他机构扩散，或者从一个市场向其他市场扩展。

（一）部门关联的可视化分析

“谁对谁”表日益被更广泛地应用于部门间金融风险和关联性的分析中，除应用各类模型分析外，基于“谁对谁”表绘制的各种图形也可以开展可视化分析，桑基图（Sankey Diagram）就是一种典型的可视化分析工具。

桑基图也叫桑基能量平衡图，它是一种表达要素流动的量化信息图，通常应用于能源、材料成分、金融等具有流向关系的数据可视化分析。桑基图主要由边、流量和支点组成，其中边代表了将要流动的总数据，流量代表了流动数据的具体数值，支点代表了不同分类，边的宽度与流量成比例地显示，边越宽，数值越大。桑基图数据信息的表达方向一般为从左边流向右边。桑基图最显著的特征是始末端项目的分支宽度总和相等，即所有主支宽度的总和应与所有分出去的分支宽度的总和相等，保持能量/数据的平衡。

由于“谁对谁”表具有行列平衡的性质，桑基图在“谁对谁”表中得到广泛应用，如英国国家统计局就利用了桑基图对“谁对谁”表开展了可视化分析（见图1－8－1）。

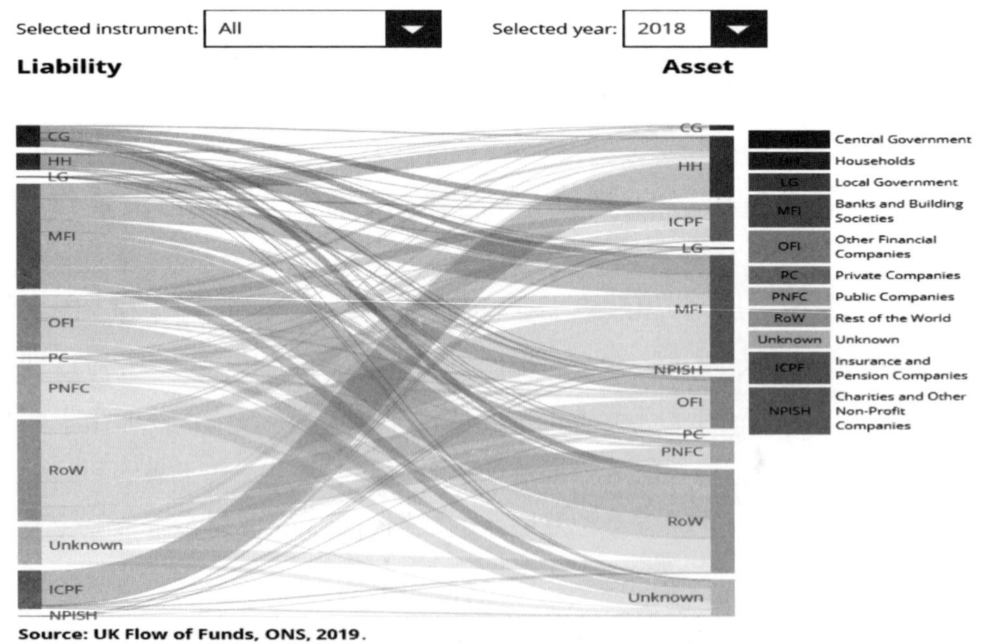

注：负值无法在数据可视化中显示，被设置为零。

图1－8－1 英国国家统计局绘制的桑基图

（资料来源：英国国家统计局网站）

图1－8－1所展示的是一种静态的桑基图，从左到右读取。在图1－8－1中，左边为负债方，即为资金接受者，右边为资产方，即资金提供者。图中包括了11个机构部门的金融资产/负债。每个机构部门的金融资产/负债用彩色长方形表示[①]，彩色长方形的长短代表该部门的金融资产/负债的大小。例如，从左边看，货币金融机构（MFI）比住户部门（HH）持有更多的负债，因此其彩色长方形更长。左右两边任意两个部门之间的金融交易使用彩色条形带来表示，其宽度代表了两个交易部门之间的交易量大小，例如，保险公司和养老基金部门（ICPF）与住户部门（HH）之间的交易量较大，因此其彩色条形带也较宽。

在英国国家统计局官网上公布的“谁对谁”表桑基图实际是一种动态图。总体来看，桑基图的第一个优点是表达直观，是一种非常清晰的展现方式，使用者能够更快地理解和处理他们的信息；第二个优点是强调结果，用一些简短的图形就能体现复杂信息，不但清晰地展示了机构部门之间的资金流动关系，更通过交互式图表展示了金融工具在部门资金流动之间的交易关系。

（二）通过网络分析法分析不同部门的金融风险传染情况

金融关联网络图是反映部门间金融风险传染渠道的图形，首先由欧洲中央银行的Castren和Kavonius（2009）提出。该图一般由节点和连线组成，节点表示部门，通常使用圆圈代替，部门间的联系用直线连接，而圆圈的直径大小代表每个部门金融工具的流量规模大小，连线的宽度成比例地表示与部门间的关联程度。

近年来，网络分析法得到国际组织和各国中央银行的普遍重视。欧洲中央银行Celestino Giron（2019）利用网络分析法研究了银行资本耗减的金融风险传播效应（见图1－8－2）。在该图中，一共有9个节点，涵盖了8个常住部门和国外部门，连线的粗细显示两个部门之间的总敞口量。其中，MFI表示金融公司；OFI表示其他金融机构；PF表示养老基金；NMMF表示非货币市场投资基金；HH表示住户部门（包括为住户服务的非营利性机构）；INS表示保险公司；GOV表示广义政府；RoW表示国外部门；NFC表示非金融企业。该图中，每个部门均与其他部门存在关联，其中，非货币市场投资基金与国外部门、非货币市场投资基金与养老基金的连线较粗，说明非货币市场投资基金与国外部门、养老基金的风险关联度较高。

---

① 原图为彩色，本书为黑白，只能用不同灰度区分。

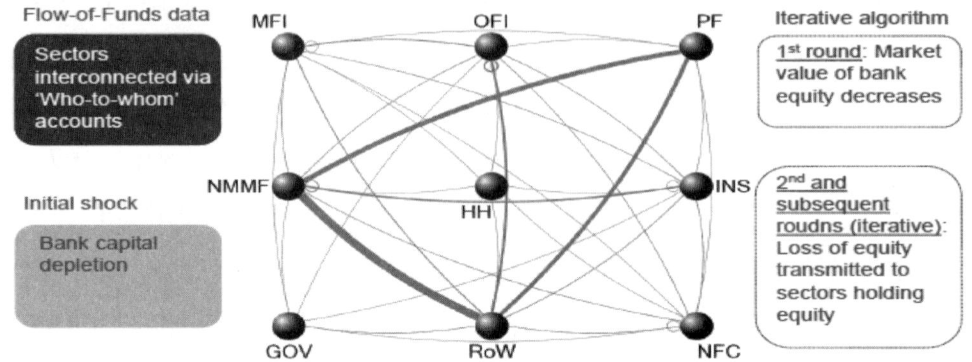

图 1-8-2 用网络分析工具研究银行资本冲击波的传播效应

（资料来源：BIS 网站 *Use of Financial Accounts in the Context of the ECB Needs for Monetary Policy and Financial Stability Analysis*）

金融关联网络图中的连线还可以加上箭头，使资金的流动方向更为清晰。IMF 专家 de Almeida（2015）在《识别 G-4 经济体中部门联系的部门账户网络分析》（*A Network Analysis of Sectoral Accounts Identifying Sectoral Interlinkages in G-4 Economies*）中应用部门账户网络分析方法和带箭头的金融关联网络图对三种不同金融工具的跨境风险暴露进行了研究（见图 1-8-3）。

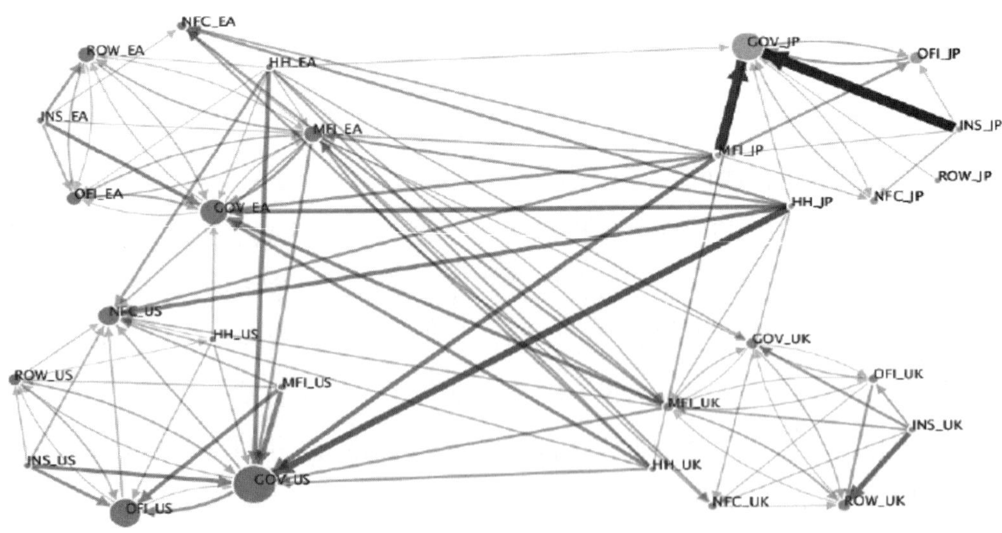

注：EA 表示欧盟，US 代表美国，UK 代表英国，JP 代表日本。NFC、GOV 等部门与图 1-8-2 一致。

图 1-8-3 2012 年第二季度欧元区、日本、英国、美国债券网络关联图

（资料来源：IMF 工作论文）

图1－8－4显示的是国内学者使用的带箭头的金融关联网络图，反映政府违约对各部门的影响。在该图中，从箭头方向看，政府违约对非金融企业影响最大，其次是金融企业；而对住户部门和政府部门冲击较小，对国外部门影响可以忽略，说明部门间最大规模的损失由政府流入了非金融企业。

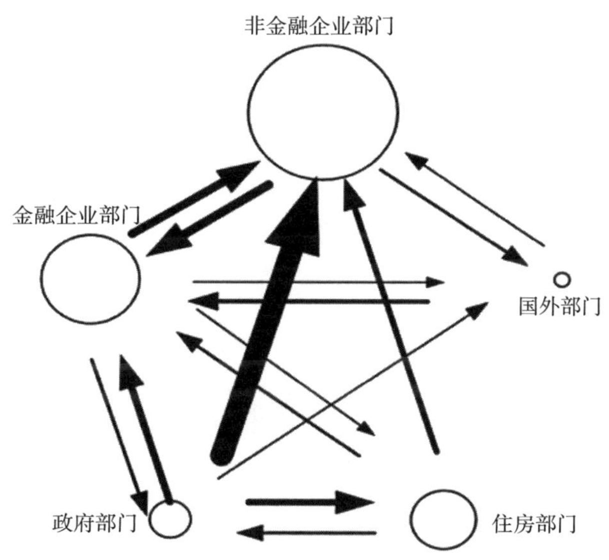

图1－8－4　带箭头的金融关联网络图

（资料来源：张云，程远，胡秋阳．政府债务违约对中国宏观资金流转的数量影响分析——基于投入产出式宏观资金流量表方法［J］．财贸研究，2018（3））

第二部分

Part Ⅱ

资金流量金融交易核算情况及图表

一、1992—2019 年中国资金流量表（金融交易账户）

表 2－1－1 1992 年资金流量表

Table 2－1－1 Flow of Funds Statement, 1992

部门 Sectors / 交易项目 Items	顺序号	住户 Households		非金融企业 Non－financial Corporations		广义政府 General Government		金融机构 Financial Institutions	
		运用 Uses	来源 Sources	运用 Uses	来源 Sources	运用 Uses	来源 Sources	运用 Uses	来源 Sources
净金融投资	1	4324		－3375		－655		59	
资金运用合计	2	4482		3426		24		6193	
资金来源合计	3		158		6801		679		6134
通货	4	857		223		48		34	1162
存款	5	2694		3349		－78			5965
活期存款	6	745		2725		80			3550
定期存款	7	1810		193		97			2100
财政存款	8					－255			－255
外汇存款	9	139		431					570
其他存款	10								
证券公司客户保证金	11								
贷款	12		158		5364		173	5695	
短期贷款与票据融资	13		158		3143			3301	
中长期贷款	14				1744			1744	
外汇贷款	15				476			476	
委托贷款	16								
其他贷款	17						173	173	
未贴现的银行承兑汇票	18								
保险准备金	19	53		19					72
金融机构往来	20								
存款准备金	21								
债券	22	704			558		335	200	11
政府债券	23	272					335	63	
金融债券	24	11							11
中央银行债券	25								
企业债券	26	421			558			137	
股票	27	175			175				
证券投资基金份额	28								
库存现金	29								
中央银行贷款	30								
其他（净）	31			－1410					－1410
国际资本往来	32			1245	1161	54	171	382	335
长期资本	33			1053	1154	54	171	382	200
短期资本	34			192	8				135
国际储备资产	35							－117	
国际收支误差与遗漏	36				－456				

（金融交易账户）

（Financial Transactions Accounts）

单位：亿元人民币

Unit：100 Millon of RMB

国内合计 All Domestic Sectors		国外 The Rest of the World		总计 Total		No.	部门 Sectors / 交易项目 Items
运用 Uses	来源 Sources	运用 Uses	来源 Sources	运用 Uses	来源 Sources		
353		-353		0		1	Net financial investment
14125		1211		15336		2	Financial uses
	13772		1564		15336	3	Financial sources
1162	1162			1162	1162	4	Currency
5965	5965			5965	5965	5	Deposits
3550	3550			3550	3550	6	Demand deposits
2100	2100			2100	2100	7	Time deposits
-255	-255			-255	-255	8	Fiscal deposits
570	570			570	570	9	Foreign exchange deposits
						10	Other deposits
						11	Customer margin of securities companies
5695	5695			5695	5695	12	Loans
3301	3301			3301	3301	13	Short - term loans & Bills financing
1744	1744			1744	1744	14	Medium - term and long - term loans
476	476			476	476	15	Foreign exchange loans
						16	Designated loans
173	173			173	173	17	Other loans
						18	Undiscounted bankers' acceptance bills
72	72			72	72	19	Insurance technical reserves
						20	Inter - financial institutions accounts
						21	Required and excessive reserves
903	903			903	903	22	Bonds
335	335			335	335	23	Government and public bonds
11	11			11	11	24	Financial bonds
						25	Central bank bonds
558	558			558	558	26	Corporate bonds
175	175			175	175	27	Shares
						28	Securities investment funds shares
						29	Cash in vault
						30	Central bank loans
-1410	-1410			-1410	-1410	31	Miscellaneous (net)
1681	1667	1667	1681	3347	3347	32	International capital accounts
1488	1524	1524	1488	3013	3013	33	Long - term assets
192	142	142	192	335	335	34	Short - term assets
-117			-117	-117	-117	35	International reserve assets
	-456	-456		-456	-456	36	Errors and omission in the BOP

表 2 –1 –2 1993 年资金流量表

Table 2 –1 –2 Flow of Funds Statement, 1993

交易项目 Items \ 部门 Sectors	顺序号	住户 Households		非金融企业 Non – financial Corporations		广义政府 General Government		金融机构 Financial Institutions	
		运用 Uses	来源 Sources	运用 Uses	来源 Sources	运用 Uses	来源 Sources	运用 Uses	来源 Sources
净金融投资	1	4892		–5672		–227		350	
资金运用合计	2	5062		3447		668		12801	
资金来源合计	3		170		9120		896		12451
通货	4	1133		324		42		30	1529
存款	5	3369		2559		550			6478
活期存款	6	444		2266		282			2992
定期存款	7	2663		–105		11			2570
财政存款	8					257			257
外汇存款	9	262		398					660
其他存款	10								
证券公司客户保证金	11								
贷款	12		170		7063		341	7574	
短期贷款与票据融资	13		170		4632			4802	
中长期贷款	14				1532			1532	
外汇贷款	15				899			899	
委托贷款	16								
其他贷款	17						341	341	
未贴现的银行承兑汇票	18								
保险准备金	19	62		26					88
金融机构往来	20							53	53
存款准备金	21							1575	1575
债券	22	300			85		277	141	78
政府债券	23	217					277	61	
金融债券	24								
中央银行债券	25							78	78
企业债券	26	83			85			2	
股票	27	198			198				
证券投资基金份额	28								
库存现金	29							222	194
中央银行贷款	30							2917	2917
其他（净）	31			–773					–773
国际资本往来	32			1310	2338	77	278	189	312
长期资本	33			1088	2311	77	278	157	312
短期资本	34			223	27			31	
国际储备资产	35							102	
国际收支误差与遗漏	36				–565				

(金融交易账户)

(Financial Transactions Accounts)

单位：亿元人民币

Unit：100 Millon of RMB

国内合计 All Domestic Sectors		国外 The Rest of the World		总计 Total		No.	部门 Sectors / 交易项目 Items
运用 Uses	来源 Sources	运用 Uses	来源 Sources	运用 Uses	来源 Sources		
-658		658				1	Net financial investment
21978		2364		24342		2	Financial uses
	22636		1706		24342	3	Financial sources
1529	1529			1529	1529	4	Currency
6478	6478			6478	6478	5	Deposits
2992	2992			2992	2992	6	Demand deposits
2570	2570			2570	2570	7	Time deposits
257	257			257	257	8	Fiscal deposits
660	660			660	660	9	Foreign exchange deposits
						10	Other deposits
						11	Customer margin of securities companies
7574	7574			7574	7574	12	Loans
4802	4802			4802	4802	13	Short - term loans & Bills financing
1532	1532			1532	1532	14	Medium - term and long - term loans
899	899			899	899	15	Foreign exchange loans
						16	Designated loans
341	341			341	341	17	Other loans
						18	Undiscounted bankers' acceptance bills
88	88			88	88	19	Insurance technical reserves
53	53			53	53	20	Inter - financial institutions accounts
1575	1575			1575	1575	21	Required and excessive reserves
440	440			440	440	22	Bonds
277	277			277	277	23	Government and public bonds
						24	Financial bonds
78	78			78	78	25	Central bank bonds
85	85			85	85	26	Corporate bonds
198	198			198	198	27	Shares
						28	Securities investment funds shares
222	194		28	222	222	29	Cash in vault
2917	2917			2917	2917	30	Central bank loans
-773	-773			-773	-773	31	Miscellaneous (net)
1576	2929	2929	1576	4505	4505	32	International capital accounts
1322	2901	2901	1322	4223	4223	33	Long - term assets
254	27	27	254	282	282	34	Short - term assets
102			102	102	102	35	International reserve assets
	-565	-565		-565	-565	36	Errors and omission in the BOP

表 2－1－3　　1994 年资金流量表

Table 2－1－3　　Flow of Funds Statement, 1994

部门 Sectors / 交易项目 Items	顺序号	住户 Households		非金融企业 Non－financial Corporations		广义政府 General Government		金融机构 Financial Institutions	
		运用 Uses	来源 Sources	运用 Uses	来源 Sources	运用 Uses	来源 Sources	运用 Uses	来源 Sources
净金融投资	1	7500		－6683		－49		－105	
资金运用合计	2	7766		5727		1385		16541	
资金来源合计	3		267		12410		1434		16646
通货	4	1067		305		14		38	1424
存款	5	6170		4424		1183			11777
活期存款	6	1049		3899		689			5637
定期存款	7	4730		599		124			5453
财政存款	8					370			370
外汇存款	9	391		－74					317
其他存款	10								
证券公司客户保证金	11								
贷款	12		267		8803		105	9175	
短期贷款与票据融资	13		267		5489			5756	
中长期贷款	14				2486			2486	
外汇贷款	15				828			828	
委托贷款	16								
其他贷款	17						105	105	
未贴现的银行承兑汇票	18								
保险准备金	19	56		69					125
金融机构往来	20							26	26
存款准备金	21							2062	2062
债券	22	432			45	19	746	1116	776
政府债券	23	387				19	746	340	
金融债券	24							776	776
中央银行债券	25								
企业债券	26	45			45				
股票	27	42			50			8	
证券投资基金份额	28								
库存现金	29							29	27
中央银行贷款	30							859	859
其他（净）	31			－818					－818
国际资本往来	32			1746	4355	169	583	597	387
长期资本	33			1427	4269	169	583	561	387
短期资本	34			319	87			36	
国际储备资产	35							2631	
国际收支误差与遗漏	36				－842				

（金融交易账户）

(Financial Transactions Accounts)

单位：亿元人民币

Unit：100 Millon of RMB

国内合计 All Domestic Sectors		国外 The Rest of the World		总计 Total		No.	部门 Sectors / 交易项目 Items
运用 Uses	来源 Sources	运用 Uses	来源 Sources	运用 Uses	来源 Sources		
662		-662				1	Net financial investment
31420		4483		35903		2	Financial uses
	30758		5145		35903	3	Financial sources
1424	1424			1424	1424	4	Currency
11777	11777			11777	11777	5	Deposits
5637	5637			5637	5637	6	Demand deposits
5453	5453			5453	5453	7	Time deposits
370	370			370	370	8	Fiscal deposits
317	317			317	317	9	Foreign exchange deposits
						10	Other deposits
						11	Customer margin of securities companies
9175	9175			9175	9175	12	Loans
5756	5756			5756	5756	13	Short - term loans & Bills financing
2486	2486			2486	2486	14	Medium - term and long - term loans
828	828			828	828	15	Foreign exchange loans
						16	Designated loans
105	105			105	105	17	Other loans
						18	Undiscounted bankers' acceptance bills
125	125			125	125	19	Insurance technical reserves
26	26			26	26	20	Inter - financial institutions accounts
2062	2062			2062	2062	21	Required and excessive reserves
1567	1567			1567	1567	22	Bonds
746	746			746	746	23	Government and public bonds
776	776			776	776	24	Financial bonds
						25	Central bank bonds
45	45			45	45	26	Corporate bonds
50	50			50	50	27	Shares
						28	Securities investment funds shares
29	27		2	29	29	29	Cash in vault
859	859			859	859	30	Central bank loans
-818	-818			-818	-818	31	Miscellaneous (net)
2512	5326	5326	2512	7838	7838	32	International capital accounts
2157	5239	5239	2157	7397	7397	33	Long - term assets
355	87	87	355	441	441	34	Short - term assets
2631			2631	2631	2631	35	International reserve assets
	-842	-842		-842	-842	36	Errors and omission in the BOP

表 2－1－4 1995 年资金流量表

Table 2－1－4 Flow of Funds Statement, 1995

部门 Sectors / 交易项目 Items	顺序号	住户 Households		非金融企业 Non－financial Corporations		广义政府 General Government		金融机构 Financial Institutions	
		运用 Uses	来源 Sources	运用 Uses	来源 Sources	运用 Uses	来源 Sources	运用 Uses	来源 Sources
净金融投资	1	8513		－8079		－89		－208	
资金运用合计	2	8868		4891		1284		17194	
资金来源合计	3		355		12970		1372		17402
通货	4	447		128		6		16	597
存款	5	7723		4518		1173			13414
活期存款	6	472		3433		739			4644
定期存款	7	6940		1007		295			8241
财政存款	8					139			139
外汇存款	9	311		79					390
其他存款	10								
证券公司客户保证金	11								
贷款	12		355		9696		－105	9946	
短期贷款与票据融资	13		355		6462			6817	
中长期贷款	14				2470			2470	
外汇贷款	15				764			764	
委托贷款	16								
其他贷款	17						－105	－105	
未贴现的银行承兑汇票	18								
保险准备金	19	91		47					138
金融机构往来	20							－38	－38
存款准备金	21							2280	2280
债券	22	585			－23	－4	1014	1460	1051
政府债券	23	608				－4	1014	410	
金融债券	24							854	854
中央银行债券	25							197	197
企业债券	26	－23			－23				
股票	27	23			23				
证券投资基金份额	28								
库存现金	29							61	59
中央银行贷款	30							889	889
其他（净）	31			－1417					－1417
国际资本往来	32			1614	4761	109	464	701	429
长期资本	33			1614	4624	109	464	600	429
短期资本	34				137			102	
国际储备资产	35							1877	
国际收支误差与遗漏	36				－1487				

（金融交易账户）

(Financial Transactions Accounts)

单位：亿元人民币

Unit：100 Millon of RMB

国内合计 All Domestic Sectors		国外 The Rest of the World		总计 Total		No.	部门 Sectors / 交易项目 Items
运用 Uses	来源 Sources	运用 Uses	来源 Sources	运用 Uses	来源 Sources		
137		-137				1	Net financial investment
32236		4167		36403		2	Financial uses
	32099		4304		36403	3	Financial sources
597	597			597	597	4	Currency
13414	13414			13414	13414	5	Deposits
4644	4644			4644	4644	6	Demand deposits
8241	8241			8241	8241	7	Time deposits
139	139			139	139	8	Fiscal deposits
390	390			390	390	9	Foreign exchange deposits
						10	Other deposits
						11	Customer margin of securities companies
9946	9946			9946	9946	12	Loans
6817	6817			6817	6817	13	Short-term loans & Bills financing
2470	2470			2470	2470	14	Medium-term and long-term loans
764	764			764	764	15	Foreign exchange loans
						16	Designated loans
-105	-105			-105	-105	17	Other loans
						18	Undiscounted bankers' acceptance bills
138	138			138	138	19	Insurance technical reserves
-38	-38			-38	-38	20	Inter-financial institutions accounts
2280	2280			2280	2280	21	Required and excessive reserves
2041	2041			2041	2041	22	Bonds
1014	1014			1014	1014	23	Government and public bonds
854	854			854	854	24	Financial bonds
197	197			197	197	25	Central bank bonds
-23	-23			-23	-23	26	Corporate bonds
23	23			23	23	27	Shares
						28	Securities investment funds shares
61	59		2	61	61	29	Cash in vault
889	889			889	889	30	Central bank loans
-1417	-1417			-1417	-1417	31	Miscellaneous (net)
2425	5654	5654	2425	8079	8079	32	International capital accounts
2323	5517	5517	2323	7840	7840	33	Long-term assets
102	137	137	102	239	239	34	Short-term assets
1877			1877	1877	1877	35	International reserve assets
	-1487	-1487		-1487	-1487	36	Errors and omission in the BOP

表 2 –1 –5　　1996 年资金流量表

Table 2 –1 –5　　Flow of Funds Statement, 1996

部门 Sectors / 交易项目 Items	顺序号	住户 Households		非金融企业 Non – financial Corporations		广义政府 General Government		金融机构 Financial Institutions	
		运用 Uses	来源 Sources	运用 Uses	来源 Sources	运用 Uses	来源 Sources	运用 Uses	来源 Sources
净金融投资	1	10902		–11968		–404		2081	
资金运用合计	2	10992		7229		1578		27208	
资金来源合计	3		89		19196		1982		25126
通货	4	783		89		9		35	917
存款	5	8515		6746		1460			16721
活期存款	6	1183		4513		715			6411
定期存款	7	7095		1513		496			9104
财政存款	8					276			276
外汇存款	9	238		196					434
其他存款	10			523		–27			496
证券公司客户保证金	11								
贷款	12		89		15041			15131	
短期贷款与票据融资	13		89		10491			10580	
中长期贷款	14				3356			3356	
外汇贷款	15				539			539	
委托贷款	16								
其他贷款	17				656			656	
未贴现的银行承兑汇票	18								
保险准备金	19	127		70					197
金融机构往来	20							–506	–168
存款准备金	21							3670	4696
债券	22	1260			70		1564	1143	604
政府债券	23	1085					1564	479	
金融债券	24	105						696	801
中央银行债券	25							–32	–197
企业债券	26	70			70				
股票	27	306			306				
证券投资基金份额	28								
库存现金	29							–39	–49
中央银行贷款	30							3817	3863
其他（净）	31			–1319				498	–2066
国际资本往来	32			1642	5072	109	418	827	412
长期资本	33			1566	4967	109	418	666	412
短期资本	34			76	104			160	
国际储备资产	35							2632	
国际收支误差与遗漏	36				–1294				

（金融交易账户）

(Financial Transactions Accounts)

单位：亿元人民币

Unit：100 Millon of RMB

国内合计 All Domestic Sectors		国外 The Rest of the World		总计 Total		No.	部门 Sectors / 交易项目 Items
运用 Uses	来源 Sources	运用 Uses	来源 Sources	运用 Uses	来源 Sources		
612		-612				1	Net financial investment
47006		4607		51613		2	Financial uses
	46394		5219		51613	3	Financial sources
917	917			917	917	4	Currency
16721	16721			16721	16721	5	Deposits
6411	6411			6411	6411	6	Demand deposits
9104	9104			9104	9104	7	Time deposits
276	276			276	276	8	Fiscal deposits
434	434			434	434	9	Foreign exchange deposits
496	496			496	496	10	Other deposits
						11	Customer margin of securities companies
15131	15131			15131	15131	12	Loans
10580	10580			10580	10580	13	Short - term loans & Bills financing
3356	3356			3356	3356	14	Medium - term and long - term loans
539	539			539	539	15	Foreign exchange loans
						16	Designated loans
656	656			656	656	17	Other loans
						18	Undiscounted bankers' acceptance bills
197	197			197	197	19	Insurance technical reserves
-506	-168			-506	-168	20	Inter - financial institutions accounts
3670	4696			3670	4696	21	Required and excessive reserves
2404	2238			2404	2238	22	Bonds
1564	1564			1564	1564	23	Government and public bonds
801	801			801	801	24	Financial bonds
-32	-197			-32	-197	25	Central bank bonds
70	70			70	70	26	Corporate bonds
306	306			306	306	27	Shares
						28	Securities investment funds shares
-39	-49		10	-39	-39	29	Cash in vault
3817	3863			3817	3863	30	Central bank loans
-821	-2066			-821	-2066	31	Miscellaneous (net)
2578	5901	5901	2578	8479	8479	32	International capital accounts
2342	5797	5797	2342	8139	8139	33	Long - term assets
236	104	104	236	341	341	34	Short - term assets
2632			2632	2632	2632	35	International reserve assets
	-1294	-1294		-1294	-1294	36	Errors and omission in the BOP

表 2－1－6　　1997 年资金流量表

Table 2－1－6　　Flow of Funds Statement, 1997

部门 Sectors / 交易项目 Items	顺序号	住户 Households		非金融企业 Non－financial Corporations		广义政府 General Government		金融机构 Financial Institutions	
		运用 Uses	来源 Sources	运用 Uses	来源 Sources	运用 Uses	来源 Sources	运用 Uses	来源 Sources
净金融投资	1	11027		－7876		－745		657	
资金运用合计	2	11177		7494		1168		18723	
资金来源合计	3		150		15370		1913		18065
通货	4	1222		140		14			1376
存款	5	7496		4668		975		174	13308
活期存款	6	1798		3242		235			5275
定期存款	7	5354		902		364			6620
财政存款	8					189			189
外汇存款	9	344		204				174	718
其他存款	10			319		188			507
证券公司客户保证金	11								
贷款	12		150		11466		0	11513	
短期贷款与票据融资	13		65		7498		0	7563	
中长期贷款	14		86		2927			3013	
外汇贷款	15				850			745	
委托贷款	16								
其他贷款	17				192			192	
未贴现的银行承兑汇票	18								
保险准备金	19	278		35					313
金融机构往来	20							114	489
存款准备金	21							1620	1634
债券	22	1330			35		1865	1811	1241
政府债券	23	1814					1865	51	
金融债券	24	－519						1640	1122
中央银行债券	25							119	119
企业债券	26	35			35				
股票	27	858			1473			146	
证券投资基金份额	28								
库存现金	29							138	129
中央银行贷款	30							－178	－271
其他（净）	31	－7		－133		178			－257
直接投资	32			212	3667				
其他对外债权债务	33			2573	576		48	423	102
国际储备资产	34							2961	
国际收支误差与遗漏	35				－1845				

（金融交易账户）

（Financial Transactions Accounts）

单位：亿元人民币

Unit：100 Millon of RMB

国内合计 All Domestic Sectors		国外 The Rest of the World		总计 Total		No.	部门 Sectors / 交易项目 Items
运用 Uses	来源 Sources	运用 Uses	来源 Sources	运用 Uses	来源 Sources		
3063		-3063		0		1	Net financial investment
38562		3469		42031		2	Financial uses
	35499		6532		42031	3	Financial sources
1376	1376			1376	1376	4	Currency
13313	13308	169	174	13482	13482	5	Deposits
5275	5275			5275	5275	6	Demand deposits
6620	6620			6620	6620	7	Time deposits
189	189			189	189	8	Fiscal deposits
723	718	169	174	892	892	9	Foreign exchange deposits
507	507			507	507	10	Other deposits
						11	Customer margin of securities companies
11513	11617	283	179	11796	11796	12	Loans
7563	7563			7563	7563	13	Short-term loans & Bills financing
3013	3013			3013	3013	14	Medium-term and long-term loans
745	850	283	179	1028	1028	15	Foreign exchange loans
						16	Designated loans
192	192			192	192	17	Other loans
						18	Undiscounted bankers' acceptance bills
313	313			313	313	19	Insurance technical reserves
114	489			114	489	20	Inter-financial institutions accounts
1620	1634			1620	1634	21	Required and excessive reserves
3141	3141			3141	3141	22	Bonds
1865	1865			1865	1865	23	Government and public bonds
1122	1122			1122	1122	24	Financial bonds
119	119			119	119	25	Central bank bonds
35	35			35	35	26	Corporate bonds
1004	1473	469		1473	1473	27	Shares
						28	Securities investment funds shares
138	129		9	138	138	29	Cash in vault
-178	-271			-178	-271	30	Central bank loans
38	-257			38	-257	31	Miscellaneous (net)
212	3667	3667	212	3880	3880	32	Foreign direct investment
2996	726	726	2996	3722	3722	33	Other foreign assets and debts
2961			2961	2961	2961	34	International reserve assets
	-1845	-1845		-1845	-1845	35	Errors and omission in the BOP

表 2－1－7　　　　1998 年资金流量表

Table 2－1－7　　　　Flow of Funds Statement, 1998

部门 Sectors / 交易项目 Items	顺序号	住户 Households		非金融企业 Non－financial Corporations		广义政府 General Government		金融机构 Financial Institutions	
		运用 Uses	来源 Sources	运用 Uses	来源 Sources	运用 Uses	来源 Sources	运用 Uses	来源 Sources
净金融投资	1	11626		－8447		－1098		277	
资金运用合计	2	12466		5097		3720		14664	
资金来源合计	3		840		13543		4818		14386
通货	4	851		97		19			1027
存款	5	9257		3848		1312		142	14174
活期存款	6	2691		2758		597		195	6240
定期存款	7	5565		1733		－37			7261
财政存款	8					710			710
外汇存款	9	1002		－69		42		－53	537
其他存款	10			－573					－573
证券公司客户保证金	11								
贷款	12		840		10149			11375	
短期贷款与票据融资	13		521		5483			6004	
中长期贷款	14		319		5462			5780	
外汇贷款	15				－370			17	
委托贷款	16								
其他贷款	17				－426			－426	
未贴现的银行承兑汇票	18								
保险准备金	19	298		14			－24		337
金融机构往来	20							790	797
存款准备金	21							－1743	－1523
债券	22	1414			42	13	4918	5157	1638
政府债券	23	1372				13	4918	3533	
金融债券	24							1624	1638
中央银行债券	25								
企业债券	26	42			42				
股票	27	766			835			2	
证券投资基金份额	28								
库存现金	29							64	66
中央银行贷款	30							－1977	－1993
其他（净）	31	－120		－1914		2375			119
直接投资	32			218	3622				
其他对外债权债务	33			2834	268		－76	320	－253
国际储备资产	34							532	
国际收支误差与遗漏	35				－1372				

（金融交易账户）

（Financial Transactions Accounts）

单位：亿元人民币

Unit：100 Millon of RMB

国内合计 All Domestic Sectors		国外 The Rest of the World		总计 Total		No.	部门 Sectors / 交易项目 Items
运用 Uses	来源 Sources	运用 Uses	来源 Sources	运用 Uses	来源 Sources		
2359		-2359				1	Net financial investment
35946		1604		37550		2	Financial uses
	33587		3963		37550	3	Financial sources
967	1027	60		1027	1027	4	Currency
14559	14174	-438	-53	14121	14121	5	Deposits
6240	6240			6240	6240	6	Demand deposits
7261	7261			7261	7261	7	Time deposits
710	710			710	710	8	Fiscal deposits
922	537	-438	-53	484	484	9	Foreign exchange deposits
-573	-573			-573	-573	10	Other deposits
						11	Customer margin of securities companies
11375	10988	-270	117	11105	11105	12	Loans
6004	6004			6004	6004	13	Short - term loans & Bills financing
5780	5780			5780	5780	14	Medium - term and long - term loans
17	-370	-270	117	-253	-253	15	Foreign exchange loans
						16	Designated loans
-426	-426			-426	-426	17	Other loans
						18	Undiscounted bankers' acceptance bills
312	312			312	312	19	Insurance technical reserves
790	797			790	797	20	Inter - financial institutions accounts
-1743	-1523			-1743	-1523	21	Required and excessive reserves
6584	6597			6584	6597	22	Bonds
4918	4918			4918	4918	23	Government and public bonds
1624	1638			1624	1638	24	Financial bonds
						25	Central bank bonds
42	42			42	42	26	Corporate bonds
768	835	63		831	835	27	Shares
						28	Securities investment funds shares
64	66		-1	64	64	29	Cash in vault
-1977	-1993			-1977	-1993	30	Central bank loans
342	119		-4	342	115	31	Miscellaneous（net）
218	3622	3622	218	3840	3840	32	Foreign direct investment
3154	-61	-61	3154	3094	3094	33	Other foreign assets and debts
532			532	532	532	34	International reserve assets
	-1372	-1372		-1372	-1372	35	Errors and omission in the BOP

表 2-1-8 1999 年资金流量表

Table 2-1-8 Flow of Funds Statement, 1999

交易项目 Items \ 部门 Sectors	顺序号	住户 Households		非金融企业 Non-financial Corporations		广义政府 General Government		金融机构 Financial Institutions	
		运用 Uses	来源 Sources	运用 Uses	来源 Sources	运用 Uses	来源 Sources	运用 Uses	来源 Sources
净金融投资	1	10898		-6419		-2190		-991	
资金运用合计	2	12214		6666		915		18922	
资金来源合计	3		1316		13084		3105		19914
通货	4	1869		203		45			2251
存款	5	7281		5053		919		-793	13399
活期存款	6	2949		3774		705			7429
定期存款	7	3164		1182		-35			4310
财政存款	8					813			813
外汇存款	9	1168		74		25		-936	1270
其他存款	10			23		-589		143	-423
证券公司客户保证金	11								
贷款	12		1316		9140		265	11018	
短期贷款与票据融资	13		298		4108			4407	
中长期贷款	14		1018		4976		-3	5991	
外汇贷款	15				668		268	1232	
委托贷款	16								
其他贷款	17				-612			-612	
未贴现的银行承兑汇票	18								
保险准备金	19	573		26			87		512
金融机构往来	20							1966	1961
存款准备金	21							241	347
债券	22	1616			102	8	2776	2928	1318
政府债券	23	1531				8	2776	1237	
金融债券	24	-79						1764	1328
中央银行债券	25							-10	-10
企业债券	26	164			102			-62	
股票	27	875			926				
证券投资基金份额	28								
库存现金	29							884	753
中央银行贷款	30							419	251
其他（净）	31	1		-748		-58			-414
直接投资	32			147	3208				
其他对外债权债务	33			1985	1069		-24	1555	-464
国际储备资产	34							704	
国际收支误差与遗漏	35				-1361				

（金融交易账户）

(Financial Transactions Accounts)

单位：亿元人民币

Unit：100 Millon of RMB

国内合计 All Domestic Sectors		国外 The Rest of the World		总计 Total		No.	部门 Sectors / 交易项目 Items
运用 Uses	来源 Sources	运用 Uses	来源 Sources	运用 Uses	来源 Sources		
1298		-1298		0		1	Net financial investment
38717		2447		41164		2	Financial uses
	37419		3745		41164	3	Financial sources
2116	2251	135		2251	2251	4	Currency
12459	13399	-122	-1061	12337	12338	5	Deposits
7429	7429			7429	7429	6	Demand deposits
4310	4310			4310	4310	7	Time deposits
813	813			813	813	8	Fiscal deposits
331	1270	-122	-1061	209	209	9	Foreign exchange deposits
-423	-423			-423	-423	10	Other deposits
						11	Customer margin of securities companies
11018	10722	-12	284	11006	11006	12	Loans
4407	4407			4407	4407	13	Short-term loans & Bills financing
5991	5991			5991	5991	14	Medium-term and long-term loans
1232	936	-12	284	1220	1220	15	Foreign exchange loans
						16	Designated loans
-612	-612			-612	-612	17	Other loans
						18	Undiscounted bankers' acceptance bills
599	599			599	599	19	Insurance technical reserves
1966	1961	-33		1933	1961	20	Inter-financial institutions accounts
241	347			241	347	21	Required and excessive reserves
4553	4196			4553	4196	22	Bonds
2776	2776			2776	2776	23	Government and public bonds
1685	1328			1685	1328	24	Financial bonds
-10	-10			-10	-10	25	Central bank bonds
102	102			102	102	26	Corporate bonds
875	926	51		926	926	27	Shares
						28	Securities investment funds shares
884	753		131	884	884	29	Cash in vault
419	251			419	251	30	Central bank loans
-805	-414			-805	-414	31	Miscellaneous (net)
147	3208	3208	147	3355	3355	32	Foreign direct investment
3540	581	581	3540	4121	4121	33	Other foreign assets and debts
704			704	704	704	34	International reserve assets
	-1361	-1361		-1361	-1361	35	Errors and omission in the BOP

表 2－1－9　　2000 年资金流量表

Table 2－1－9　　Flow of Funds Statement, 2000

交易项目 Items ＼ 部门 Sectors	顺序号	住户 Households		非金融企业 Non－financial Corporations		广义政府 General Government		金融机构 Financial Institutions	
		运用 Uses	来源 Sources	运用 Uses	来源 Sources	运用 Uses	来源 Sources	运用 Uses	来源 Sources
净金融投资	1	7898		－5269		－1000		67	
资金运用合计	2	10870		9967		2715		17370	
资金来源合计	3		2972		15237		3714		17304
通货	4	994		108		24			1197
存款	5	6610		7766		2054		538	16425
活期存款	6	3935		5531		486			9952
定期存款	7	1187		1488		583			3257
财政存款	8					1592			1592
外汇存款	9	1489		437		－320		538	1602
其他存款	10			309		－287			22
证券公司客户保证金	11								
贷款	12		2972		9318		263	13969	
短期贷款与票据融资	13		656		6194		2	6852	
中长期贷款	14		2316		4530			6846	
外汇贷款	15				－1134		261	543	
委托贷款	16								
其他贷款	17				－272			－272	
未贴现的银行承兑汇票	18								
保险准备金	19	1247		52			296		1003
金融机构往来	20							－350	－538
存款准备金	21							474	637
债券	22	696			100	19	3132	3335	818
政府债券	23	770				19	3132	2343	
金融债券	24							936	936
中央银行债券	25							－118	－118
企业债券	26	－74			100			174	
股票	27	1527			2100				
证券投资基金份额	28								
库存现金	29							－369	－332
中央银行贷款	30							－2411	－2778
其他（净）	31	－204		736		618			1235
直接投资	32			76	3179				
其他对外债权债务	33			1230	1597		23	1311	－363
国际储备资产	34							873	
国际收支误差与遗漏	35				－1056				

（金融交易账户）

(Financial Transactions Accounts)

单位：亿元人民币

Unit: 100 Millon of RMB

国内合计 All Domestic Sectors		国外 The Rest of the World		总计 Total		No.	部门 Sectors / 交易项目 Items
运用 Uses	来源 Sources	运用 Uses	来源 Sources	运用 Uses	来源 Sources		
1696		-1696		0		1	Net financial investment
40922		3821		44743		2	Financial uses
	39226		5516		44743	3	Financial sources
1125	1197	72		1197	1197	4	Currency
16967	16425	-4	538	16962	16962	5	Deposits
9952	9952			9952	9952	6	Demand deposits
3257	3257			3257	3257	7	Time deposits
1592	1592			1592	1592	8	Fiscal deposits
2144	1602	-4	538	2140	2140	9	Foreign exchange deposits
22	22			22	22	10	Other deposits
						11	Customer margin of securities companies
13969	12553	109	1526	14078	14078	12	Loans
6852	6852			6852	6852	13	Short - term loans & Bills financing
6846	6846			6846	6846	14	Medium - term and long - term loans
543	-873	109	1526	652	652	15	Foreign exchange loans
						16	Designated loans
-272	-272			-272	-272	17	Other loans
						18	Undiscounted bankers' acceptance bills
1299	1299			1299	1299	19	Insurance technical reserves
-350	-538	-307		-657	-538	20	Inter - financial institutions accounts
474	637			474	637	21	Required and excessive reserves
4050	4050			4050	4050	22	Bonds
3132	3132			3132	3132	23	Government and public bonds
936	936			936	936	24	Financial bonds
-118	-118			-118	-118	25	Central bank bonds
100	100			100	100	26	Corporate bonds
1527	2100	572		2100	2100	27	Shares
						28	Securities investment funds shares
-369	-332		-37	-369	-369	29	Cash in vault
-2411	-2778			-2411	-2778	30	Central bank loans
1150	1235			1150	1235	31	Miscellaneous (net)
76	3179	3179	76	3255	3255	32	Foreign direct investment
2541	1257	1257	2541	3797	3797	33	Other foreign assets and debts
873			873	873	873	34	International reserve assets
	-1056	-1056		-1056	-1056	35	Errors and omission in the BOP

表 2－1－10 2001 年资金流量表

Table 2－1－10 Flow of Funds Statement, 2001

交易项目 Items \ 部门 Sectors	顺序号	住户 Households		非金融企业 Non－financial Corporations		广义政府 General Government		金融机构 Financial Institutions	
		运用 Uses	来源 Sources	运用 Uses	来源 Sources	运用 Uses	来源 Sources	运用 Uses	来源 Sources
净金融投资	1	10611		－5720		－1069		－2387	
资金运用合计	2	14118		8082		2000		21559	
资金来源合计	3		3507		13802		3068		23946
通货	4	874		93		21		0	1036
存款	5	9973		7096		2025		215	19136
活期存款	6	4006		4818		1622			10447
定期存款	7	5293		884		801			6978
财政存款	8					266			266
外汇存款	9	674		－180		124		215	660
其他存款	10			1574		－788			786
证券公司客户保证金	11								
贷款	12		3507		9414		124	11772	
短期贷款与票据融资	13		945		4391		31	5366	
中长期贷款	14		2562		4571			7133	
外汇贷款	15				410		93	－769	
委托贷款	16								
其他贷款	17				43			43	
未贴现的银行承兑汇票	18								
保险准备金	19	1156		64			282		938
金融机构往来	20							－1313	－1080
存款准备金	21							2083	1983
债券	22	764			147	－23	2598	2763	1151
政府债券	23	711				－23	2598	1910	
金融债券	24							759	1151
中央银行债券	25								
企业债券	26	52			147			95	
股票	27	1144			1252			38	
证券投资基金份额	28								
库存现金	29							－52	－103
中央银行贷款	30							288	305
其他（净）	31	207		1123		－23		－4	633
直接投资	32			570	3662				
其他对外债权债务	33			－864	－222		65	1852	－53
国际储备资产	34							3917	
国际收支误差与遗漏	35				－450				

(金融交易账户)

(Financial Transactions Accounts)

单位：亿元人民币

Unit：100 Millon of RMB

国内合计 All Domestic Sectors		国外 The Rest of the World		总计 Total		No.	部门 Sectors / 交易项目 Items
运用 Uses	来源 Sources	运用 Uses	来源 Sources	运用 Uses	来源 Sources		
1436		-1436		0		1	Net financial investment
45759		3038		48797		2	Financial uses
	44323		4474		48797	3	Financial sources
988	1036	48		1036	1036	4	Currency
19310	19136	41	215	19351	19351	5	Deposits
10447	10447			10447	10447	6	Demand deposits
6978	6978			6978	6978	7	Time deposits
266	266			266	266	8	Fiscal deposits
834	660	41	215	875	875	9	Foreign exchange deposits
786	786			786	786	10	Other deposits
						11	Customer margin of securities companies
11772	13044	4	-1267	11776	11776	12	Loans
5366	5366			5366	5366	13	Short - term loans & Bills financing
7133	7133			7133	7133	14	Medium - term and long - term loans
-769	503	4	-1267	-765	-765	15	Foreign exchange loans
						16	Designated loans
43	43			43	43	17	Other loans
						18	Undiscounted bankers' acceptance bills
1220	1220			1220	1220	19	Insurance technical reserves
-1313	-1080	-128		-1440	-1080	20	Inter - financial institutions accounts
2083	1983			2083	1983	21	Required and excessive reserves
3504	3896			3504	3896	22	Bonds
2598	2598			2598	2598	23	Government and public bonds
759	1151			759	1151	24	Financial bonds
						25	Central bank bonds
147	147			147	147	26	Corporate bonds
1182	1252	70		1252	1252	27	Shares
						28	Securities investment funds shares
-52	-103		51	-52	-52	29	Cash in vault
288	305			288	305	30	Central bank loans
1303	633			1303	633	31	Miscellaneous (net)
570	3662	3662	570	4232	4232	32	Foreign direct investment
988	-210	-210	988	778	778	33	Other foreign assets and debts
3917			3917	3917	3917	34	International reserve assets
	-450	-450		-450	-450	35	Errors and omission in the BOP

表 2 –1 –11　　　　2002 年资金流量表

Table 2 –1 –11　　　　Flow of Funds Statement, 2002

部门 Sectors / 交易项目 Items	顺序号	住户 Households		非金融企业 Non – financial Corporations		广义政府 General Government		金融机构 Financial Institutions	
		运用 Uses	来源 Sources	运用 Uses	来源 Sources	运用 Uses	来源 Sources	运用 Uses	来源 Sources
净金融投资	1	14647		–10450		–1752		484	
资金运用合计	2	19721		10197		3044		36121	
资金来源合计	3		5074		20647		4796		35638
通货	4	1319		143		32			1589
存款	5	14252		10738		2898		193	27912
活期存款	6	6274		6529		1607			14410
定期存款	7	7354		2362		1270			10986
财政存款	8					309			309
外汇存款	9	624		130		–35		193	742
其他存款	10			1717		–253			1465
证券公司客户保证金	11								
贷款	12		5074		14486		67	20259	0
短期贷款与票据融资	13		1549		8621		64	10233	
中长期贷款	14		3525		5006			8531	
外汇贷款	15				824		3	1459	
委托贷款	16								
其他贷款	17				36			36	
未贴现的银行承兑汇票	18								
保险准备金	19	2543		92			994		1641
金融机构往来	20							1186	1189
存款准备金	21							1801	1640
债券	22	879			325	14	3727	5607	3007
政府债券	23	463				14	3727	3250	
金融债券	24							961	1519
中央银行债券	25							1488	1488
企业债券	26	416			325			–91	
股票	27	636			962			140	
证券投资基金份额	28								
库存现金	29							142	128
中央银行贷款	30							–636	–456
其他（净）	31	92		–409		100	8		–961
直接投资	32			208	4081				
其他对外债权债务	33			–576	243			1179	–51
国际储备资产	34							6250	
国际收支误差与遗漏	35				550				

（金融交易账户）

（Financial Transactions Accounts）

单位：亿元人民币

Unit：100 Millon of RMB

国内合计 All Domestic Sectors		国外 The Rest of the World		总计 Total		No.	部门 Sectors / 交易项目 Items
运用 Uses	来源 Sources	运用 Uses	来源 Sources	运用 Uses	来源 Sources		
2928		-2928		0		1	Net financial investment
69083		4785		73869		2	Financial uses
	66155		7714		73869	3	Financial sources
1494	1589	95		1589	1589	4	Currency
28081	27912	24	193	28104	28104	5	Deposits
14410	14410			14410	14410	6	Demand deposits
10986	10986			10986	10986	7	Time deposits
309	309			309	309	8	Fiscal deposits
911	742	24	193	935	935	9	Foreign exchange deposits
1465	1465			1465	1465	10	Other deposits
						11	Customer margin of securities companies
20259	19627	-186	446	20073	20073	12	Loans
10233	10233			10233	10233	13	Short-term loans & Bills financing
8531	8531			8531	8531	14	Medium-term and long-term loans
1459	827	-186	446	1274	1274	15	Foreign exchange loans
						16	Designated loans
36	36			36	36	17	Other loans
						18	Undiscounted bankers' acceptance bills
2635	2635			2635	2635	19	Insurance technical reserves
1186	1189	-157		1029	1189	20	Inter-financial institutions accounts
1801	1640			1801	1640	21	Required and excessive reserves
6500	7058			6500	7058	22	Bonds
3727	3727			3727	3727	23	Government and public bonds
961	1519			961	1519	24	Financial bonds
1488	1488			1488	1488	25	Central bank bonds
325	325			325	325	26	Corporate bonds
776	962	186		962	962	27	Shares
						28	Securities investment funds shares
142	128		13	142	142	29	Cash in vault
-636	-456			-636	-456	30	Central bank loans
-216	-953			-216	-953	31	Miscellaneous (net)
208	4081	4081	208	4290	4290	32	Foreign direct investment
604	192	192	604	796	796	33	Other foreign assets and debts
6250			6250	6250	6250	34	International reserve assets
	550	550		550	550	35	Errors and omission in the BOP

表 2－1－12　　　　2003 年资金流量表

Table 2－1－12　　　　Flow of Funds Statement, 2003

交易项目 Items ＼ 部门 Sectors	顺序号	住户 Households		非金融企业 Non－financial Corporations		广义政府 General Government		金融机构 Financial Institutions	
		运用 Uses	来源 Sources	运用 Uses	来源 Sources	运用 Uses	来源 Sources	运用 Uses	来源 Sources
净金融投资	1	16122		－14531		－540		2672	
资金运用合计	2	23110		16673		3872		55053	
资金来源合计	3		6988		31204		4413		52381
通货	4	2048		222		49		1	2468
存款	5	16560		15776		3762		502	36160
活期存款	6	7194		9677		1746			18617
定期存款	7	9710		2969		1132			13811
财政存款	8					868			868
外汇存款	9	－344		－43		32		502	－294
其他存款	10			3173		－16			3157
证券公司客户保证金	11								
贷款	12		6988		23735		－1865	27959	0
短期贷款与票据融资	13		2389		10408		52	12849	0
中长期贷款	14		4598		10264			14862	
外汇贷款	15				2145		－228	1018	
委托贷款	16								
其他贷款	17				919		－1689	－770	
未贴现的银行承兑汇票	18								
保险准备金	19	3036		158			939		2254
金融机构往来	20							1748	2444
存款准备金	21							3897	3910
债券	22	626			358	114	5213	7525	3600
政府债券	23	443				114	5213	4656	
金融债券	24							1151	2056
中央银行债券	25							1544	1544
企业债券	26	183			358			175	
股票	27	681			1438			117	
证券投资基金份额	28								
库存现金	29							330	289
中央银行贷款	30							1020	850
其他（净）	31	160		954		－53	6		411
直接投资	32			－13	3897				
其他对外债权债务	33			－425	400		120	2272	－6
国际储备资产	34							9686	
国际收支误差与遗漏	35				1377				

（金融交易账户）

(Financial Transactions Accounts)

单位：亿元人民币

Unit: 100 Millon of RMB

国内合计 All Domestic Sectors		国外 The Rest of the World		总计 Total		No.	部门 Sectors / 交易项目 Items
运用 Uses	来源 Sources	运用 Uses	来源 Sources	运用 Uses	来源 Sources		
3726		-3726				1	Net financial investment
98712		7184		105896		2	Financial uses
	94986		10910		105896	3	Financial sources
2320	2468	148		2468	2468	4	Currency
36600	36160	61	502	36662	36662	5	Deposits
18617	18617			18617	18617	6	Demand deposits
13811	13811			13811	13811	7	Time deposits
868	868			868	868	8	Fiscal deposits
147	-294	61	502	208	208	9	Foreign exchange deposits
3157	3157			3157	3157	10	Other deposits
						11	Customer margin of securities companies
27959	28858	-254	-1153	27705	27705	12	Loans
12849	12849			12849	12849	13	Short - term loans & Bills financing
14862	14862			14862	14862	14	Medium - term and long - term loans
1018	1916	-254	-1153	764	764	15	Foreign exchange loans
						16	Designated loans
-770	-770			-770	-770	17	Other loans
						18	Undiscounted bankers' acceptance bills
3194	3194			3194	3194	19	Insurance technical reserves
1748	2444	802		2550	2444	20	Inter - financial institutions accounts
3897	3910			3897	3910	21	Required and excessive reserves
8265	9171			8265	9171	22	Bonds
5213	5213			5213	5213	23	Government and public bonds
1151	2056			1151	2056	24	Financial bonds
1544	1544			1544	1544	25	Central bank bonds
358	358			358	358	26	Corporate bonds
798	1438	640		1438	1438	27	Shares
						28	Securities investment funds shares
330	289		40	330	330	29	Cash in vault
1020	850			1020	850	30	Central bank loans
1061	417			1061	417	31	Miscellaneous (net)
-13	3897	3897	-13	3884	3884	32	Foreign direct investment
1847	514	514	1847	2361	2361	33	Other foreign assets and debts
9686			9686	9686	9686	34	International reserve assets
	1377	1377		1377	1377	35	Errors and omission in the BOP

表 2－1－13 Table 2－1－13

2004 年资金流量表 Flow of Funds Statement, 2004

部门 Sectors / 交易项目 Items	顺序号	住户 Households		非金融企业 Non－financial Corporations		广义政府 General Government		金融机构 Financial Institutions	
		运用 Uses	来源 Sources	运用 Uses	来源 Sources	运用 Uses	来源 Sources	运用 Uses	来源 Sources
净金融投资	1	15450		－9079		－2430		1740	
资金运用合计	2	21253		18865		2187		58665	
资金来源合计	3		5802		27944		4617		56925
通货	4	1434		156		35		－1	1722
存款	5	15678		15711		2245		－1572	33762
活期存款	6	6516		7001		1730			15247
定期存款	7	9640		3394		1223			14258
财政存款	8					565			565
外汇存款	9	－478		300		3		－1572	－46
其他存款	10			5015		－1277			3738
证券公司客户保证金	11								
贷款	12		5802		17708		119	24103	
短期贷款与票据融资	13		1588		5854		37	7479	
中长期贷款	14		4215		9022			13237	
外汇贷款	15				894		82	1450	
委托贷款	16								
其他贷款	17				1937			1937	
未贴现的银行承兑汇票	18								
保险准备金	19	3516		132			1184		2464
金融机构往来	20							569	1314
存款准备金	21							4354	4724
债券	22	－206			327	－123	3174	15023	10408
政府债券	23	－739				－114	3174	4028	
金融债券	24							3154	2369
中央银行债券	25					－8		8048	8039
企业债券	26	534			327			－207	
股票	27	717			1687			66	
证券投资基金份额	28								
库存现金	29							76	176
中央银行贷款	30							－1171	－1191
其他（净）	31	113		2683		31	－4		3335
直接投资	32			149	4547				
其他对外债权债务	33			34	1541		143	138	211
国际储备资产	34							17080	
国际收支误差与遗漏	35				2135				

(金融交易账户)

(Financial Transactions Accounts)

单位：亿元人民币

Unit：100 Millon of RMB

国内合计 All Domestic Sectors		国外 The Rest of the World		总计 Total		No.	部门 Sectors / 交易项目 Items
运用 Uses	来源 Sources	运用 Uses	来源 Sources	运用 Uses	来源 Sources		
5682		-5682		0		1	Net financial investment
100970		10847		111817		2	Financial uses
	95288		16529		111817	3	Financial sources
1623	1722	99		1722	1722	4	Currency
32061	33762	128	-1572	32189	32189	5	Deposits
15247	15247			15247	15247	6	Demand deposits
14258	14258			14258	14258	7	Time deposits
565	565			565	565	8	Fiscal deposits
-1747	-46	128	-1572	-1618	-1618	9	Foreign exchange deposits
3738	3738			3738	3738	10	Other deposits
						11	Customer margin of securities companies
24103	23629	325	799	24428	24428	12	Loans
7479	7479			7479	7479	13	Short-term loans & Bills financing
13237	13237			13237	13237	14	Medium-term and long-term loans
1450	975	325	799	1775	1775	15	Foreign exchange loans
						16	Designated loans
1937	1937			1937	1937	17	Other loans
						18	Undiscounted bankers' acceptance bills
3648	3648			3648	3648	19	Insurance technical reserves
569	1314	813		1382	1314	20	Inter-financial institutions accounts
4354	4724			4354	4724	21	Required and excessive reserves
14695	13909			14695	13909	22	Bonds
3174	3174			3174	3174	23	Government and public bonds
3154	2369			3154	2369	24	Financial bonds
8039	8039			8039	8039	25	Central bank bonds
327	327			327	327	26	Corporate bonds
783	1687	904		1687	1687	27	Shares
						28	Securities investment funds shares
76	176		-100	76	76	29	Cash in vault
-1171	-1191			-1171	-1191	30	Central bank loans
2827	3331			2827	3331	31	Miscellaneous (net)
149	4547	4547	149	4696	4696	32	Foreign direct investment
172	1895	1895	172	2068	2068	33	Other foreign assets and debts
17080			17080	17080	17080	34	International reserve assets
	2135	2135		2135	2135	35	Errors and omission in the BOP

表 2－1－14 2005 年资金流量表

Table 2－1－14 Flow of Funds Statement, 2005

交易项目 Items \ 部门 Sectors	顺序号	住户 Households		非金融企业 Non－financial Corporations		广义政府 General Government		金融机构 Financial Institutions	
		运用 Uses	来源 Sources	运用 Uses	来源 Sources	运用 Uses	来源 Sources	运用 Uses	来源 Sources
净金融投资	1	26372		－14718		3311		－1463	
资金运用合计	2	29913		14721		8200		70447	
资金来源合计	3		3541		29439		4889		71910
通货	4	2128		231		52			2563
存款	5	21076		12477		7937		845	42473
活期存款	6	7691		3947		3906			15544
定期存款	7	14125		5376		1818			21319
财政存款	8					1770			1770
外汇存款	9	－1254		40		761		845	530
其他存款	10	515		3114		－318			3311
证券公司客户保证金	11	270							270
贷款	12		3541		19166		242	23966	
短期贷款与票据融资	13		1033		8995		272	10300	
中长期贷款	14		2508		9557			12065	
外汇贷款	15				1235		－29	2223	
委托贷款	16								
其他贷款	17				－622			－622	
未贴现的银行承兑汇票	18								
保险准备金	19	4202		193			1650		2744
金融机构往来	20							3380	4942
存款准备金	21							2484	2833
债券	22	240			2010	－30	2997	20751	15955
政府债券	23	240				－30	2997	2787	
金融债券	24							5035	5035
中央银行债券	25							10920	10920
企业债券	26				2010			2010	
股票	27	30			1075			309	931
证券投资基金份额	28	546		471				461	1479
库存现金	29							377	400
中央银行贷款	30							－1583	－1708
其他（净）	31	1421		－1320		241			－1251
直接投资	32			926	6482				
其他对外债权债务	33			1743	2080			2499	279
国际储备资产	34							16958	
国际收支误差与遗漏	35				－1373				

（金融交易账户）

（Financial Transactions Accounts）

单位：亿元人民币

Unit：100 Millon of RMB

国内合计 All Domestic Sectors		国外 The Rest of the World		总计 Total		No.	部门 Sectors / 交易项目 Items
运用 Uses	来源 Sources	运用 Uses	来源 Sources	运用 Uses	来源 Sources		
13502		-13503		0		1	Net financial investment
123281		10510		133791		2	Financial uses
	109779		24013		133791	3	Financial sources
2409	2563	154		2563	2563	4	Currency
42336	42473	983	845	43318	43318	5	Deposits
15544	15544			15544	15544	6	Demand deposits
21319	21319			21319	21319	7	Time deposits
1770	1770			1770	1770	8	Fiscal deposits
392	530	983	845	1375	1375	9	Foreign exchange deposits
3311	3311			3311	3311	10	Other deposits
270	270			270	270	11	Customer margin of securities companies
23966	22949	47	1064	24013	24014	12	Loans
10300	10300			10300	10300	13	Short-term loans & Bills financing
12065	12065			12065	12065	14	Medium-term and long-term loans
2223	1206	47	1064	2270	2270	15	Foreign exchange loans
						16	Designated loans
-622	-622			-622	-622	17	Other loans
						18	Undiscounted bankers' acceptance bills
4394	4394			4394	4394	19	Insurance technical reserves
3380	4942	193		3573	4942	20	Inter-financial institutions accounts
2484	2833			2484	2833	21	Required and excessive reserves
20961	20962			20961	20961	22	Bonds
2997	2997			2997	2997	23	Government and public bonds
5035	5035			5035	5035	24	Financial bonds
10920	10920			10920	10920	25	Central bank bonds
2010	2010			2010	2010	26	Corporate bonds
339	2006	1667		2006	2006	27	Shares
1478	1479			1479	1479	28	Securities investment funds shares
377	400		-23	377	377	29	Cash in vault
-1583	-1708			-1583	-1708	30	Central bank loans
342	-1251			342	-1251	31	Miscellaneous (net)
926	6482	6482	926	7408	7408	32	Foreign direct investment
4243	2359	2359	4243	6601	6601	33	Other foreign assets and debts
16958			16958	16958	16958	34	International reserve assets
	-1373	-1373		-1373	-1373	35	Errors and omission in the BOP

表 2－1－15　　2006 年资金流量表

Table 2－1－15　　Flow of Funds Statement, 2006

部门 Sectors / 交易项目 Items	顺序号	住户 Households		非金融企业 Non－financial Corporations		广义政府 General Government		金融机构 Financial Institutions	
		运用 Uses	来源 Sources	运用 Uses	来源 Sources	运用 Uses	来源 Sources	运用 Uses	来源 Sources
净金融投资	1	27706		－9637		4687		－2454	
资金运用合计	2	34370		28092		8946		91050	
资金来源合计	3		6664		37729		4259		93505
通货	4	2524		274		60		0	3041
存款	5	21284		19312		8582		790	50017
活期存款	6	10298		12217		3641			26157
定期存款	7	10777		4222		1443			16442
财政存款	8					2992			2992
外汇存款	9	－360		345		304		790	1128
其他存款	10	568		2528		202			3298
证券公司客户保证金	11	3416							3416
贷款	12		6664		26403		106	32572	
短期贷款与票据融资	13		2344		10151		68	12563	
中长期贷款	14		4319		14656			18975	
外汇贷款	15				1251		38	689	
委托贷款	16								
其他贷款	17				345			345	
未贴现的银行承兑汇票	18								
保险准备金	19	4365		242			1478		3129
金融机构往来	20							－2300	－1768
存款准备金	21							11214	11423
债券	22	410			2266	－118	2675	20035	15387
政府债券	23	410				－118	2675	2383	
金融债券	24							5715	5715
中央银行债券	25					0		9672	9672
企业债券	26				2266			2266	
股票	27	672			2814			1790	3065
证券投资基金份额	28	1519		－132				－195	1191
库存现金	29							113	80
中央银行贷款	30							－1629	－1651
其他（净）	31	179		5117		422			5671
直接投资	32			1421	6226				
其他对外债权债务	33			1858	1047			8968	504
国际储备资产	34							19692	
国际收支误差与遗漏	35				－1027				

（金融交易账户）

（Financial Transactions Accounts）

单位：亿元人民币

Unit：100 Millon of RMB

国内合计 All Domestic Sectors		国外 The Rest of the World		总计 Total		No.	部门 Sectors / 交易项目 Items
运用 Uses	来源 Sources	运用 Uses	来源 Sources	运用 Uses	来源 Sources		
20300		-20300				1	Net financial investment
162457		12068		174525		2	Financial uses
	142157		32369		174525	3	Financial sources
2858	3041	182		3041	3041	4	Currency
49967	50017	839	790	50806	50806	5	Deposits
26157	26157			26157	26157	6	Demand deposits
16442	16442			16442	16442	7	Time deposits
2992	2992			2992	2992	8	Fiscal deposits
1078	1128	839	790	1917	1917	9	Foreign exchange deposits
3298	3298			3298	3298	10	Other deposits
3416	3416			3416	3416	11	Customer margin of securities companies
32572	33173	208	-393	32780	32780	12	Loans
12563	12563			12563	12563	13	Short-term loans & Bills financing
18975	18975			18975	18975	14	Medium-term and long-term loans
689	1290	208	-393	897	897	15	Foreign exchange loans
						16	Designated loans
345	345			345	345	17	Other loans
						18	Undiscounted bankers' acceptance bills
4607	4607			4607	4607	19	Insurance technical reserves
-2300	-1768	672		-1628	-1768	20	Inter-financial institutions accounts
11214	11423			11214	11423	21	Required and excessive reserves
20327	20327			20327	20327	22	Bonds
2675	2675			2675	2675	23	Government and public bonds
5715	5715			5715	5715	24	Financial bonds
9672	9672			9672	9672	25	Central bank bonds
2266	2266			2266	2266	26	Corporate bonds
2462	5879	3417		5879	5879	27	Shares
1191	1191			1191	1191	28	Securities investment funds shares
113	80		33	113	113	29	Cash in vault
-1629	-1651			-1629	-1651	30	Central bank loans
5718	5671			5718	5671	31	Miscellaneous (net)
1421	6226	6226	1421	7647	7647	32	Foreign direct investment
10825	1551	1551	10825	12377	12377	33	Other foreign assets and debts
19692			19692	19692	19692	34	International reserve assets
	-1027	-1027		-1027	-1027	35	Errors and omission in the BOP

表 2－1－16　　2007 年资金流量表

Table 2－1－16　　Flow of Funds Statement, 2007

部门 Sectors / 交易项目 Items	顺序号	住户 Households		非金融企业 Non－financial Corporations		广义政府 General Government		金融机构 Financial Institutions	
		运用 Uses	来源 Sources	运用 Uses	来源 Sources	运用 Uses	来源 Sources	运用 Uses	来源 Sources
净金融投资	1	23119		－13987		－6540		20980	
资金运用合计	2	35098		35342		14204		127793	
资金来源合计	3		11979		49329		20744		106813
通货	4	2741		297		67			3303
存款	5	10407		28556		12957		117	54243
活期存款	6	9343		18456		3870			31668
定期存款	7	1938		6268		2256			10462
财政存款	8					6437			6437
外汇存款	9	－1286		－56		69		117	1052
其他存款	10	412		3888		326			4625
证券公司客户保证金	11	8986							8986
贷款	12		11979		26471		1	39756	
短期贷款与票据融资	13		3439		7979		40	11458	
中长期贷款	14		8540		16546			25086	
外汇贷款	15				2460		－39	3727	
委托贷款	16								
其他贷款	17				－514			－514	
未贴现的银行承兑汇票	18								
保险准备金	19	6221		346			3451		3117
金融机构往来	20							－2183	－1260
存款准备金	21							20713	20713
债券	22	－236			2177	257	17292	31828	12380
政府债券	23	－236				255	17292	17273	
金融债券	24							7906	7906
中央银行债券	25					2		4472	4474
企业债券	26				2177			2177	
股票	27	2148			5583			4539	1990
证券投资基金份额	28	3438		408				1591	5437
库存现金	29							384	571
中央银行贷款	30							－8714	－8714
其他（净）	31	1393		3418		923			5869
直接投资	32			1305	11886				
其他对外债权债务	33			1011	2054			7143	177
国际储备资产	34							32618	
国际收支误差与遗漏	35				1159				

(金融交易账户)

(Financial Transactions Accounts)

单位：亿元人民币

Unit: 100 Millon of RMB

国内合计 All Domestic Sectors		国外 The Rest of the World		总计 Total		No.	部门 Sectors / 交易项目 Items
运用 Uses	来源 Sources	运用 Uses	来源 Sources	运用 Uses	来源 Sources		
23571		-23571		0		1	Net financial investment
212436		19957		232393		2	Financial uses
	188865		43528		232393	3	Financial sources
3105	3303	198		3303	3303	4	Currency
52037	54243	2375	168	54412	54412	5	Deposits
31668	31668			31668	31668	6	Demand deposits
10462	10462			10462	10462	7	Time deposits
6437	6437			6437	6437	8	Fiscal deposits
-1155	1052	2375	168	1220	1220	9	Foreign exchange deposits
4626	4625			4626	4626	10	Other deposits
8986	8986			8986	8986	11	Customer margin of securities companies
39756	38451	164	1470	39920	39920	12	Loans
11458	11458			11458	11458	13	Short - term loans & Bills financing
25086	25086			25086	25086	14	Medium - term and long - term loans
3727	2421	164	1470	3891	3891	15	Foreign exchange loans
						16	Designated loans
-514	-514			-514	-514	17	Other loans
						18	Undiscounted bankers' acceptance bills
6567	6568			6568	6568	19	Insurance technical reserves
-2183	-1260	1058		-1125	-1260	20	Inter - financial institutions accounts
20713	20713			20713	20713	21	Required and excessive reserves
31849	31849			31849	31849	22	Bonds
17292	17292			17292	17292	23	Government and public bonds
7906	7906			7906	7906	24	Financial bonds
4474	4474			4474	4474	25	Central bank bonds
2177	2177			2177	2177	26	Corporate bonds
6687	7573	886		7573	7573	27	Shares
5437	5437			5437	5437	28	Securities investment funds shares
384	571		-187	384	384	29	Cash in vault
-8714	-8714			-8714	-8714	30	Central bank loans
5734	5869			5734	5869	31	Miscellaneous (net)
1305	11886	11886	1305	13191	13191	32	Foreign direct investment
8154	2230	2230	8154	10385	10385	33	Other foreign assets and debts
32618			32618	32618	32618	34	International reserve assets
	1159	1159		1159	1159	35	Errors and omission in the BOP

表 2 -1 -17 2008 年资金流量表

Table 2 -1 -17 Flow of Funds Statement, 2008

部门 Sectors / 交易项目 Items	顺序号	住户 Households		非金融企业 Non - financial Corporations		广义政府 General Government		金融机构 Financial Institutions	
		运用 Uses	来源 Sources	运用 Uses	来源 Sources	运用 Uses	来源 Sources	运用 Uses	来源 Sources
净金融投资	1	55365		-34696		1173		3760	
资金运用合计	2	62380		36216		6302		143353	
资金来源合计	3		7016		70912		5128		139593
通货	4	3402		370		82		10	4112
存款	5	46778		27523		5911		1689	81891
活期存款	6	10757		5658		3312			19726
定期存款	7	34835		16479		2076			53390
财政存款	8					269			269
外汇存款	9	55		1486				-74	1271
其他存款	10	1131		3900		255		1763	7235
证券公司客户保证金	11	-2937		-1869		-23		-473	-5340
贷款	12		7016		51365		4	60715	0
短期贷款与票据融资	13		2910		18684			21594	
中长期贷款	14		4102		21693			25795	
外汇贷款	15		4		-561		2	1789	
委托贷款	16				4262			4262	
其他贷款	17				7287		2	7275	
未贴现的银行承兑汇票	18			1064	1064			1064	1064
保险准备金	19	8084		493			4097		4480
金融机构往来	20							-2879	-397
存款准备金	21							21100	21100
债券	22	-911		87	5523	298	1027	27314	20236
政府债券	23	-1220		5		298	1027	1945	
金融债券	24			72				8854	8926
中央银行债券	25							11311	11311
企业债券	26	309		10	5523			5205	
股票	27	2253		-29	3846			1205	134
证券投资基金份额	28	2936		8		44		332	3336
库存现金	29							41	50
中央银行贷款	30							-485	-485
其他（净）	31	2775		3907		-10		2899	9572
直接投资	32			4099	9759				
其他对外债权债务	33			563	1168			1700	-160
国际储备资产	34							29119	
国际收支误差与遗漏	35				-1814				

(金融交易账户)

(Financial Transactions Accounts)

单位：亿元人民币

Unit: 100 Millon of RMB

国内合计 All Domestic Sectors		国外 The Rest of the World		总计 Total		No.	部门 Sectors / 交易项目 Items
运用 Uses	来源 Sources	运用 Uses	来源 Sources	运用 Uses	来源 Sources		
25603		-25603		0		1	Net financial investment
248251		11455		259706		2	Financial uses
	222648		37057		259706	3	Financial sources
3865	4112	247		4112	4112	4	Currency
81902	81891	285	295	82187	82186	5	Deposits
19726	19726			19726	19726	6	Demand deposits
53390	53390			53390	53390	7	Time deposits
269	269			269	269	8	Fiscal deposits
1467	1271	100	295	1566	1566	9	Foreign exchange deposits
7050	7235	186		7235	7235	10	Other deposits
-5302	-5340	-38		-5340	-5340	11	Customer margin of securities companies
60715	58384	499	2829	61214	61213	12	Loans
21594	21594			21594	21594	13	Short - term loans & Bills financing
25795	25795			25795	25795	14	Medium - term and long - term loans
1789	-556	499	2843	2288	2288	15	Foreign exchange loans
4262	4262			4262	4262	16	Designated loans
7276	7289		-14	7276	7275	17	Other loans
2129	2129			2129	2129	18	Undiscounted bankers' acceptance bills
8577	8577			8577	8577	19	Insurance technical reserves
-2879	-397	970	-1511	-1908	-1908	20	Inter - financial institutions accounts
21100	21100			21100	21100	21	Required and excessive reserves
26787	26787			26787	26787	22	Bonds
1027	1027			1027	1027	23	Government and public bonds
8926	8926			8926	8926	24	Financial bonds
11311	11311			11311	11311	25	Central bank bonds
5523	5523			5523	5523	26	Corporate bonds
3429	3980	522	-29	3951	3951	27	Shares
3320	3336	16		3336	3336	28	Securities investment funds shares
41	50		-8	41	41	29	Cash in vault
-485	-485			-485	-485	30	Central bank loans
9572	9572			9572	9572	31	Miscellaneous (net)
4099	9759	9759	4099	13858	13858	32	Foreign direct investment
2263	1008	1008	2263	3271	3271	33	Other foreign assets and debts
29119			29119	29119	29119	34	International reserve assets
	-1814	-1814		-1814	-1814	35	Errors and omission in the BOP

表 2 –1 –18 2009 年资金流量表

Table 2 –1 –18 Flow of Funds Statement, 2009

部门 Sectors / 交易项目 Items	顺序号	住户 Households		非金融企业 Non – financial Corporations		广义政府 General Government		金融机构 Financial Institutions	
		运用 Uses	来源 Sources	运用 Uses	来源 Sources	运用 Uses	来源 Sources	运用 Uses	来源 Sources
净金融投资	1	39030		–24819		8278		–1925	
资金运用合计	2	64199		95416		19961		193203	
资金来源合计	3		25168		120235		11683		195128
通货	4	3323		364		81		34	4046
存款	5	43499		72362		20009		3529	139457
活期存款	6	21808		37202		11419			70428
定期存款	7	21087		28376		3806			53269
财政存款	8					4367			4367
外汇存款	9	366		996				–244	1103
其他存款	10	239		5789		417		3773	10289
证券公司客户保证金	11	2273		2545		31		1370	6272
贷款	12		25168		92373		549	121123	
短期贷款与票据融资	13		7391		18613			26004	
中长期贷款	14		17489		49882			67371	
外汇贷款	15		8		6194		52	9277	
委托贷款	16				6780			6780	
其他贷款	17		281		10904		497	11691	
未贴现的银行承兑汇票	18			4606	4606			4606	4606
保险准备金	19	8396		395			2927		5864
金融机构往来	20							1354	5328
存款准备金	21							11507	11507
债券	22	746		–184	12367	–141	8182	24165	4037
政府债券	23	746		–19		–141	8182	7596	
金融债券	24			–73				9904	9831
中央银行债券	25			–98				–5697	–5795
企业债券	26			5	12367			12362	
股票	27	3359		2310	5347	105		1579	1620
证券投资基金份额	28	–1018		–5		–1		–166	–1206
库存现金	29							400	416
中央银行贷款	30							–1589	–1589
其他（净）	31	3620		6286		–123		4208	13992
直接投资	32			2999	5341				
其他对外债权债务	33			3738	3175		26	–6134	781
国际储备资产	34							27216	
国际收支误差与遗漏	35				–2975				

(金融交易账户)

(Financial Transactions Accounts)

单位：亿元人民币

Unit：100 Millon of RMB

国内合计 All Domestic Sectors		国外 The Rest of the World		总计 Total		No.	部门 Sectors / 交易项目 Items
运用 Uses	来源 Sources	运用 Uses	来源 Sources	运用 Uses	来源 Sources		
20564		-20564		0		1	Net financial investment
372778		8332		381110		2	Financial uses
	352214		28896		381110	3	Financial sources
3803	4046	243		4046	4046	4	Currency
139399	139457	334	277	139734	139734	5	Deposits
70428	70428			70428	70428	6	Demand deposits
53269	53269			53269	53269	7	Time deposits
4367	4367			4367	4367	8	Fiscal deposits
1117	1103	263	277	1380	1380	9	Foreign exchange deposits
10218	10289	71		10289	10289	10	Other deposits
6220	6272	52		6272	6272	11	Customer margin of securities companies
121123	118091	-185	2847	120938	120938	12	Loans
26004	26004			26004	26004	13	Short-term loans & Bills financing
67371	67371			67371	67371	14	Medium-term and long-term loans
9277	6254	-185	2838	9092	9092	15	Foreign exchange loans
6780	6780			6780	6780	16	Designated loans
11691	11682		9	11691	11691	17	Other loans
9212	9212			9212	9212	18	Undiscounted bankers' acceptance bills
8791	8791			8791	8791	19	Insurance technical reserves
1354	5328	-367	-4341	987	987	20	Inter-financial institutions accounts
11507	11507			11507	11507	21	Required and excessive reserves
24586	24586	0		24586	24586	22	Bonds
8182	8182			8182	8182	23	Government and public bonds
9831	9831			9831	9831	24	Financial bonds
-5795	-5795			-5795	-5795	25	Central bank bonds
12367	12367	0		12367	12367	26	Corporate bonds
7353	6966	1924	2310	9276	9276	27	Shares
-1189	-1206	-17		-1206	-1206	28	Securities investment funds shares
400	416		-16	400	400	29	Cash in vault
-1589	-1589			-1589	-1589	30	Central bank loans
13991	13991			13991	13991	31	Miscellaneous (net)
2999	5341	5341	2999	8340	8340	32	Foreign direct investment
-2396	3982	3982	-2396	1586	1586	33	Other foreign assets and debts
27216			27216	27216	27216	34	International reserve assets
	-2975	-2975		-2975	-2975	35	Errors and omission in the BOP

表 2－1－19 2010 年资金流量表

Table 2－1－19 Flow of Funds Statement, 2010

部门 Sectors / 交易项目 Items	顺序号	住户 Households		非金融企业 Non－financial Corporations		广义政府 General Government		金融机构 Financial Institutions	
		运用 Uses	来源 Sources	运用 Uses	来源 Sources	运用 Uses	来源 Sources	运用 Uses	来源 Sources
净金融投资	1	37635		-8985		6074		-13738	
资金运用合计	2	67402		107918		19747		224693	
资金来源合计	3		29767		116904		13673		238431
通货	4	5441		586		130		-40	6507
存款	5	44492		66343		19487		3462	130662
活期存款	6	24610		28771		10690			64071
定期存款	7	19128		24276		5460			48864
财政存款	8					3045			3045
外汇存款	9	45		5783				-992	1356
其他存款	10	709		7513		292		4454	13327
证券公司客户保证金	11	-737		-1398		-11		-207	-2373
贷款	12		29767		66175	0	103	97227	
短期贷款与票据融资	13		9342		6227			15569	
中长期贷款	14		19643		42157			61800	
外汇贷款	15		13		3787	0	29	5009	
委托贷款	16				8748			8748	
其他贷款	17		769		5256		74	6100	
未贴现的银行承兑汇票	18			23346	23346			23346	23346
保险准备金	19	5638		667			3835		2470
金融机构往来	20							2319	10065
存款准备金	21							33261	33261
债券	22	112		169	11063	144	9735	27794	7420
政府债券	23	112		2		144	9735	9477	
金融债券	24			47				8791	8837
中央银行债券	25			-8				-1410	-1417
企业债券	26			128	11063			10935	
股票	27	5158		571	4193	41		3672	6800
证券投资基金份额	28	-90		-111		-53		-50	-308
库存现金	29							751	714
中央银行贷款	30							469	469
其他（净）	31	7387		9227		9		2771	19395
直接投资	32			4072	12529				
其他对外债权债务	33			4447	3637			-2013	2
国际储备资产	34							31934	
国际收支误差与遗漏	35				-4040				

（金融交易账户）

（Financial Transactions Accounts）

单位：亿元人民币

Unit：100 Millon of RMB

国内合计 All Domestic Sectors		国外 The Rest of the World		总计 Total		No.	部门 Sectors / 交易项目 Items
运用 Uses	来源 Sources	运用 Uses	来源 Sources	运用 Uses	来源 Sources		
20986		-20986		0		1	Net financial investment
419761		23408		443169		2	Financial uses
	398774		44394		443169	3	Financial sources
6117	6507	390		6507	6507	4	Currency
133783	130662	638	3759	134421	134421	5	Deposits
64071	64071			64071	64071	6	Demand deposits
48864	48864			48864	48864	7	Time deposits
3045	3045			3045	3045	8	Fiscal deposits
4835	1356	280	3759	5115	5115	9	Foreign exchange deposits
12968	13327	358		13327	13327	10	Other deposits
-2354	-2373	-19		-2373	-2373	11	Customer margin of securities companies
97226	96045	633	1814	97859	97859	12	Loans
15569	15569			15569	15569	13	Short - term loans & Bills financing
61800	61800			61800	61800	14	Medium - term and long - term loans
5009	3830	633	1812	5642	5642	15	Foreign exchange loans
8748	8748			8748	8748	16	Designated loans
6100	6099		2	6100	6100	17	Other loans
46692	46692			46692	46692	18	Undiscounted bankers' acceptance bills
6305	6305			6305	6305	19	Insurance technical reserves
2319	10065	7520	-226	9839	9839	20	Inter - financial institutions accounts
33261	33261			33261	33261	21	Required and excessive reserves
28218	28218			28218	28218	22	Bonds
9735	9735			9735	9735	23	Government and public bonds
8837	8837			8837	8837	24	Financial bonds
-1417	-1417			-1417	-1417	25	Central bank bonds
11063	11063	0		11063	11063	26	Corporate bonds
9441	10993	2123	571	11564	11564	27	Shares
-304	-308	-4		-308	-308	28	Securities investment funds shares
751	714		37	751	751	29	Cash in vault
469	469			469	469	30	Central bank loans
19395	19395	0		19395	19395	31	Miscellaneous (net)
4072	12529	12529	4072	16601	16601	32	Foreign direct investment
2434	3639	3639	2434	6073	6073	33	Other foreign assets and debts
31934			31934	31934	31934	34	International reserve assets
	-4040	-4040		-4040	-4040	35	Errors and omission in the BOP

表 2－1－20 2011 年资金流量表

Table 2－1－20 Flow of Funds Statement, 2011

部门 Sectors / 交易项目 Items	顺序号	住户 Households		非金融企业 Non－financial Corporations		广义政府 General Government		金融机构 Financial Institutions	
		运用 Uses	来源 Sources	运用 Uses	来源 Sources	运用 Uses	来源 Sources	运用 Uses	来源 Sources
净金融投资	1	53443		－47686		7353		124	
资金运用合计	2	78735		66790		20363		194721	
资金来源合计	3		25292		114477		13010		194596
通货	4	4961		555		123		153	6162
存款	5	47690		41373		19763		5396	113415
活期存款	6	15712		5431		7485			28628
定期存款	7	31440		20200		10668			62307
财政存款	8					－300			－300
外汇存款	9	333		4989		134		111	3126
其他存款	10	206		10753		1776		5285	19655
证券公司客户保证金	11	－1840		－4020		－35		－571	－6511
贷款	12		25292		70378		－79	95764	
短期贷款与票据融资	13		10620		27934			38554	
中长期贷款	14		14646		20993			35640	
外汇贷款	15		20		5396		－3	5586	
委托贷款	16				14154			14154	
其他贷款	17		6		1901		－77	1830	
未贴现的银行承兑汇票	18			10271	10271			10271	10271
保险准备金	19	11012		931			6702		5242
金融机构往来	20							2308	4188
存款准备金	21							36154	36154
债券	22	－794		－86	13659		6142	17075	－3605
政府债券	23	－794		－8			6142	6944	
金融债券	24			－13				16226	16213
中央银行债券	25			－22				－19797	－19818
企业债券	26			－44	13659			13702	
股票	27	3278		－71	5738	112		1683	－322
证券投资基金份额	28	606		860		416		376	2282
库存现金	29							1072	1042
中央银行贷款	30							－727	－727
其他（净）	31	13823		8808		－16		4139	26753
直接投资	32			3211	14224				
其他对外债权债务	33			4958	2466		246	－3428	252
国际储备资产	34							25057	
国际收支误差与遗漏	35				－2259				

(金融交易账户)

(Financial Transactions Accounts)

单位：亿元人民币

Unit: 100 Millon of RMB

国内合计 All Domestic Sectors		国外 The Rest of the World		总计 Total		No.	部门 Sectors / 交易项目 Items
运用 Uses	来源 Sources	运用 Uses	来源 Sources	运用 Uses	来源 Sources		
13234		-13234		0		1	Net financial investment
360609		25258		385868		2	Financial uses
	347376		38492		385868	3	Financial sources
5792	6162	370		6162	6162	4	Currency
114222	113415	2219	3026	116442	116442	5	Deposits
28628	28628			28628	28628	6	Demand deposits
62307	62307			62307	62307	7	Time deposits
-300	-300			-300	-300	8	Fiscal deposits
5568	3126	584	3026	6152	6152	9	Foreign exchange deposits
18021	19655	1635		19655	19655	10	Other deposits
-6466	-6511	-45		-6511	-6511	11	Customer margin of securities companies
95764	95591	1245	1417	97009	97009	12	Loans
38554	38554			38554	38554	13	Short - term loans & Bills financing
35640	35640			35640	35640	14	Medium - term and long - term loans
5586	5413	1245	1417	6831	6831	15	Foreign exchange loans
14154	14154			14154	14154	16	Designated loans
1830	1830			1830	1830	17	Other loans
20542	20542			20542	20542	18	Undiscounted bankers' acceptance bills
11943	11943			11943	11943	19	Insurance technical reserves
2308	4188	6172	4291	8480	8480	20	Inter - financial institutions accounts
36154	36154			36154	36154	21	Required and excessive reserves
16195	16195			16195	16195	22	Bonds
6142	6142			6142	6142	23	Government and public bonds
16213	16213			16213	16213	24	Financial bonds
-19818	-19818			-19818	-19818	25	Central bank bonds
13658	13659			13658	13659	26	Corporate bonds
5002	5416	343	-71	5345	5345	27	Shares
2258	2282	24		2282	2282	28	Securities investment funds shares
1072	1042		30	1072	1072	29	Cash in vault
-727	-727			-727	-727	30	Central bank loans
26753	26753	0		26753	26753	31	Miscellaneous (net)
3211	14224	14224	3211	17435	17435	32	Foreign direct investment
1530	2965	2965	1530	4495	4495	33	Other foreign assets and debts
25057			25057	25057	25057	34	International reserve assets
	-2259	-2259		-2259	-2259	35	Errors and omission in the BOP

表 2－1－21　　2012 年资金流量表

Table 2－1－21　　Flow of Funds Statement, 2012

部门 Sectors / 交易项目 Items	顺序号	住户 Households		非金融企业 Non－financial Corporations		广义政府 General Government		金融机构 Financial Institutions	
		运用 Uses	来源 Sources	运用 Uses	来源 Sources	运用 Uses	来源 Sources	运用 Uses	来源 Sources
净金融投资	1	69335		－44272		5899		－18554	
资金运用合计	2	97059		94843		22344		227219	
资金来源合计	3		27724		139116		16445		245774
通货	4	3245		321		78		31	3910
存款	5	58929		46968		20569		5290	129748
活期存款	6	19789		6008		7684			33482
定期存款	7	38830		21425		11243			71498
财政存款	8					－1782			－1782
外汇存款	9	109		9811		131		295	8259
其他存款	10	200		9723		3293		4995	18291
证券公司客户保证金	11	－408		－4		－19		－232	－685
贷款	12		27724		91609		－18	122250	
短期贷款与票据融资	13		13066		39038			52104	
中长期贷款	14		13365		15376			28742	
外汇贷款	15		21		6427		－25	9122	
委托贷款	16				13208			13208	
其他贷款	17		1271		17559		8	19073	
未贴现的银行承兑汇票	18			10499	10499			10499	10499
保险准备金	19	13628		646			7406		6868
金融机构往来	20							9329	－60
存款准备金	21							23150	23150
债券	22	2629		1078	22532	420	8783	36951	9764
政府债券	23	2594		－31		－133	8783	6353	
金融债券	24			－16		20		17610	17614
中央银行债券	25			－55		－52		－7743	－7850
企业债券	26	35		1181	22532	585		20730	
股票	27	1864		－128	2129	85		1062	2861
证券投资基金份额	28	3097		29		142		1764	5198
库存现金	29							971	928
中央银行贷款	30							476	476
其他（净）	31	14076		27388		1068		9208	51780
直接投资	32			3919	15932				
其他对外债权债务	33			4126	1429	0	273	403	1338
国际储备资产	34							6069	
国际收支误差与遗漏	35				－5014				

(金融交易账户)

(Financial Transactions Accounts)

单位：亿元人民币

Unit：100 Millon of RMB

国内合计 All Domestic Sectors		国外 The Rest of the World		总计 Total		No.	部门 Sectors / 交易项目 Items
运用 Uses	来源 Sources	运用 Uses	来源 Sources	运用 Uses	来源 Sources		
12408		-12408		0		1	Net financial investment
441466		12539		454005		2	Financial uses
	429058		24947		454005	3	Financial sources
3675	3910	235		3910	3910	4	Currency
131756	129748	519	2527	132275	132275	5	Deposits
33482	33482			33482	33482	6	Demand deposits
71498	71498			71498	71498	7	Time deposits
-1782	-1782			-1782	-1782	8	Fiscal deposits
10346	8259	439	2527	10785	10785	9	Foreign exchange deposits
18211	18291	80		18291	18291	10	Other deposits
-663	-685	-22		-685	-685	11	Customer margin of securities companies
122250	119315	-310	2624	121940	121940	12	Loans
52104	52104			52104	52104	13	Short-term loans & Bills financing
28742	28742			28742	28742	14	Medium-term and long-term loans
9122	6423	-310	2389	8812	8812	15	Foreign exchange loans
13208	13208			13208	13208	16	Designated loans
19073	18838		235	19073	19073	17	Other loans
20998	20998			20998	20998	18	Undiscounted bankers' acceptance bills
14274	14274			14274	14274	19	Insurance technical reserves
9329	-60	-4025	5363	5304	5304	20	Inter-financial institutions accounts
23150	23150			23150	23150	21	Required and excessive reserves
41078	41079			41078	41079	22	Bonds
8783	8783			8783	8783	23	Government and public bonds
17614	17614			17614	17614	24	Financial bonds
-7850	-7850			-7850	-7850	25	Central bank bonds
22531	22532			22531	22532	26	Corporate bonds
2883	4989	1979	-128	4862	4862	27	Shares
5033	5198	165		5198	5198	28	Securities investment funds shares
971	928		43	971	971	29	Cash in vault
476	476			476	476	30	Central bank loans
51740	51780	39		51780	51780	31	Miscellaneous (net)
3919	15932	15932	3919	19851	19851	32	Foreign direct investment
4529	3040	3040	4529	7569	7569	33	Other foreign assets and debts
6069			6069	6069	6069	34	International reserve assets
	-5014	-5014		-5014	-5014	35	Errors and omission in the BOP

表 2 –1 –22　　2013 年资金流量表

Table 2 –1 –22　　Flow of Funds Statement, 2013

交易项目 Items \ 部门 Sectors	顺序号	住户 Households		非金融企业 Non – financial Corporations		广义政府 General Government		金融机构 Financial Institutions	
		运用 Uses	来源 Sources	运用 Uses	来源 Sources	运用 Uses	来源 Sources	运用 Uses	来源 Sources
净金融投资	1	48913		-37421		15809		-15838	
资金运用合计	2	90763		110701		36402		250782	
资金来源合计	3		41850		148122		20593		266620
通货	4	3250		321		78		31	3915
存款	5	55888		59271		36597		3932	153562
活期存款	6	19804		6879		8769			35452
定期存款	7	35621		28110		17508			81239
财政存款	8					5766			5766
外汇存款	9	173		4514		64		-168	1751
其他存款	10	289		19769		4489		4100	29355
证券公司客户保证金	11	-85		-88		-58		-75	-310
贷款	12		41850		103757		29	148049	
短期贷款与票据融资	13		17828		26445			44273	
中长期贷款	14		22482		23378			45860	
外汇贷款	15		15		3450		-48	5764	
委托贷款	16				26164			26164	
其他贷款	17		1526		24320		77	25987	
未贴现的银行承兑汇票	18			7756	7756			7756	7756
保险准备金	19	13160		841			7336		6665
金融机构往来	20							5763	18275
存款准备金	21							14302	14302
债券	22	4117		4559	18111	-1088	12949	27027	3555
政府债券	23	3737		410		-486	12949	9288	
金融债券	24			2325		-758		9906	11473
中央银行债券	25			-12		-8		-7898	-7918
企业债券	26	381		1835	18111	164		15732	
股票	27	764		949	4229	525		674	584
证券投资基金份额	28	369		382		253		325	1352
库存现金	29							442	420
中央银行贷款	30							413	413
其他（净）	31	13300		28318		95		12882	54655
直接投资	32			4517	15926				
其他对外债权债务	33			3875	3132	0	279	2656	1476
国际储备资产	34							26606	
国际收支误差与遗漏	35				-4788				

（金融交易账户）

（Financial Transactions Accounts）

单位：亿元人民币

Unit：100 Millon of RMB

国内合计 All Domestic Sectors		国外 The Rest of the World		总计 Total		No.	部门 Sectors / 交易项目 Items
运用 Uses	来源 Sources	运用 Uses	来源 Sources	运用 Uses	来源 Sources		
11463		-11463		0		1	Net financial investment
488649		28411		517060		2	Financial uses
	477185		39874		517060	3	Financial sources
3680	3915	235		3915	3915	4	Currency
155687	153562	1154	3279	156841	156841	5	Deposits
35452	35452			35452	35452	6	Demand deposits
81239	81239			81239	81239	7	Time deposits
5766	5766			5766	5766	8	Fiscal deposits
4583	1751	446	3279	5029	5029	9	Foreign exchange deposits
28647	29355	708		29355	29355	10	Other deposits
-305	-310	-5		-310	-310	11	Customer margin of securities companies
148049	145637	259	2671	148308	148308	12	Loans
44273	44273			44273	44273	13	Short-term loans & Bills financing
45860	45860			45860	45860	14	Medium-term and long-term loans
5764	3416	259	2607	6023	6023	15	Foreign exchange loans
26164	26164			26164	26164	16	Designated loans
25987	25923		64	25987	25987	17	Other loans
15511	15511			15511	15511	18	Undiscounted bankers' acceptance bills
14001	14001			14001	14001	19	Insurance technical reserves
5763	18275	8603	-3908	14367	14367	20	Inter-financial institutions accounts
14302	14302			14302	14302	21	Required and excessive reserves
34615	34615			34615	34615	22	Bonds
12949	12949			12949	12949	23	Government and public bonds
11473	11473			11473	11473	24	Financial bonds
-7918	-7918			-7918	-7918	25	Central bank bonds
18111	18111			18111	18111	26	Corporate bonds
2912	4813	2058	156	4969	4969	27	Shares
1329	1352	23		1352	1352	28	Securities investment funds shares
442	420		22	442	442	29	Cash in vault
413	413			413	413	30	Central bank loans
54595	54655	60		54655	54655	31	Miscellaneous (net)
4517	15926	15926	4517	20443	20443	32	Foreign direct investment
6531	4886	4886	6531	11417	11417	33	Other foreign assets and debts
26606			26606	26606	26606	34	International reserve assets
	-4788	-4788		-4788	-4788	35	Errors and omission in the BOP

表 2 –1 –23 2014 年资金流量表

Table 2 –1 –23 Flow of Funds Statement, 2014

部门 Sectors / 交易项目 Items	顺序号	住户 Households		非金融企业 Non – financial Corporations		广义政府 General Government		金融机构 Financial Institutions	
		运用 Uses	来源 Sources	运用 Uses	来源 Sources	运用 Uses	来源 Sources	运用 Uses	来源 Sources
净金融投资	1	50752		–58334		17302		3734	
资金运用合计	2	89001		77802		36804		334396	
资金来源合计	3		38249		136136		19502		330663
通货	4	1130		152		34		271	1688
存款	5	44788		42979		29002		40826	154756
活期存款	6	4952		–255		6816			11512
定期存款	7	39369		19994		13507			72870
财政存款	8					5531			5531
外汇存款	9	309		8881		17		1114	6541
其他存款	10	159		14359		3131		39711	58302
证券公司客户保证金	11	2045		3267		1603		1115	8169
贷款	12		38249		97072		–43	142201	5866
短期贷款与票据融资	13		14976		23538			38514	
中长期贷款	14		22336		38308			60644	
外汇贷款	15		2		4063		–43	5006	79
委托贷款	16				25070			25070	
其他贷款	17		935		6093			12968	5788
未贴现的银行承兑汇票	18			–1198	–1198			–1198	–1198
保险准备金	19	13262		986			6760		7488
金融机构往来	20							–1334	–8564
存款准备金	21							21116	20838
债券	22	1224		–2966	24329	3002	11804	52803	17931
政府债券	23	509		–431		–6	11804	11732	
金融债券	24			–2490		2627		19034	19171
中央银行债券	25							–1240	–1240
企业债券	26	715		–45	24329	381		23278	
股票	27	1212		1946	7011	950		736	996
证券投资基金份额	28	3837		6129		3007		2093	15328
库存现金	29							742	482
中央银行贷款	30							15654	15654
其他（净）	31	21503		16840		–793		51840	89427
直接投资	32			4903	17626				
其他对外债权债务	33			4765	–160		981	350	1802
国际储备资产	34							7181	
国际收支误差与遗漏	35				–8544				

(金融交易账户)

(Financial Transactions Accounts)

单位：亿元人民币

Unit：100 Millon of RMB

国内合计 All Domestic Sectors		国外 The Rest of the World		总计 Total		No.	部门 Sectors / 交易项目 Items
运用 Uses	来源 Sources	运用 Uses	来源 Sources	运用 Uses	来源 Sources		
13455		-13455		0		1	Net financial investment
538004		17761		555766		2	Financial uses
	524550		31216		555766	3	Financial sources
1587	1688	101		1688	1688	4	Currency
157594	154756	2494	5334	160089	160089	5	Deposits
11512	11512			11512	11512	6	Demand deposits
72870	72870			72870	72870	7	Time deposits
5531	5531			5531	5531	8	Fiscal deposits
10321	6541	1554	5334	11875	11875	9	Foreign exchange deposits
57361	58302	941		58302	58302	10	Other deposits
8029	8169	140		8169	8169	11	Customer margin of securities companies
142201	141144	2777	3834	144978	144978	12	Loans
38514	38514			38514	38514	13	Short-term loans & Bills financing
60644	60644			60644	60644	14	Medium-term and long-term loans
5006	4101	2777	3682	7783	7783	15	Foreign exchange loans
25070	25070			25070	25070	16	Designated loans
12968	12816		152	12968	12968	17	Other loans
-2396	-2396			-2396	-2396	18	Undiscounted bankers' acceptance bills
14248	14248			14248	14248	19	Insurance technical reserves
-1334	-8564	-2725	4505	-4059	-4059	20	Inter-financial institutions accounts
21116	20838	-279		20838	20838	21	Required and excessive reserves
54064	54064			54064	54064	22	Bonds
11804	11804			11804	11804	23	Government and public bonds
19171	19171			19171	19171	24	Financial bonds
-1240	-1240			-1240	-1240	25	Central bank bonds
24329	24329			24329	24329	26	Corporate bonds
4844	8007	3248	85	8093	8093	27	Shares
15066	15328	262		15328	15328	28	Securities investment funds shares
742	482		260	742	742	29	Cash in vault
15654	15654			15654	15654	30	Central bank loans
89390	89427	37		89427	89427	31	Miscellaneous (net)
4903	17626	17626	4903	22529	22529	32	Foreign direct investment
5115	2623	2623	5115	7738	7738	33	Other foreign assets and debts
7181			7181	7181	7181	34	International reserve assets
	-8544	-8544		-8544	-8544	35	Errors and omission in the BOP

表 2－1－24 2015 年资金流量表

Table 2－1－24 Flow of Funds Statement, 2015

部门 Sectors / 交易项目 Items	顺序号	住户 Households		非金融企业 Non－financial Corporations		广义政府 General Government		金融机构 Financial Institutions	
		运用 Uses	来源 Sources	运用 Uses	来源 Sources	运用 Uses	来源 Sources	运用 Uses	来源 Sources
净金融投资	1	81185		－10807		11508		－61245	
资金运用合计	2	122682		130106		65901		290968	
资金来源合计	3		41497		140913		54393		352213
通货	4	2101		266		59		353	2957
存款	5	46818		67002		23972		30346	155584
活期存款	6	20768		31202		11522			63491
定期存款	7	24932		21601		7102			53635
财政存款	8					－914			－914
外汇存款	9	1148		7049		107		－2086	1045
其他存款	10	－30		7149		6155		32433	38327
证券公司客户保证金	11	4232		3715		1837		1313	11201
贷款	12		41497		82867			144190	15781
短期贷款与票据融资	13		11074		35650			46723	
中长期贷款	14		30523		35406			65929	
外汇贷款	15		－7		－7182			－3130	14
委托贷款	16				15913			15913	
其他贷款	17		－92		3080			18754	15766
未贴现的银行承兑汇票	18			－10569	－10569			－10569	－10569
保险准备金	19	14446		970			7025		8391
金融机构往来	20							－8167	－18134
存款准备金	21							－17471	－17513
债券	22	4938		3529	29340	2695	47252	107795	42416
政府债券	23	2112		25		－6	47252	45121	
金融债券	24			381		331		41654	42366
中央银行债券	25								50
企业债券	26	2826		3124	29340	2370		21020	
股票	27	3218		3662	7757	1397		2637	1695
证券投资基金份额	28	8927		7837		3876		2770	23630
库存现金	29							－208	－222
中央银行贷款	30							－1038	－1038
其他（净）	31	38001		38273	32000	32064		62433	138772
直接投资	32			11298	15169				
其他对外债权债务	33			4123	－3910		116	－2026	－738
国际储备资产	34							－21390	
国际收支误差与遗漏	35				－11742				

（金融交易账户）

（Financial Transactions Accounts）

单位：亿元人民币

Unit：100 Millon of RMB

国内合计 All Domestic Sectors		国外 The Rest of the World		总计 Total		No.	部门 Sectors / 交易项目 Items
运用 Uses	来源 Sources	运用 Uses	来源 Sources	运用 Uses	来源 Sources		
20641		-20641		0		1	Net financial investment
609657		-17996		591661		2	Financial uses
	589017		2645		591661	3	Financial sources
2780	2957	177		2957	2957	4	Currency
168138	155584	-7056	5498	161083	161083	5	Deposits
63491	63491			63491	63491	6	Demand deposits
53635	53635			53635	53635	7	Time deposits
-914	-914			-914	-914	8	Fiscal deposits
6218	1045	325	5498	6543	6543	9	Foreign exchange deposits
45708	38327	-7381		38327	38327	10	Other deposits
11096	11201	104		11201	11201	11	Customer margin of securities companies
144190	140145	-897	3147	143292	143292	12	Loans
46723	46723			46723	46723	13	Short - term loans & Bills financing
65929	65929			65929	65929	14	Medium - term and long - term loans
-3130	-7174	-897	3147	-4027	-4027	15	Foreign exchange loans
15913	15913			15913	15913	16	Designated loans
18754	18754			18754	18754	17	Other loans
-21137	-21137			-21137	-21137	18	Undiscounted bankers' acceptance bills
15416	15416			15416	15416	19	Insurance technical reserves
-8167	-18134	-10461	-494	-18628	-18628	20	Inter - financial institutions accounts
-17471	-17513	-42		-17513	-17513	21	Required and excessive reserves
118958	119008	50		119008	119008	22	Bonds
47252	47252			47252	47252	23	Government and public bonds
42366	42366			42366	42366	24	Financial bonds
	50	50		50	50	25	Central bank bonds
29340	29340			29340	29340	26	Corporate bonds
10914	9452	1013	2475	11927	11927	27	Shares
23410	23630	220		23630	23630	28	Securities investment funds shares
-208	-222		14	-208	-208	29	Cash in vault
-1038	-1038			-1038	-1038	30	Central bank loans
170772	170772			170772	170772	31	Miscellaneous (net)
11298	15169	15169	11298	26467	26467	32	Foreign direct investment
2097	-4532	-4532	2097	-2435	-2435	33	Other foreign assets and debts
-21390			-21390	-21390	-21390	34	International reserve assets
	-11742	-11742		-11742	-11742	35	Errors and omission in the BOP

表 2-1-25 2016 年资金流量表

Table 2-1-25 Flow of Funds Statement, 2016

部门 Sectors / 交易项目 Items	顺序号	住户 Households		非金融企业 Non-financial Corporations		广义政府 General Government		金融机构 Financial Institutions	
		运用 Uses	来源 Sources	运用 Uses	来源 Sources	运用 Uses	来源 Sources	运用 Uses	来源 Sources
净金融投资	1	47870		-16007		-8084		-10759	
资金运用合计	2	118698		124237		36041		450762	
资金来源合计	3		70828		140243		44125		461521
通货	4	4517		458		102			5087
存款	5	59334		83242		31936		1728	172182
活期存款	6	28884		41300		16324			86508
定期存款	7	21595		31191		11978			64764
财政存款	8					805			805
外汇存款	9	2413		5079		-73		-287	5615
其他存款	10	6441		5671		2903		2016	14490
证券公司客户保证金	11	-2106		-1609		-1050		-1381	-6227
贷款	12		70791		110003		-34903	158129	6585
短期贷款与票据融资	13		7043		30365			37407	
中长期贷款	14		56813		57673			114485	
外汇贷款	15		8		-7566		-1080	-2957	9
委托贷款	16		6555		18553		-3843	21339	91
其他贷款	17		372		10979		-29981	-12146	6485
未贴现的银行承兑汇票	18			-19531	-19531			-19531	-19531
保险准备金	19	16998		939			7906		10030
金融机构往来	20							12245	9692
存款准备金	21							26778	26572
债券	22	241		1031	36337	226	71207	157364	48951
政府债券	23	245		-7		-30	71207	70173	
金融债券	24	-44		-26		-1		54710	53173
中央银行债券	25							-3834	-4222
企业债券	26	41		1064	36337	257		36315	
股票	27	4501		5330	13414	2244		3620	1153
证券投资基金份额	28	3975		3037		1982		2606	11754
库存现金	29							-74	-89
中央银行贷款	30							38686	38686
其他（净）	31	31238	37	29705	1835	601	-620	95430	155722
直接投资	32			14427	11329				
其他对外债权债务	33			7207	1649		534	4632	953
国际储备资产	34							-29469	0
国际收支误差与遗漏	35				-14793				

（金融交易账户）

（Financial Transactions Accounts）

单位：亿元人民币

Unit：100 Millon of RMB

国内合计 All Domestic Sectors		国外 The Rest of the World		总计 Total		No.	部门 Sectors / 交易项目 Items
运用 Uses	来源 Sources	运用 Uses	来源 Sources	运用 Uses	来源 Sources		
13021		-13021		0		1	Net financial investment
729738		1421		731160		2	Financial uses
	716717		14442		731160	3	Financial sources
5076	5087	11		5087	5087	4	Currency
176240	172182	-936	3122	175304	175304	5	Deposits
86508	86508			86508	86508	6	Demand deposits
64764	64764			64764	64764	7	Time deposits
805	805			805	805	8	Fiscal deposits
7132	5615	1605	3122	8738	8738	9	Foreign exchange deposits
17031	14490	-2541		14490	14490	10	Other deposits
-6145	-6227	-82		-6227	-6227	11	Customer margin of securities companies
158129	152476	-2955	2697	155173	155173	12	Loans
37407	37407			37407	37407	13	Short - term loans & Bills financing
114485	114485			114485	114485	14	Medium - term and long - term loans
-2957	-8628	-2955	2715	-5913	-5913	15	Foreign exchange loans
21339	21357		-18	21339	21339	16	Designated loans
-12146	-12146			-12146	-12146	17	Other loans
-39062	-39062			-39062	-39062	18	Undiscounted bankers' acceptance bills
17936	17936			17936	17936	19	Insurance technical reserves
12245	9692	3133	5686	15378	15378	20	Inter - financial institutions accounts
26778	26572	-206		26572	26572	21	Required and excessive reserves
158863	156495	1198	3566	160061	160061	22	Bonds
70381	71207	1801	975	72183	72183	23	Government and public bonds
54639	53173	130	1596	54769	54769	24	Financial bonds
-3834	-4222	-367	21	-4201	-4201	25	Central bank bonds
37677	36337	-367	974	37310	37310	26	Corporate bonds
15695	14567	1433	2560	17127	17127	27	Shares
11600	11754	154		11754	11754	28	Securities investment funds shares
-74	-89		15	-74	-74	29	Cash in vault
38686	38686			38686	38686	30	Central bank loans
156975	156975			156975	156975	31	Miscellaneous (net)
14427	11329	11329	14427	25756	25756	32	Foreign direct investment
11839	3136	3136	11839	14975	14975	33	Other foreign assets and debts
-29469	0	0	-29469	-29469	-29469	34	International reserve assets
	-14793	-14793		-14793	-14793	35	Errors and omission in the BOP

表 2－1－26　　2017 年资金流量表

Table 2－1－26　　Flow of Funds Statement, 2017

部门 Sectors / 交易项目 Items	顺序号	住户 Households		非金融企业 Non－financial Corporations		广义政府 General Government		金融机构 Financial Institutions	
		运用 Uses	来源 Sources	运用 Uses	来源 Sources	运用 Uses	来源 Sources	运用 Uses	来源 Sources
净金融投资	1	61033		－46325		－3040		－675	
资金运用合计	2	140521		82421		39719		356010	
资金来源合计	3		79488		128746		42759		356685
通货	4	2086		211		47			2342
存款	5	49603		50647		36038		3976	142153
活期存款	6	16746		22731		14509			53987
定期存款	7	29513		18173		13726			61411
财政存款	8					5684			5684
外汇存款	9	－48		5597		68		－461	5260
其他存款	10	3392		4145		2052		4436	15811
证券公司客户保证金	11	－1469		－2014		－228		－732	－4598
贷款	12		77863		113137		－21150	178203	5256
短期贷款与票据融资	13		19180		9010			28189	
中长期贷款	14		53017		73489			126506	
外汇贷款	15		－3		－320		629	3522	120
委托贷款	16		3464		7299		－3561	7348	144
其他贷款	17		2206		23660		－18219	12638	4991
未贴现的银行承兑汇票	18			5381	5381			5381	5381
保险准备金	19	19914		1151			8256		12810
金融机构往来	20							24886	27545
存款准备金	21							10466	10528
债券	22	1338		3786	2607	1380	55807	91832	41412
政府债券	23	537		－2		－128	55807	53847	
金融债券	24	202		970		671		38899	41412
中央银行债券	25							9	
企业债券	26	599		2817	2607	837		－923	
股票	27	3193		6936	9885	495		1578	2065
证券投资基金份额	28	6949		9527		1078		3465	21754
库存现金	29							－148	－153
中央银行贷款	30							24731	24731
其他（净）	31	58907	1625	－1394	818	909	－350	7736	64065
直接投资	32			6881	11358				
其他对外债权债务	33			1310	542		197	－1541	1394
国际储备资产	34							6179	
国际收支误差与遗漏	35				－14982				

（金融交易账户）

(Financial Transactions Accounts)

单位：亿元人民币

Unit: 100 Millon of RMB

国内合计 All Domestic Sectors		国外 The Rest of the World		总计 Total		No.	部门 Sectors / 交易项目 Items
运用 Uses	来源 Sources	运用 Uses	来源 Sources	运用 Uses	来源 Sources		
10992		-10992		0		1	Net financial investment
618671		14544		633215		2	Financial uses
	607679		25536		633215	3	Financial sources
2344	2342	-2		2342	2342	4	Currency
140263	142153	5226	3336	145489	145489	5	Deposits
53987	53987			53987	53987	6	Demand deposits
61411	61411			61411	61411	7	Time deposits
5684	5684			5684	5684	8	Fiscal deposits
5157	5260	3439	3336	8596	8596	9	Foreign exchange deposits
14025	15811	1786		15811	15811	10	Other deposits
-4443	-4598	-156		-4598	-4598	11	Customer margin of securities companies
178203	175105	394	3492	178597	178597	12	Loans
28189	28189			28189	28189	13	Short - term loans & Bills financing
126506	126506			126506	126506	14	Medium - term and long - term loans
3522	426	394	3490	3916	3916	15	Foreign exchange loans
7348	7346		2	7348	7348	16	Designated loans
12638	12638			12638	12638	17	Other loans
10762	10762			10762	10762	18	Undiscounted bankers' acceptance bills
21065	21065			21065	21065	19	Insurance technical reserves
24886	27545	4127	1468	29013	29013	20	Inter - financial institutions accounts
10466	10528	62		10528	10528	21	Required and excessive reserves
98335	99827	3354	1863	101689	101689	22	Bonds
54255	55807	1872	319	56126	56126	23	Government and public bonds
40742	41412	1552	881	42294	42294	24	Financial bonds
9			9	9	9	25	Central bank bonds
3330	2607	-69	654	3260	3260	26	Corporate bonds
12202	11950	2293	2545	14495	14495	27	Shares
21018	21754	736		21754	21754	28	Securities investment funds shares
-148	-153		4	-148	-148	29	Cash in vault
24731	24731			24731	24731	30	Central bank loans
66158	66158			66158	66158	31	Miscellaneous (net)
6881	11358	11358	6881	18239	18239	32	Foreign direct investment
-231	2133	2133	-231	1902	1902	33	Other foreign assets and debts
6179			6179	6179	6179	34	International reserve assets
	-14982	-14982		-14982	-14982	35	Errors and omission in the BOP

表 2 –1 –27 2018 年资金流量表

Table 2 –1 –27 Flow of Funds Statement, 2018

部门 Sectors / 交易项目 Items	顺序号	住户 Households		非金融企业 Non – financial Corporations		广义政府 General Government		金融机构 Financial Institutions	
		运用 Uses	来源 Sources	运用 Uses	来源 Sources	运用 Uses	来源 Sources	运用 Uses	来源 Sources
净金融投资	1	55348		–79875		–46515		74253	
资金运用合计	2	135701		–4163		19147		185604	
资金来源合计	3		80353		75712		65663		111350
通货	4	1969		231		51			2563
存款	5	77092		11724		16168		–12	105210
活期存款	6	18712		–766		254			18200
定期存款	7	54633		22350		19532			96516
财政存款	8					–596			–596
外汇存款	9	–221		–4011		–13		–180	–4184
其他存款	10	3968		–5849		–3010		168	–4726
证券公司客户保证金	11	–366		–565		–64		–181	–1229
贷款	12		78514		49160		4448	125268	–6124
短期贷款与票据融资	13		24947		23401			48348	
中长期贷款	14		49533		50075			99607	
外汇贷款	15		2		–2246		33	–2854	43
委托贷款	16		4260		–18364		–2043	–16554	–363
其他贷款	17		–228		–3705		6458	–3279	–5804
未贴现的银行承兑汇票	18			–6343	–6343			–6343	–6343
保险准备金	19	22155		1071			12117		11109
金融机构往来	20							8283	2201
存款准备金	21							–9970	–9610
债券	22	1047		1049	18298	1049	48532	106833	45350
政府债券	23	843		–4		–40	48532	43066	
金融债券	24	28		6		533		45659	45350
中央银行债券	25							7	
企业债券	26	176		1048	18298	556		18102	
股票	27	1694		3174	6758	297		1447	2696
证券投资基金份额	28	5601		8637		981		2771	18784
库存现金	29							–516	–491
中央银行贷款	30							9592	9592
其他（净）	31	26511	1840	–33845	1799	665	136	–52398	–62842
直接投资	32			6384	13466				
其他对外债权债务	33			4320	3175		430	–423	482
国际储备资产	34							1250	
国际收支误差与遗漏	35				–10601				

（金融交易账户）

(Financial Transactions Accounts)

单位：亿元人民币

Unit：100 Millon of RMB

国内合计 All Domestic Sectors		国外 The Rest of the World		总计 Total		No.	部门 Sectors / 交易项目 Items
运用 Uses	来源 Sources	运用 Uses	来源 Sources	运用 Uses	来源 Sources		
3211		-3211		0		1	Net financial investment
336289		21413		357702		2	Financial uses
	333078		24624		357702	3	Financial sources
2251	2563	312		2563	2563	4	Currency
104973	105210	643	405	105615	105615	5	Deposits
18200	18200			18200	18200	6	Demand deposits
96516	96516			96516	96516	7	Time deposits
-596	-596			-596	-596	8	Fiscal deposits
-4424	-4184	646	405	-3779	-3779	9	Foreign exchange deposits
-4723	-4726	-3		-4726	-4726	10	Other deposits
-1177	-1229	-52		-1229	-1229	11	Customer margin of securities companies
125268	125998	1913	1184	127181	127181	12	Loans
48348	48348			48348	48348	13	Short-term loans & Bills financing
99607	99607			99607	99607	14	Medium-term and long-term loans
-2854	-2168	1913	1228	-941	-941	15	Foreign exchange loans
-16554	-16510		-44	-16554	-16554	16	Designated loans
-3279	-3279			-3279	-3279	17	Other loans
-12686	-12686			-12686	-12686	18	Undiscounted bankers' acceptance bills
23226	23226			23226	23226	19	Insurance technical reserves
8283	2201	1360	7442	9643	9643	20	Inter-financial institutions accounts
-9970	-9610	360		-9610	-9610	21	Required and excessive reserves
109979	112180	5115	2915	115095	115095	22	Bonds
43865	48532	4623	-44	48488	48488	23	Government and public bonds
46227	45350	465	1341	46691	46691	24	Financial bonds
7			7	7	7	25	Central bank bonds
19881	18298	28	1610	19908	19908	26	Corporate bonds
6612	9454	4015	1172	10626	10626	27	Shares
17989	18784	795		18784	18784	28	Securities investment funds shares
-516	-491		-25	-516	-516	29	Cash in vault
9592	9592			9592	9592	30	Central bank loans
-59067	-59067			-59067	-59067	31	Miscellaneous (net)
6384	13466	13466	6384	19850	19850	32	Foreign direct investment
3897	4087	4087	3897	7985	7985	33	Other foreign assets and debts
1250			1250	1250	1250	34	International reserve assets
	-10601	-10601		-10601	-10601	35	Errors and omission in the BOP

表 2 -1 -28 2019 年资金流量表

Table 2 -1 -28 Flow of Funds Statement, 2019

部门 Sectors / 交易项目 Items	顺序号	住户 Households		非金融企业 Non - financial Corporations		广义政府 General Government		金融机构 Financial Institutions	
		运用 Uses	来源 Sources	运用 Uses	来源 Sources	运用 Uses	来源 Sources	运用 Uses	来源 Sources
净金融投资	1	86856		-55099		-54651		35147	
资金运用合计	2	167908		39036		9649		228475	
资金来源合计	3		81051		94134		64300		193328
通货	4	3537		358		80			3981
存款	5	102916		33079		8456		-2204	139960
活期存款	6	27561		6705		-1665			32601
定期存款	7	71129		26236		11404			108770
财政存款	8					301			301
外汇存款	9	-256		4693		754		-103	2077
其他存款	10	4482		-4556		-2338		-2102	-3789
证券公司客户保证金	11	1550		2231		243		873	5191
贷款	12		79539		67631		7356	157962	2331
短期贷款与票据融资	13		20684		31743			52427	
中长期贷款	14		54516		51762			106278	
外汇贷款	15		-9		-1587		44	-548	-82
委托贷款	16		4530		-12618		-1524	-9633	-39
其他贷款	17		-182		-1670		8836	9438	2453
未贴现的银行承兑汇票	18			-4757	-4757			-4757	-4757
保险准备金	19	22095		1448			7549		15994
金融机构往来	20							-8430	-11058
存款准备金	21							-8547	-8838
债券	22	293		662	28384	-103	47205	117247	42387
政府债券	23	30		-5		19	47205	46610	
金融债券	24	26		52		-71		41869	42167
中央银行债券	25							276	220
企业债券	26	237		615	28384	-51		28492	
股票	27	2113		5292	6046	332		964	3729
证券投资基金份额	28	2380		3426		374		1341	7971
库存现金	29							-276	-267
中央银行贷款	30							-4930	-4930
其他（净）	31	33023	1512	-6899	3655	267	254	-20629	341
直接投资	32			6740	10749				
其他对外债权债务	33			-2545	-1488		1936	1192	1291
国际储备资产	34							-1331	
国际收支误差与遗漏	35				-16086				

(金融交易账户)

(Financial Transactions Accounts)

单位：亿元人民币

Unit：100 Millon of RMB

国内合计 All Domestic Sectors		国外 The Rest of the World		总计 Total		No.	部门 Sectors / 交易项目 Items
运用 Uses	来源 Sources	运用 Uses	来源 Sources	运用 Uses	来源 Sources		
12254		-12254		0		1	Net financial investment
445067		1558		446625		2	Financial uses
	432813		13812		446625	3	Financial sources
3975	3981	6		3981	3981	4	Currency
142246	139960	3166	5452	145412	145412	5	Deposits
32601	32601			32601	32601	6	Demand deposits
108770	108770			108770	108770	7	Time deposits
301	301			301	301	8	Fiscal deposits
5088	2077	2441	5452	7528	7528	9	Foreign exchange deposits
-4514	-3789	725		-3789	-3789	10	Other deposits
4898	5191	293		5191	5191	11	Customer margin of securities companies
157962	156858	-402	702	157560	157560	12	Loans
52427	52427			52427	52427	13	Short - term loans & Bills financing
106278	106278			106278	106278	14	Medium - term and long - term loans
-548	-1634	-402	685	-949	-949	15	Foreign exchange loans
-9633	-9651		18	-9633	-9633	16	Designated loans
9438	9438			9438	9438	17	Other loans
-9513	-9513			-9513	-9513	18	Undiscounted bankers' acceptance bills
23543	23543			23543	23543	19	Insurance technical reserves
-8430	-11058	-4386	-1758	-12816	-12816	20	Inter - financial institutions accounts
-8547	-8838	-290		-8838	-8838	21	Required and excessive reserves
118100	117976	3221	3345	121321	121321	22	Bonds
46655	47205	1521	971	48176	48176	23	Government and public bonds
41876	42167	1295	1005	43172	43172	24	Financial bonds
276	220		56	276	276	25	Central bank bonds
29293	28384	405	1314	29698	29698	26	Corporate bonds
8701	9776	3098	2023	11799	11799	27	Shares
7521	7971	450		7971	7971	28	Securities investment funds shares
-276	-267		-9	-276	-276	29	Cash in vault
-4930	-4930			-4930	-4930	30	Central bank loans
5762	5762			5762	5762	31	Miscellaneous (net)
6740	10749	10749	6740	17489	17489	32	Foreign direct investment
-1353	1739	1739	-1353	386	386	33	Other foreign assets and debts
-1331			-1331	-1331	-1331	34	International reserve assets
	-16086	-16086		-16086	-16086	35	Errors and omission in the BOP

二、1992—2019 年中国资金流量核算分部门时序表

表2-2-1 国内非金融机构部门

项目 \ 年份	1992	1993	1994	1995	1996	1997	1998	1999	2000	2001	2002	2003
净金融投资	294	-1008	767	345	-1469	2406	2082	2289	1629	3823	2445	1051
资金运用合计	7932	9177	14878	15043	19798	19839	21283	19795	23552	24200	32962	43656
通货	1128	1499	1386	581	882	1376	967	2116	1125	988	1494	2319
存款	5965	6478	11777	13414	16721	13139	14417	13252	16429	19094	27888	36098
活期存款	3550	2992	5637	4644	6411	5275	6045	7429	9952	10447	14410	18617
定期存款	2100	2570	5453	8241	9104	6620	7261	4310	3257	6978	10986	13811
财政存款	-255	257	370	139	276	189	710	813	1592	266	309	868
外汇存款	570	660	317	390	434	549	975	1267	1606	619	718	-355
其他存款					496	507	-573	-566	22	786	1465	3157
证券公司客户保证金												
未贴现的银行承兑汇票												
保险准备金	72	88	125	138	197	313	312	599	1299	1220	2635	3194
债券	704	300	451	581	1260	1330	1427	1625	715	741	893	740
政府债券	272	217	406	604	1085	1814	1385	1540	789	688	477	557
金融债券	11				105	-519		-79				
中央银行债券												
企业债券	421	83	45	-23	70	35	42	164	-74	52	416	183
股票	175	198	42	23	306	858	766	875	1527	1144	636	681
证券投资基金份额												
其他（净）	-1410	-773	-818	-1417	-1319	38	342	-805	1150	1307	-216	1061
直接投资						212	218	147	76	570	208	-13
其他对外债权债务	1299	1388	1915	1724	1752	2573	2834	1985	1230	-864	-576	-425

核算情况（资金运用）　　　　单位：亿元人民币

2004	2005	2006	2007	2008	2009	2010	2011	2012	2013	2014	2015	2016	2017	2018	2019
3942	14966	22755	2592	21842	22489	34723	13109	30962	27301	9721	81886	23780	11667	-71042	-22893
42305	52834	71407	84644	104899	179576	195067	165888	214246	237867	203607	318689	278976	262661	150686	216592
1624	2411	2858	3106	3855	3768	6157	5639	3644	3649	1316	2427	5076	2344	2251	3975
33633	41490	49178	51919	80212	135870	130322	108827	126465	151755	116769	137792	174512	136288	104984	144451
15247	15544	26157	31668	19726	70428	64071	28628	33482	35452	11512	63491	86508	53987	18200	32601
14258	21319	16442	10462	53390	53269	48864	62307	71498	81239	72870	53635	64764	61411	96516	108770
565	1770	2992	6437	269	4367	3045	-300	-1782	5766	5531	-914	805	5684	-596	301
-174	-453	289	-1273	1540	1361	5828	5457	10051	4752	9207	8304	7420	5617	-4245	5191
3738	3311	3298	4626	5287	6445	8514	12736	13216	24547	17649	13275	15015	9589	-4891	-2412
	270	3416	8986	-4829	4849	-2147	-5895	-431	-231	6914	9784	-4765	-3710	-996	4025
				1064	4606	23346	10271	10499	7756	-1198	-10569	-19531	5381	-6343	-4757
3648	4395	4607	6567	8577	8791	6305	11943	14274	14001	14248	15416	17936	21065	23226	23543
-329	210	292	21	-527	421	425	-880	4127	7588	1260	11162	1499	6503	3146	852
-854	210	292	19	-918	586	258	-802	2430	3661	72	2131	208	407	799	44
				72	-73	47	-13	4	1567	137	712	-71	1843	568	7
-8		0	2		-98	-8	-22	-107	-20						
534				319	5	128	-44	1800	2379	1051	8319	1362	4253	1779	801
717	30	672	2148	2224	5774	5770	3319	1821	2238	4108	8277	12075	10624	5164	7738
	1017	1386	3846	2988	-1023	-253	1882	3268	1004	12973	20641	8994	17553	15218	6180
2827	342	5718	5734	6673	9783	16624	22614	42532	41713	37550	108338	61545	58422	-6669	26391
149	926	1421	1305	4099	2999	4072	3211	3919	4517	4903	11298	14427	6881	6384	6740
34	1743	1858	1011	563	3738	4447	4958	4126	3875	4765	4123	7207	1310	4320	-2545

表 2－2－2　　国内非金融机构部门

项目＼年份	1992	1993	1994	1995	1996	1997	1998	1999	2000	2001	2002	2003
资金来源合计	7638	10185	14111	14697	21268	17434	19201	17506	21923	20377	30517	42604
贷款	5695	7574	9175	9946	15131	11617	10988	10722	12553	13044	19627	28857
短期贷款与票据融资	3301	4802	5756	6817	10580	7563	6004	4407	6852	5366	10233	12849
中长期贷款	1744	1532	2486	2470	3356	3012	5780	5991	6846	7133	8531	14862
外汇贷款	476	899	828	764	539	850	-370	936	-873	503	827	1916
委托贷款												
其他贷款	173	341	105	-105	656	192	-426	-612	-272	43	36	-770
未贴现的银行承兑汇票												
保险准备金							-24	87	296	282	994	939
债券	892	362	791	991	1634	1900	4960	2878	3232	2745	4052	5571
政府债券	335	277	746	1014	1564	1865	4918	2776	3132	2598	3727	5213
企业债券	558	85	45	-23	70	35	42	102	100	147	325	358
股票	175	198	50	23	306	1473	835	926	2100	1252	962	1438
其他（净）											8	6
直接投资						3667	3622	3208	3179	3662	4081	3897
其他对外债权债务	1332	2616	4939	5225	5489	624	192	1045	1620	-157	243	520
国际收支误差与遗漏	-456	-565	-842	-1487	-1294	-1845	-1372	-1361	-1056	-450	550	1377

核算情况（资金来源）

单位：亿元人民币

2004	2005	2006	2007	2008	2009	2010	2011	2012	2013	2014	2015	2016	2017	2018	2019
38363	37869	48652	82052	83055	157087	160344	152779	183284	210565	193887	236803	255196	250994	221728	239485
23629	22949	33173	38451	58384	118091	96045	95591	119315	145637	135278	124364	145891	169850	132122	154526
7479	10300	12563	11458	21594	26004	15569	38554	52104	44273	38514	46723	37407	28189	48348	52427
13237	12065	18975	25086	25795	67371	61800	35640	28742	45860	60644	65929	114485	126506	99607	106278
975	1206	1290	2421	-556	6254	3830	5413	6423	3416	4022	-7189	-8637	306	-2212	-1552
				4262	6780	8748	14154	13208	26164	25070	15913	21266	7202	-16147	-9612
1937	-622	345	-514	7289	11682	6099	1830	18838	25923	7028	2987	-18631	7647	2525	6985
				1064	4606	23346	10271	10499	7756	-1198	-10569	-19531	5381	-6343	-4757
1184	1650	1478	3451	4097	2927	3835	6702	7406	7336	6760	7025	7906	8256	12117	7549
3501	5007	4941	19469	6551	20549	20797	19800	31315	31060	36133	76592	107544	58414	66830	75589
3174	2997	2675	17292	1027	8182	9735	6142	8783	12949	11804	47252	71207	55807	48532	47205
327	2010	2266	2177	5523	12367	11063	13659	22532	18111	24329	29340	36337	2607	18298	28384
1687	1075	2814	5583	3846	5347	4193	5738	2129	4229	7011	7757	13414	9885	6758	6046
-4											32000	1253	2093	3775	5421
4547	6482	6226	11886	9759	5341	12529	14224	15932	15926	17626	15169	11329	11358	13466	10749
1684	2080	1047	2054	1168	3201	3637	2712	1702	3410	821	-3794	2183	739	3605	448
2135	-1373	-1027	1159	-1814	-2975	-4040	-2259	-5014	-4788	-8544	-11742	-14793	-14982	-10601	-16086

表 2 -2 -3　　住户部门

项目 \ 年份	1992	1993	1994	1995	1996	1997	1998	1999	2000	2001	2002	2003
净金融投资	4324	4892	7500	8513	10902	11027	11626	10898	7898	10611	14647	16122
资金运用合计	4482	5062	7766	8868	10992	11177	12466	12214	10870	14118	19721	23110
通货	857	1133	1067	447	783	1222	851	1869	994	874	1319	2048
存款	2694	3369	6170	7723	8515	7496	9257	7281	6610	9973	14252	16560
活期存款	745	444	1049	472	1183	1798	2691	2949	3935	4006	6274	7194
定期存款	1810	2663	4730	6940	7095	5354	5565	3164	1187	5293	7354	9710
外汇存款	139	262	391	311	238	344	1002	1168	1489	674	624	-344
其他存款												
证券公司客户保证金												
保险准备金	53	62	56	91	127	278	298	573	1247	1156	2543	3036
债券	704	300	432	585	1260	1330	1414	1616	696	764	879	626
政府债券	272	217	387	608	1085	1814	1372	1531	770	711	463	443
金融债券	11				105	-519		-79				
企业债券	421	83	45	-23	70	35	42	164	-74	52	416	183
股票	175	198	42	23	306	858	766	875	1527	1144	636	681
证券投资基金份额												
其他（净）						-7	-120	1	-204	207	92	160
资金来源合计	158	170	267	355	89	150	840	1316	2972	3507	5074	6988
贷款	158	170	267	355	89	150	840	1316	2972	3507	5074	6988
短期贷款与票据融资	158	170	267	355	89	65	521	298	656	945	1549	2389
中长期贷款						86	319	1018	2316	2562	3525	4598
外汇贷款												
委托贷款												
其他贷款												
其他（净）												

核算情况

单位：亿元人民币

2004	2005	2006	2007	2008	2009	2010	2011	2012	2013	2014	2015	2016	2017	2018	2019
15450	26372	27706	23119	55365	39030	37635	53443	69335	48913	50752	81185	47870	61033	55348	86856
21253	29913	34370	35098	62380	64199	67402	78735	97059	90763	89001	122682	118698	140521	135701	167908
1434	2128	2524	2741	3402	3323	5441	4961	3245	3250	1130	2101	4517	2086	1969	3537
15678	21076	21284	10407	46778	43499	44492	47690	58929	55888	44788	46818	59334	49603	77092	102916
6516	7691	10298	9343	10757	21808	24610	15712	19789	19804	4952	20768	28884	16746	18712	27561
9640	14125	10777	1938	34835	21087	19128	31440	38830	35621	39369	24932	21595	29513	54633	71129
-478	-1254	-360	-1286	55	366	45	333	109	173	309	1148	2413	-48	-221	-256
	515	568	412	1131	239	709	206	200	289	159	-30	6441	3392	3968	4482
	270	3416	8986	-2937	2273	-737	-1840	-408	-85	2045	4232	-2106	-1469	-366	1550
3516	4202	4365	6221	8084	8396	5638	11012	13628	13160	13262	14446	16998	19914	22155	22095
-206	240	410	-236	-911	746	112	-794	2629	4117	1224	4938	241	1338	1047	293
-739	240	410	-236	-1220	746	112	-794	2594	3737	509	2112	245	537	843	30
												-44	202	28	26
534				309				35	381	715	2826	41	599	176	237
717	30	672	2148	2253	3359	5158	3278	1864	764	1212	3218	4501	3193	1694	2113
	546	1519	3438	2936	-1018	-90	606	3097	369	3837	8927	3975	6949	5601	2380
113	1421	179	1393	2775	3620	7387	13823	14076	13300	21503	38001	31238	58907	26511	33023
5802	3541	6664	11979	7016	25168	29767	25292	27724	41850	38249	41497	70828	79488	80353	81051
5802	3541	6664	11979	7016	25168	29767	25292	27724	41850	38249	41497	70791	77863	78514	79539
1588	1033	2344	3439	2910	7391	9342	10620	13066	17828	14976	11074	7043	19180	24947	20684
4215	2508	4319	8540	4102	17489	19643	14646	13365	22482	22336	30523	56813	53017	49533	54516
				4	8	13	20	21	15	2	-7	8	-3	2	-9
												6555	3464	4260	4530
					281	769	6	1271	1526	935	-92	372	2206	-228	-182
												37	1625	1840	1512

表2-2-4 非金融企业部门

项目 \ 年份	1992	1993	1994	1995	1996	1997	1998	1999	2000	2001	2002	2003
净金融投资	-3375	-5672	-6683	-8079	-11968	-7876	-8447	-6419	-5269	-5720	-10450	-14531
资金运用合计	3426	3447	5727	4891	7229	7494	5097	6666	9967	8082	10197	16673
通货	223	324	305	128	89	140	97	203	108	93	143	222
存款	3349	2559	4424	4518	6746	4668	3848	5053	7766	7096	10738	15776
活期存款	2725	2266	3899	3433	4513	3242	2758	3774	5531	4818	6529	9677
定期存款	193	-105	599	1007	1513	902	1733	1182	1488	884	2362	2969
外汇存款	431	398	-74	79	196	204	-69	74	437	-180	130	-43
其他存款					523	319	-573	23	309	1574	1717	3173
证券公司客户保证金												
未贴现的银行承兑汇票												
保险准备金	19	26	69	47	70	35	14	26	52	64	92	158
债券												
政府债券												
金融债券												
中央银行债券												
企业债券												
股票												
证券投资基金份额												
其他（净）	-1410	-773	-818	-1417	-1319	-133	-1914	-748	736	1123	-409	954
直接投资						212	218	147	76	570	208	-13
其他对外债权债务	1245	1310	1746	1614	1642	2573	2834	1985	1230	-864	-576	-425

核算情况（资金运用）　　　　单位：亿元人民币

2004	2005	2006	2007	2008	2009	2010	2011	2012	2013	2014	2015	2016	2017	2018	2019
-9079	-14718	-9637	-13987	-34696	-24819	-8985	-47686	-44272	-37421	-58334	-10807	-16007	-46325	-79875	-55099
18865	14721	28092	35342	36216	95416	107918	66790	94843	110701	77802	130106	124237	82421	-4163	39036
156	231	274	297	370	364	586	555	321	321	152	266	458	211	231	358
15711	12477	19312	28556	27523	72362	66343	41373	46968	59271	42979	67002	83242	50647	11724	33079
7001	3947	12217	18456	5658	37202	28771	5431	6008	6879	-255	31202	41300	22731	-766	6705
3394	5376	4222	6268	16479	28376	24276	20200	21425	28110	19994	21601	31191	18173	22350	26236
300	40	345	-56	1486	996	5783	4989	9811	4514	8881	7049	5079	5597	-4011	4693
5015	3114	2528	3888	3900	5789	7513	10753	9723	19769	14359	7149	5671	4145	-5849	-4556
				-1869	2545	-1398	-4020	-4	-88	3267	3715	-1609	-2014	-565	2231
				1064	4606	23346	10271	10499	7756	-1198	-10569	-19531	5381	-6343	-4757
132	193	242	346	493	395	667	931	646	841	986	970	939	1151	1071	1448
				87	-184	169	-86	1078	4559	-2966	3529	1031	3786	1049	662
				5	-19	2	-8	-31	410	-431	25	-7	-2	-4	-5
				72	-73	47	-13	-16	2325	-2490	381	-26	970	6	52
					-98	-8	-22	-55	-12						
				10	5	128	-44	1181	1835	-45	3124	1064	2817	1048	615
				-29	2310	571	-71	-128	949	1946	3662	5330	6936	3174	5292
	471	-132	408	8	-5	-111	860	29	382	6129	7837	3037	9527	8637	3426
2683	-1320	5117	3418	3907	6286	9227	8808	27388	28318	16840	38273	29705	-1394	-33845	-6899
149	926	1421	1305	4099	2999	4072	3211	3919	4517	4903	11298	14427	6881	6384	6740
34	1743	1858	1011	563	3738	4447	4958	4126	3875	4765	4123	7207	1310	4320	-2545

表2－2－5 非金融企业部门

项目 \ 年份	1992	1993	1994	1995	1996	1997	1998	1999	2000	2001	2002	2003
资金来源合计	6801	9120	12410	12970	19196	15370	13543	13084	15237	13802	20647	31204
贷款	5364	7063	8803	9696	15041	11466	10149	9140	9318	9414	14486	23735
短期贷款与票据融资	3143	4632	5489	6462	10491	7498	5483	4108	6194	4391	8621	10408
中长期贷款	1744	1532	2486	2470	3356	2927	5462	4976	4530	4571	5006	10264
外汇贷款	476	899	828	764	539	850	-370	668	-1134	410	824	2145
委托贷款												
其他贷款					656	192	-426	-612	-272	43	36	919
未贴现的银行承兑汇票												
债券	558	85	45	-23	70	35	42	102	100	147	325	358
企业债券	558	85	45	-23	70	35	42	102	100	147	325	358
股票	175	198	50	23	306	1473	835	926	2100	1252	962	1438
其他（净）												
直接投资						3667	3622	3208	3179	3662	4081	3897
其他对外债权债务	1161	2338	4355	4761	5072	576	268	1069	1597	-222	243	400
国际收支误差与遗漏	-456	-565	-842	-1487	-1294	-1845	-1372	-1361	-1056	-450	550	1377

核算情况（资金来源）　　单位：亿元人民币

2004	2005	2006	2007	2008	2009	2010	2011	2012	2013	2014	2015	2016	2017	2018	2019
27944	29439	37729	49329	70912	120235	116904	114477	139116	148122	136136	140913	140243	128746	75712	94134
17708	19166	26403	26471	51365	92373	66175	70378	91609	103757	97072	82867	110003	113137	49160	67631
5854	8995	10151	7979	18684	18613	6227	27934	39038	26445	23538	35650	30365	9010	23401	31743
9022	9557	14656	16546	21693	49882	42157	20993	15376	23378	38308	35406	57673	73489	50075	51762
894	1235	1251	2460	-561	6194	3787	5396	6427	3450	4063	-7182	-7566	-320	-2246	-1587
				4262	6780	8748	14154	13208	26164	25070	15913	18553	7299	-18364	-12618
1937	-622	345	-514	7287	10904	5256	1901	17559	24320	6093	3080	10979	23660	-3705	-1670
				1064	4606	23346	10271	10499	7756	-1198	-10569	-19531	5381	-6343	-4757
327	2010	2266	2177	5523	12367	11063	13659	22532	18111	24329	29340	36337	2607	18298	28384
327	2010	2266	2177	5523	12367	11063	13659	22532	18111	24329	29340	36337	2607	18298	28384
1687	1075	2814	5583	3846	5347	4193	5738	2129	4229	7011	7757	13414	9885	6758	6046
											32000	1835	818	1799	3655
4547	6482	6226	11886	9759	5341	12529	14224	15932	15926	17626	15169	11329	11358	13466	10749
1541	2080	1047	2054	1168	3175	3637	2466	1429	3132	-160	-3910	1649	542	3175	-1488
2135	-1373	-1027	1159	-1814	-2975	-4040	-2259	-5014	-4788	-8544	-11742	-14793	-14982	-10601	-16086

表2－2－6 广义政府部门

项目 \ 年份	1992	1993	1994	1995	1996	1997	1998	1999	2000	2001	2002	2003
净金融投资	-655	-227	-49	-89	-404	-745	-1098	-2190	-1000	-1069	-1752	-540
资金运用合计	24	668	1385	1284	1578	1168	3720	915	2715	2000	3044	3872
通货	48	42	14	6	9	14	19	45	24	21	32	49
存款	-78	550	1183	1173	1460	975	1312	919	2054	2025	2898	3762
活期存款	80	282	689	739	715	235	597	705	486	1622	1607	1746
定期存款	97	11	124	295	496	364	-37	-35	583	801	1270	1132
财政存款	-255	257	370	139	276	189	710	813	1592	266	309	868
外汇存款							42	25	-320	124	-35	32
其他存款					-27	188		-589	-287	-788	-253	-16
证券公司客户保证金												
债券			19	-4			13	8	19	-23	14	114
政府债券			19	-4			13	8	19	-23	14	114
金融债券												
中央银行债券												
企业债券												
股票												
证券投资基金份额												
其他（净）						178	2375	-58	618	-23	100	-53
其他对外债权债务	54	77	169	109	109							
资金来源合计	679	896	1434	1372	1982	1913	4818	3105	3714	3068	4796	4413
贷款	173	341	105	-105		0		265	263	124	67	-1865
短期贷款与票据融资						0			2	31	64	52
中长期贷款								-3				
外汇贷款								268	261	93	3	-228
委托贷款												
其他贷款	173	341	105	-105								-1689
保险准备金							-24	87	296	282	994	939
债券	335	277	746	1014	1564	1865	4918	2776	3132	2598	3727	5213
政府债券	335	277	746	1014	1564	1865	4918	2776	3132	2598	3727	5213
其他（净）											8	6
其他对外债权债务	171	278	583	464	418	48	-76	-24	23	65		120

核算情况　　单位：亿元人民币

2004	2005	2006	2007	2008	2009	2010	2011	2012	2013	2014	2015	2016	2017	2018	2019
-2430	3311	4687	-6540	1173	8278	6074	7353	5899	15809	17302	11508	-8084	-3040	-46515	-54651
2187	8200	8946	14204	6302	19961	19747	20363	22344	36402	36804	65901	36041	39719	19147	9649
35	52	60	67	82	81	130	123	78	78	34	59	102	47	51	80
2245	7937	8582	12957	5911	20009	19487	19763	20569	36597	29002	23972	31936	36038	16168	8456
1730	3906	3641	3870	3312	11419	10690	7485	7684	8769	6816	11522	16324	14509	254	-1665
1223	1818	1443	2256	2076	3806	5460	10668	11243	17508	13507	7102	11978	13726	19532	11404
565	1770	2992	6437	269	4367	3045	-300	-1782	5766	5531	-914	805	5684	-596	301
3	761	304	69				134	131	64	17	107	-73	68	-13	754
-1277	-318	202	326	255	417	292	1776	3293	4489	3131	6155	2903	2052	-3010	-2338
				-23	31	-11	-35	-19	-58	1603	1837	-1050	-228	-64	243
-123	-30	-118	257	298	-141	144		420	-1088	3002	2695	226	1380	1049	-103
-114	-30	-118	255	298	-141	144		-133	-486	-6	-6	-30	-128	-40	19
								20	-758	2627	331	-1	671	533	-71
-8		0	2					-52	-8						
								585	164	381	2370	257	837	556	-51
					105	41	112	85	525	950	1397	2244	495	297	332
				44	-1	-53	416	142	253	3007	3876	1982	1078	981	374
31	241	422	923	-10	-123	9	-16	1068	95	-793	32064	601	909	665	267
								0	0						
4617	4889	4259	20744	5128	11683	13673	13010	16445	20593	19502	54393	44125	42759	65663	64300
119	242	106	1	4	549	103	-79	-18	29	-43		-34903	-21150	4448	7356
37	272	68	40												
82	-29	38	-39	2	52	29	-3	-25	-48	-43		-1080	629	33	44
												-3843	-3561	-2043	-1524
				2	497	74	-77	8	77			-29981	-18219	6458	8836
1184	1650	1478	3451	4097	2927	3835	6702	7406	7336	6760	7025	7906	8256	12117	7549
3174	2997	2675	17292	1027	8182	9735	6142	8783	12949	11804	47252	71207	55807	48532	47205
3174	2997	2675	17292	1027	8182	9735	6142	8783	12949	11804	47252	71207	55807	48532	47205
-4												-620	-350	136	254
143					26		246	273	279	981	116	534	197	430	1936

表 2-2-7

金融机构部门

项目 \ 年份	1992	1993	1994	1995	1996	1997	1998	1999	2000	2001	2002	2003
净金融投资	59	350	-105	-208	2081	657	277	-991	67	-2387	484	2672
资金运用合计	6193	12801	16541	17194	27208	18723	14664	18922	17370	21559	36121	55053
通货	34	30	38	16	35					0		1
存款						174	142	-793	538	215	193	502
活期存款							195					
定期存款												
外汇存款						174	-53	-936	538	215	193	502
其他存款								143				
证券公司客户保证金												
贷款	5695	7574	9175	9946	15131	11513	11375	11018	13969	11772	20259	27959
短期贷款与票据融资	3301	4802	5756	6817	10580	7563	6004	4407	6852	5366	10233	12849
中长期贷款	1744	1532	2486	2470	3356	3013	5780	5991	6846	7133	8531	14862
外汇贷款	476	899	828	764	539	745	17	1232	543	-769	1459	1018
委托贷款												
其他贷款	173	341	105	-105	656	192	-426	-612	-272	43	36	-770
未贴现的银行承兑汇票												
金融机构往来		53	26	-38	-506	114	790	1966	-350	-1313	1186	1748
存款准备金		1575	2062	2280	3670	1620	-1743	241	474	2083	1801	3897
债券	200	141	1116	1460	1143	1811	5157	2928	3335	2763	5607	7525
政府债券	63	61	340	410	479	51	3533	1237	2343	1910	3250	4656
金融债券			776	854	696	1640	1624	1764	936	759	961	1151
中央银行债券		78		197	-32	119		-10	-118		1488	1544
企业债券	137	2						-62	174	95	-91	175
股票			8			146	2			38	140	117
证券投资基金份额												
库存现金		222	29	61	-39	138	64	884	-369	-52	142	330
中央银行贷款		2917	859	889	3817	-178	-1977	419	-2411	288	-636	1020
其他（净）					498					-4		
其他对外债权债务	382	189	597	701	827	423	320	1555	1311	1852	1179	2272
国际储备资产	-117	102	2631	1877	2632	2961	532	704	873	3917	6250	9686

核算情况（资金运用） 单位：亿元人民币

2004	2005	2006	2007	2008	2009	2010	2011	2012	2013	2014	2015	2016	2017	2018	2019
1740	-1463	-2454	20980	3760	-1925	-13738	124	-18554	-15838	3734	-61245	-10759	-675	74253	35147
58665	70447	91050	127793	143353	193203	224693	194721	227219	250782	334396	290968	450762	356010	185604	228475
-1		0		10	34	-40	153	31	31	271	353				
-1572	845	790	117	1689	3529	3462	5396	5290	3932	40826	30346	1728	3976	-12	-2204
-1572	845	790	117	-74	-244	-992	111	295	-168	1114	-2086	-287	-461	-180	-103
				1763	3773	4454	5285	4995	4100	39711	32433	2016	4436	168	-2102
				-473	1370	-207	-571	-232	-75	1115	1313	-1381	-732	-181	873
24103	23966	32572	39756	60715	121123	97227	95764	122250	148049	142201	144190	158129	178203	125268	157962
7479	10300	12563	11458	21594	26004	15569	38554	52104	44273	38514	46723	37407	28189	48348	52427
13237	12065	18975	25086	25795	67371	61800	35640	28742	45860	60644	65929	114485	126506	99607	106278
1450	2223	689	3727	1789	9277	5009	5586	9122	5764	5006	-3130	-2957	3522	-2854	-548
				4262	6780	8748	14154	13208	26164	25070	15913	21339	7348	-16554	-9633
1937	-622	345	-514	7275	11691	6100	1830	19073	25987	12968	18754	-12146	12638	-3279	9438
				1064	4606	23346	10271	10499	7756	-1198	-10569	-19531	5381	-6343	-4757
569	3380	-2300	-2183	-2879	1354	2319	2308	9329	5763	-1334	-8167	12245	24886	8283	-8430
4354	2484	11214	20713	21100	11507	33261	36154	23150	14302	21116	-17471	26778	10466	-9970	-8547
15023	20751	20035	31828	27314	24165	27794	17075	36951	27027	52803	107795	157364	91832	106833	117247
4028	2787	2383	17273	1945	7596	9477	6944	6353	9288	11732	45121	70173	53847	43066	46610
3154	5035	5715	7906	8854	9904	8791	16226	17610	9906	19034	41654	54710	38899	45659	41869
8048	10920	9672	4472	11311	-5697	-1410	-19797	-7743	-7898	-1240		-3834	9	7	276
-207	2010	2266	2177	5205	12362	10935	13702	20730	15732	23278	21020	36315	-923	18102	28492
66	309	1790	4539	1205	1579	3672	1683	1062	674	736	2637	3620	1578	1447	964
	461	-195	1591	332	-166	-50	376	1764	325	2093	2770	2606	3465	2771	1341
76	377	113	384	41	400	751	1072	971	442	742	-208	-74	-148	-516	-276
-1171	-1583	-1629	-8714	-485	-1589	469	-727	476	413	15654	-1038	38686	24731	9592	-4930
				2899	4208	2771	4139	9208	12882	51840	62433	95430	7736	-52398	-20629
138	2499	8968	7143	1700	-6134	-2013	-3428	403	2656	350	-2026	4632	-1541	-423	1192
17080	16958	19692	32618	29119	27216	31934	25057	6069	26606	7181	-21390	-29469	6179	1250	-1331

表2－2－8 金融机构部门

项目＼年份	1992	1993	1994	1995	1996	1997	1998	1999	2000	2001	2002	2003
资金来源合计	6134	12451	16646	17402	25126	18065	14386	19914	17304	23946	35638	52381
通货	1162	1529	1424	597	917	1376	1027	2251	1197	1036	1589	2468
存款	5965	6478	11777	13414	16721	13308	14174	13399	16425	19136	27912	36160
活期存款	3550	2992	5637	4644	6411	5275	6240	7429	9952	10447	14410	18617
定期存款	2100	2570	5453	8241	9104	6620	7261	4310	3257	6978	10986	13811
财政存款	-255	257	370	139	276	189	710	813	1592	266	309	868
外汇存款	570	660	317	390	434	718	537	1270	1602	660	742	-294
其他存款					496	507	-573	-423	22	786	1465	3157
证券公司客户保证金												
贷款											0	0
外汇贷款												
委托贷款												
其他贷款												
未贴现的银行承兑汇票												
保险准备金	72	88	125	138	197	313	337	512	1003	938	1641	2254
金融机构往来		53	26	-38	-168	489	797	1961	-538	-1080	1189	2444
存款准备金		1575	2062	2280	4696	1634	-1523	347	637	1983	1640	3910
债券	11	78	776	1051	604	1241	1638	1318	818	1151	3007	3600
金融债券	11		776	854	801	1122	1638	1328	936	1151	1519	2056
中央银行债券		78		197	-197	119		-10	-118		1488	1544
股票												
证券投资基金份额												
库存现金		194	27	59	-49	129	66	753	-332	-103	128	289
中央银行贷款		2917	859	889	3863	-271	-1993	251	-2778	305	-456	850
其他（净）	-1410	-773	-818	-1417	-2066	-257	119	-414	1235	633	-961	411
其他对外债权债务	335	312	387	429	412	102	-253	-464	-363	-53	-51	-6

核算情况（资金来源） 单位：亿元人民币

2004	2005	2006	2007	2008	2009	2010	2011	2012	2013	2014	2015	2016	2017	2018	2019
56925	71910	93505	106813	139593	195128	238431	194596	245774	266620	330663	352213	461521	356685	111350	193328
1722	2563	3041	3303	4112	4046	6507	6162	3910	3915	1688	2957	5087	2342	2563	3981
33762	42473	50017	54243	81891	139457	130662	113415	129748	153562	154756	155584	172182	142153	105210	139960
15247	15544	26157	31668	19726	70428	64071	28628	33482	35452	11512	63491	86508	53987	18200	32601
14258	21319	16442	10462	53390	53269	48864	62307	71498	81239	72870	53635	64764	61411	96516	108770
565	1770	2992	6437	269	4367	3045	-300	-1782	5766	5531	-914	805	5684	-596	301
-46	530	1128	1052	1271	1103	1356	3126	8259	1751	6541	1045	5615	5260	-4184	2077
3738	3311	3298	4625	7235	10289	13327	19655	18291	29355	58302	38327	14490	15811	-4726	-3789
	270	3416	8986	-5340	6272	-2373	-6511	-685	-310	8169	11201	-6227	-4598	-1229	5191
				0						5866	15781	6585	5256	-6124	2331
										79	14	9	120	43	-82
												91	144	-363	-39
										5788	15766	6485	4991	-5804	2453
				1064	4606	23346	10271	10499	7756	-1198	-10569	-19531	5381	-6343	-4757
2464	2744	3129	3117	4480	5864	2470	5242	6868	6665	7488	8391	10030	12810	11109	15994
1314	4942	-1768	-1260	-397	5328	10065	4188	-60	18275	-8564	-18134	9692	27545	2201	-11058
4724	2833	11423	20713	21100	11507	33261	36154	23150	14302	20838	-17513	26572	10528	-9610	-8838
10408	15955	15387	12380	20236	4037	7420	-3605	9764	3555	17931	42416	48951	41412	45350	42387
2369	5035	5715	7906	8926	9831	8837	16213	17614	11473	19171	42366	53173	41412	45350	42167
8039	10920	9672	4474	11311	-5795	-1417	-19818	-7850	-7918	-1240	50	-4222			220
	931	3065	1990	134	1620	6800	-322	2861	584	996	1695	1153	2065	2696	3729
	1479	1191	5437	3336	-1206	-308	2282	5198	1352	15328	23630	11754	21754	18784	7971
176	400	80	571	50	416	714	1042	928	420	482	-222	-89	-153	-491	-267
-1191	-1708	-1651	-8714	-485	-1589	469	-727	476	413	15654	-1038	38686	24731	9592	-4930
3335	-1251	5671	5869	9572	13992	19395	26753	51780	54655	89427	138772	155722	64065	-62842	341
211	279	504	177	-160	781	2	252	1338	1476	1802	-738	953	1394	482	1291

表2－2－9 国外部门

项目 \ 年份	1992	1993	1994	1995	1996	1997	1998	1999	2000	2001	2002	2003
净金融投资	-353	658	-662	-137	-612	-3063	-2359	-1298	-1696	-1436	-2928	-3726
资金运用合计	1211	2364	4483	4167	4607	3469	1604	2447	3821	3038	4785	7184
通货							60	135	72	48	95	148
存款						169	-438	-122	-4	41	24	61
外汇存款						169	-438	-122	-4	41	24	61
其他存款												
证券公司客户保证金												
贷款						283	-270	-12	109	4	-186	-254
外汇贷款						283	-270	-12	109	4	-186	-254
金融机构往来								-33	-307	-128	-157	802
存款准备金												
债券												
股票						469	63	51	572	70	186	640
证券投资基金份额												
其他（净）												
直接投资						3667	3622	3208	3179	3662	4081	3897
其他对外债权债务	1667	2929	5326	5654	5901	726	-61	581	1257	-210	192	514
国际收支误差与遗漏	-456	-565	-842	-1487	-1294	-1845	-1372	-1361	-1056	-450	550	1377
资金来源合计	1564	1706	5145	4304	5219	6532	3963	3745	5516	4474	7714	10910
存款						174	-53	-1061	538	215	193	502
外汇存款						174	-53	-1061	538	215	193	502
其他存款												
贷款						179	117	284	1526	-1267	446	-1153
外汇贷款						179	117	284	1526	-1267	446	-1153
委托贷款												
其他贷款												
金融机构往来												
债券												
股票												
库存现金		28	2	2	10	9	-1	131	-37	51	13	40
其他（净）							-4					
直接投资						212	218	147	76	570	208	-13
其他对外债权债务	1681	1576	2512	2425	2578	2996	3154	3540	2541	988	604	1847
国际储备资产	-117	102	2631	1877	2632	2961	532	704	873	3917	6250	9686

核算情况

单位：亿元人民币

2004	2005	2006	2007	2008	2009	2010	2011	2012	2013	2014	2015	2016	2017	2018	2019
-5682	-13503	-20300	-23571	-25603	-20564	-20986	-13234	-12408	-11463	-13455	-20641	-13021	-10992	-3211	-12254
10847	10510	12068	19957	11455	8332	23408	25258	12539	28411	17761	-17996	1421	14544	21413	1558
99	154	182	198	247	243	390	370	235	235	101	177	11	-2	312	6
128	983	839	2375	285	334	638	2219	519	1154	2494	-7056	-936	5226	643	3166
128	983	839	2375	100	263	280	584	439	446	1554	325	1605	3439	646	2441
				186	71	358	1635	80	708	941	-7381	-2541	1786	-3	725
				-38	52	-19	-45	-22	-5	140	104	-82	-156	-52	293
325	47	208	164	499	-185	633	1245	-310	259	2777	-897	-2955	394	1913	-402
325	47	208	164	499	-185	633	1245	-310	259	2777	-897	-2955	394	1913	-402
813	193	672	1058	970	-367	7520	6172	-4025	8603	-2725	-10461	3133	4127	1360	-4386
										-279	-42	-206	62	360	-290
					0						50	1198	3354	5115	3221
904	1667	3417	886	522	1924	2123	343	1979	2058	3248	1013	1433	2293	4015	3098
				16	-17	-4	24	165	23	262	220	154	736	795	450
						0	0	39	60	37					
4547	6482	6226	11886	9759	5341	12529	14224	15932	15926	17626	15169	11329	11358	13466	10749
1895	2359	1551	2230	1008	3982	3639	2965	3040	4886	2623	-4532	3136	2133	4087	1739
2135	-1373	-1027	1159	-1814	-2975	-4040	-2259	-5014	-4788	-8544	-11742	-14793	-14982	-10601	-16086
16529	24013	32369	43528	37057	28896	44394	38492	24947	39874	31216	2645	14442	25536	24624	13812
-1572	845	790	168	295	277	3759	3026	2527	3279	5334	5498	3122	3336	405	5452
-1572	845	790	168	295	277	3759	3026	2527	3279	5334	5498	3122	3336	405	5452
799	1064	-393	1470	2829	2847	1814	1417	2624	2671	3834	3147	2697	3492	1184	702
799	1064	-393	1470	2843	2838	1812	1417	2389	2607	3682	3147	2715	3490	1228	685
												-18	2	-44	18
				-14	9	2		235	64	152					
				-1511	-4341	-226	4291	5363	-3908	4505	-494	5686	1468	7442	-1758
												3566	1863	2915	3345
				-29	2310	571	-71	-128	156	85	2475	2560	2545	1172	2023
-100	-23	33	-187	-8	-16	37	30	43	22	260	14	15	4	-25	-9
149	926	1421	1305	4099	2999	4072	3211	3919	4517	4903	11298	14427	6881	6384	6740
172	4243	10825	8154	2263	-2396	2434	1530	4529	6531	5115	2097	11839	-231	3897	-1353
17080	16958	19692	32618	29119	27216	31934	25057	6069	26606	7181	-21390	-29469	6179	1250	-1331

三、1992—2019 年中国资金流量核算分工具时序表

表 2－3－1　净金融投资

项目＼年份	1992	1993	1994	1995	1996	1997	1998	1999	2000	2001	2002	2003
净金融投资												
住户部门	4324	4892	7500	8513	10902	11027	11626	10898	7898	10611	14647	16122
非金融企业部门	-3375	-5672	-6683	-8079	-11968	-7876	-8447	-6419	-5269	-5720	-10450	-14531
广义政府部门	-655	-227	-49	-89	-404	-745	-1098	-2190	-1000	-1069	-1752	-540
金融机构部门	59	350	-105	-208	2081	657	277	-991	67	-2387	484	2672
国外部门	-353	658	-662	-137	-612	-3063	-2359	-1298	-1696	-1436	-2928	-3726
资金来源合计	15336	24342	35903	36403	51613	42031	37550	41164	44743	48797	73869	105896
住户部门	158	170	267	355	89	150	840	1316	2972	3507	5074	6988
非金融企业部门	6801	9120	12410	12970	19196	15370	13543	13084	15237	13802	20647	31204
广义政府部门	679	896	1434	1372	1982	1913	4818	3105	3714	3068	4796	4413
金融机构部门	6134	12451	16646	17402	25126	18065	14386	19914	17304	23946	35638	52381
国外部门	1564	1706	5145	4304	5219	6532	3963	3745	5516	4474	7714	10910
资金运用合计	15336	24342	35903	36403	51613	42031	37550	41164	44743	48797	73869	105896
住户部门	4482	5062	7766	8868	10992	11177	12466	12214	10870	14118	19721	23110
非金融企业部门	3426	3447	5727	4891	7229	7494	5097	6666	9967	8082	10197	16673
广义政府部门	24	668	1385	1284	1578	1168	3720	915	2715	2000	3044	3872
金融机构部门	6193	12801	16541	17194	27208	18723	14664	18922	17370	21559	36121	55053
国外部门	1211	2364	4483	4167	4607	3469	1604	2447	3821	3038	4785	7184

核算情况

单位：亿元人民币

2004	2005	2006	2007	2008	2009	2010	2011	2012	2013	2014	2015	2016	2017	2018	2019
15450	26372	27706	23119	55365	39030	37635	53443	69335	48913	50752	81185	47870	61033	55348	86856
-9079	-14718	-9637	-13987	-34696	-24819	-8985	-47686	-44272	-37421	-58334	-10807	-16007	-46325	-79875	-55099
-2430	3311	4687	-6540	1173	8278	6074	7353	5899	15809	17302	11508	-8084	-3040	-46515	-54651
1740	-1463	-2454	20980	3760	-1925	-13738	124	-18554	-15838	3734	-61245	-10759	-675	74253	35147
-5682	-13503	-20300	-23571	-25603	-20564	-20986	-13234	-12408	-11463	-13455	-20641	-13021	-10992	-3211	-12254
111817	133791	174525	232393	259706	381110	443169	385868	454005	517060	555766	591661	731160	633215	357702	446625
5802	3541	6664	11979	7016	25168	29767	25292	27724	41850	38249	41497	70828	79488	80353	81051
27944	29439	37729	49329	70912	120235	116904	114477	139116	148122	136136	140913	140243	128746	75712	94134
4617	4889	4259	20744	5128	11683	13673	13010	16445	20593	19502	54393	44125	42759	65663	64300
56925	71910	93505	106813	139593	195128	238431	194596	245774	266620	330663	352213	461521	356685	111350	193328
16529	24013	32369	43528	37057	28896	44394	38492	24947	39874	31216	2645	14442	25536	24624	13812
111817	133791	174525	232393	259706	381110	443169	385868	454005	517060	555766	591661	731160	633215	357702	446625
21253	29913	34370	35098	62380	64199	67402	78735	97059	90763	89001	122682	118698	140521	135701	167908
18865	14721	28092	35342	36216	95416	107918	66790	94843	110701	77802	130106	124237	82421	-4163	39036
2187	8200	8946	14204	6302	19961	19747	20363	22344	36402	36804	65901	36041	39719	19147	9649
58665	70447	91050	127793	143353	193203	224693	194721	227219	250782	334396	290968	450762	356010	185604	228475
10847	10510	12068	19957	11455	8332	23408	25258	12539	28411	17761	-17996	1421	14544	21413	1558

表 2-3-2 存款核

项目＼年份	1992	1993	1994	1995	1996	1997	1998	1999	2000	2001	2002	2003
存款												
资金来源合计	5965	6478	11777	13414	16721	13482	14121	12338	16962	19351	28104	36662
金融机构部门	5965	6478	11777	13414	16721	13308	14174	13399	16425	19136	27912	36160
国外部门						174	-53	-1061	538	215	193	502
资金运用合计	5965	6478	11777	13414	16721	13482	14121	12337	16962	19351	28104	36662
住户部门	2694	3369	6170	7723	8515	7496	9257	7281	6610	9973	14252	16560
非金融企业部门	3349	2559	4424	4518	6746	4668	3848	5053	7766	7096	10738	15776
广义政府部门	-78	550	1183	1173	1460	975	1312	919	2054	2025	2898	3762
金融机构部门						174	142	-793	538	215	193	502
国外部门						169	-438	-122	-4	41	24	61
活期存款												
资金来源合计	3550	2992	5637	4644	6411	5275	6240	7429	9952	10447	14410	18617
金融机构部门	3550	2992	5637	4644	6411	5275	6240	7429	9952	10447	14410	18617
资金运用合计	3550	2992	5637	4644	6411	5275	6240	7429	9952	10447	14410	18617
住户部门	745	444	1049	472	1183	1798	2691	2949	3935	4006	6274	7194
非金融企业部门	2725	2266	3899	3433	4513	3242	2758	3774	5531	4818	6529	9677
广义政府部门	80	282	689	739	715	235	597	705	486	1622	1607	1746
金融机构部门							195					
定期存款												
资金来源合计	2100	2570	5453	8241	9104	6620	7261	4310	3257	6978	10986	13811
金融机构部门	2100	2570	5453	8241	9104	6620	7261	4310	3257	6978	10986	13811
资金运用合计	2100	2570	5453	8241	9104	6620	7261	4310	3257	6978	10986	13811
住户部门	1810	2663	4730	6940	7095	5354	5565	3164	1187	5293	7354	9710
非金融企业部门	193	-105	599	1007	1513	902	1733	1182	1488	884	2362	2969
广义政府部门	97	11	124	295	496	364	-37	-35	583	801	1270	1132
财政存款												
资金来源合计	-255	257	370	139	276	189	710	813	1592	266	309	868
金融机构部门	-255	257	370	139	276	189	710	813	1592	266	309	868
资金运用合计	-255	257	370	139	276	189	710	813	1592	266	309	868
广义政府部门	-255	257	370	139	276	189	710	813	1592	266	309	868
外汇存款												
资金来源合计	570	660	317	390	434	892	484	209	2140	875	935	208
金融机构部门	570	660	317	390	434	718	537	1270	1602	660	742	-294
国外部门						174	-53	-1061	538	215	193	502

算情况

单位：亿元人民币

2004	2005	2006	2007	2008	2009	2010	2011	2012	2013	2014	2015	2016	2017	2018	2019
32189	43318	50806	54412	82186	139734	134421	116442	132275	156841	160089	161083	175304	145489	105615	145412
33762	42473	50017	54243	81891	139457	130662	113415	129748	153562	154756	155584	172182	142153	105210	139960
-1572	845	790	168	295	277	3759	3026	2527	3279	5334	5498	3122	3336	405	5452
32189	43318	50806	54412	82187	139734	134421	116442	132275	156841	160089	161083	175304	145489	105615	145412
15678	21076	21284	10407	46778	43499	44492	47690	58929	55888	44788	46818	59334	49603	77092	102916
15711	12477	19312	28556	27523	72362	66343	41373	46968	59271	42979	67002	83242	50647	11724	33079
2245	7937	8582	12957	5911	20009	19487	19763	20569	36597	29002	23972	31936	36038	16168	8456
-1572	845	790	117	1689	3529	3462	5396	5290	3932	40826	30346	1728	3976	-12	-2204
128	983	839	2375	285	334	638	2219	519	1154	2494	-7056	-936	5226	643	3166
15247	15544	26157	31668	19726	70428	64071	28628	33482	35452	11512	63491	86508	53987	18200	32601
15247	15544	26157	31668	19726	70428	64071	28628	33482	35452	11512	63491	86508	53987	18200	32601
15247	15544	26157	31668	19726	70428	64071	28628	33482	35452	11512	63491	86508	53987	18200	32601
6516	7691	10298	9343	10757	21808	24610	15712	19789	19804	4952	20768	28884	16746	18712	27561
7001	3947	12217	18456	5658	37202	28771	5431	6008	6879	-255	31202	41300	22731	-766	6705
1730	3906	3641	3870	3312	11419	10690	7485	7684	8769	6816	11522	16324	14509	254	-1665
14258	21319	16442	10462	53390	53269	48864	62307	71498	81239	72870	53635	64764	61411	96516	108770
14258	21319	16442	10462	53390	53269	48864	62307	71498	81239	72870	53635	64764	61411	96516	108770
14258	21319	16442	10462	53390	53269	48864	62307	71498	81239	72870	53635	64764	61411	96516	108770
9640	14125	10777	1938	34835	21087	19128	31440	38830	35621	39369	24932	21595	29513	54633	71129
3394	5376	4222	6268	16479	28376	24276	20200	21425	28110	19994	21601	31191	18173	22350	26236
1223	1818	1443	2256	2076	3806	5460	10668	11243	17508	13507	7102	11978	13726	19532	11404
565	1770	2992	6437	269	4367	3045	-300	-1782	5766	5531	-914	805	5684	-596	301
565	1770	2992	6437	269	4367	3045	-300	-1782	5766	5531	-914	805	5684	-596	301
565	1770	2992	6437	269	4367	3045	-300	-1782	5766	5531	-914	805	5684	-596	301
565	1770	2992	6437	269	4367	3045	-300	-1782	5766	5531	-914	805	5684	-596	301
-1618	1375	1917	1220	1566	1380	5115	6152	10785	5029	11875	6543	8738	8596	-3779	7528
-46	530	1128	1052	1271	1103	1356	3126	8259	1751	6541	1045	5615	5260	-4184	2077
-1572	845	790	168	295	277	3759	3026	2527	3279	5334	5498	3122	3336	405	5452

项目＼年份	1992	1993	1994	1995	1996	1997	1998	1999	2000	2001	2002	2003
资金运用合计	570	660	317	390	434	892	484	209	2140	875	935	208
住户部门	139	262	391	311	238	344	1002	1168	1489	674	624	-344
非金融企业部门	431	398	-74	79	196	204	-69	74	437	-180	130	-43
广义政府部门							42	25	-320	124	-35	32
金融机构部门						174	-53	-936	538	215	193	502
国外部门						169	-438	-122	-4	41	24	61
其他存款												
资金来源合计					496	507	-573	-423	22	786	1465	3157
金融机构部门					496	507	-573	-423	22	786	1465	3157
资金运用合计					496	507	-573	-423	22	786	1465	3157
住户部门												
非金融企业部门					523	319	-573	23	309	1574	1717	3173
广义政府部门					-27	188		-589	-287	-788	-253	-16
金融机构部门								143				
国外部门												

续表

2004	2005	2006	2007	2008	2009	2010	2011	2012	2013	2014	2015	2016	2017	2018	2019
-1618	1375	1917	1220	1566	1380	5115	6152	10785	5029	11875	6543	8738	8596	-3779	7528
-478	-1254	-360	-1286	55	366	45	333	109	173	309	1148	2413	-48	-221	-256
300	40	345	-56	1486	996	5783	4989	9811	4514	8881	7049	5079	5597	-4011	4693
3	761	304	69				134	131	64	17	107	-73	68	-13	754
-1572	845	790	117	-74	-244	-992	111	295	-168	1114	-2086	-287	-461	-180	-103
128	983	839	2375	100	263	280	584	439	446	1554	325	1605	3439	646	2441
3738	3311	3298	4626	7235	10289	13327	19655	18291	29355	58302	38327	14490	15811	-4726	-3789
3738	3311	3298	4625	7235	10289	13327	19655	18291	29355	58302	38327	14490	15811	-4726	-3789
3738	3311	3298	4626	7235	10289	13327	19655	18291	29355	58302	38327	14490	15811	-4726	-3789
	515	568	412	1131	239	709	206	200	289	159	-30	6441	3392	3968	4482
5015	3114	2528	3888	3900	5789	7513	10753	9723	19769	14359	7149	5671	4145	-5849	-4556
-1277	-318	202	326	255	417	292	1776	3293	4489	3131	6155	2903	2052	-3010	-2338
				1763	3773	4454	5285	4995	4100	39711	32433	2016	4436	168	-2102
				186	71	358	1635	80	708	941	-7381	-2541	1786	-3	725

表2-3-3 证券公司客户

项目 \ 年份	2005	2006	2007	2008	2009	2010	2011
资金来源合计	270	3416	8986	-5340	6272	-2373	-6511
金融机构部门	270	3416	8986	-5340	6272	-2373	-6511
资金运用合计	270	3416	8986	-5340	6272	-2373	-6511
住户部门	270	3416	8986	-2937	2273	-737	-1840
非金融企业部门				-1869	2545	-1398	-4020
广义政府部门				-23	31	-11	-35
金融机构部门				-473	1370	-207	-571
国外部门				-38	52	-19	-45

保证金核算情况　　　　单位：亿元人民币

2012	2013	2014	2015	2016	2017	2018	2019
-685	-310	8169	11201	-6227	-4598	-1229	5191
-685	-310	8169	11201	-6227	-4598	-1229	5191
-685	-310	8169	11201	-6227	-4598	-1229	5191
-408	-85	2045	4232	-2106	-1469	-366	1550
-4	-88	3267	3715	-1609	-2014	-565	2231
-19	-58	1603	1837	-1050	-228	-64	243
-232	-75	1115	1313	-1381	-732	-181	873
-22	-5	140	104	-82	-156	-52	293

表2－3－4 贷款核

项目＼年份	1992	1993	1994	1995	1996	1997	1998	1999	2000	2001	2002	2003
贷款												
资金来源合计	5695	7574	9175	9946	15131	11796	11105	11006	14078	11776	20073	27705
住户部门	158	170	267	355	89	150	840	1316	2972	3507	5074	6988
非金融企业部门	5364	7063	8803	9696	15041	11466	10149	9140	9318	9414	14486	23735
广义政府部门	173	341	105	-105		0		265	263	124	67	-1865
金融机构部门											0	0
国外部门						179	117	284	1526	-1267	446	-1153
资金运用合计	5695	7574	9175	9946	15131	11796	11105	11006	14078	11776	20073	27705
金融机构部门	5695	7574	9175	9946	15131	11513	11375	11018	13969	11772	20259	27959
国外部门						283	-270	-12	109	4	-186	-254
短期贷款与票据融资												
资金来源合计	3301	4802	5756	6817	10580	7563	6004	4407	6852	5366	10233	12849
住户部门	158	170	267	355	89	65	521	298	656	945	1549	2389
非金融企业部门	3143	4632	5489	6462	10491	7498	5483	4108	6194	4391	8621	10408
广义政府部门						0			2	31	64	52
资金运用合计	3301	4802	5756	6817	10580	7563	6004	4407	6852	5366	10233	12849
金融机构部门	3301	4802	5756	6817	10580	7563	6004	4407	6852	5366	10233	12849
中长期贷款												
资金来源合计	1744	1532	2486	2470	3356	3013	5780	5991	6846	7133	8531	14862
住户部门						86	319	1018	2316	2562	3525	4598
非金融企业部门	1744	1532	2486	2470	3356	2927	5462	4976	4530	4571	5006	10264
广义政府部门								-3				
资金运用合计	1744	1532	2486	2470	3356	3013	5780	5991	6846	7133	8531	14862
金融机构部门	1744	1532	2486	2470	3356	3013	5780	5991	6846	7133	8531	14862
外汇贷款												
资金来源合计	476	899	828	764	539	1028	-253	1220	652	-765	1274	764
住户部门												
非金融企业部门	476	899	828	764	539	850	-370	668	-1134	410	824	2145
广义政府部门								268	261	93	3	-228
金融机构部门												
国外部门						179	117	284	1526	-1267	446	-1153
资金运用合计	476	899	828	764	539	1028	-253	1220	652	-765	1274	764
金融机构部门	476	899	828	764	539	745	17	1232	543	-769	1459	1018
国外部门						283	-270	-12	109	4	-186	-254

算情况　　　　单位：亿元人民币

2004	2005	2006	2007	2008	2009	2010	2011	2012	2013	2014	2015	2016	2017	2018	2019
24428	24014	32780	39920	61213	120938	97859	97009	121940	148308	144978	143292	155173	178597	127181	157560
5802	3541	6664	11979	7016	25168	29767	25292	27724	41850	38249	41497	70791	77863	78514	79539
17708	19166	26403	26471	51365	92373	66175	70378	91609	103757	97072	82867	110003	113137	49160	67631
119	242	106	1	4	549	103	-79	-18	29	-43		-34903	-21150	4448	7356
				0						5866	15781	6585	5256	-6124	2331
799	1064	-393	1470	2829	2847	1814	1417	2624	2671	3834	3147	2697	3492	1184	702
24428	24013	32780	39920	61214	120938	97859	97009	121940	148308	144978	143292	155173	178597	127181	157560
24103	23966	32572	39756	60715	121123	97227	95764	122250	148049	142201	144190	158129	178203	125268	157962
325	47	208	164	499	-185	633	1245	-310	259	2777	-897	-2955	394	1913	-402
7479	10300	12563	11458	21594	26004	15569	38554	52104	44273	38514	46723	37407	28189	48348	52427
1588	1033	2344	3439	2910	7391	9342	10620	13066	17828	14976	11074	7043	19180	24947	20684
5854	8995	10151	7979	18684	18613	6227	27934	39038	26445	23538	35650	30365	9010	23401	31743
37	272	68	40												
7479	10300	12563	11458	21594	26004	15569	38554	52104	44273	38514	46723	37407	28189	48348	52427
7479	10300	12563	11458	21594	26004	15569	38554	52104	44273	38514	46723	37407	28189	48348	52427
13237	12065	18975	25086	25795	67371	61800	35640	28742	45860	60644	65929	114485	126506	99607	106278
4215	2508	4319	8540	4102	17489	19643	14646	13365	22482	22336	30523	56813	53017	49533	54516
9022	9557	14656	16546	21693	49882	42157	20993	15376	23378	38308	35406	57673	73489	50075	51762
13237	12065	18975	25086	25795	67371	61800	35640	28742	45860	60644	65929	114485	126506	99607	106278
13237	12065	18975	25086	25795	67371	61800	35640	28742	45860	60644	65929	114485	126506	99607	106278
1775	2270	897	3891	2288	9092	5642	6831	8812	6023	7783	-4027	-5913	3916	-941	-949
				4	8	13	20	21	15	2	-7	8	-3	2	-9
894	1235	1251	2460	-561	6194	3787	5396	6427	3450	4063	-7182	-7566	-320	-2246	-1587
82	-29	38	-39	2	52	29	-3	-25	-48	-43		-1080	629	33	44
										79	14	9	120	43	-82
799	1064	-393	1470	2843	2838	1812	1417	2389	2607	3682	3147	2715	3490	1228	685
1775	2270	897	3891	2288	9092	5642	6831	8812	6023	7783	-4027	-5913	3916	-941	-949
1450	2223	689	3727	1789	9277	5009	5586	9122	5764	5006	-3130	-2957	3522	-2854	-548
325	47	208	164	499	-185	633	1245	-310	259	2777	-897	-2955	394	1913	-402

项目 \ 年份	1992	1993	1994	1995	1996	1997	1998	1999	2000	2001	2002	2003
委托贷款												
资金来源合计												
住户部门												
非金融企业部门												
广义政府部门												
金融机构部门												
国外部门												
资金运用合计												
金融机构部门												
其他贷款												
资金来源合计	173	341	105	-105	656	192	-426	-612	-272	43	36	-770
住户部门												
非金融企业部门					656	192	-426	-612	-272	43	36	919
广义政府部门	173	341	105	-105								-1689
金融机构部门												
国外部门												
资金运用合计	173	341	105	-105	656	192	-426	-612	-272	43	36	-770
金融机构部门	173	341	105	-105	656	192	-426	-612	-272	43	36	-770

续表

2004	2005	2006	2007	2008	2009	2010	2011	2012	2013	2014	2015	2016	2017	2018	2019
				4262	6780	8748	14154	13208	26164	25070	15913	21339	7348	-16554	-9633
												6555	3464	4260	4530
				4262	6780	8748	14154	13208	26164	25070	15913	18553	7299	-18364	-12618
												-3843	-3561	-2043	-1524
												91	144	-363	-39
												-18	2	-44	18
				4262	6780	8748	14154	13208	26164	25070	15913	21339	7348	-16554	-9633
				4262	6780	8748	14154	13208	26164	25070	15913	21339	7348	-16554	-9633
1937	-622	345	-514	7275	11691	6100	1830	19073	25987	12968	18754	-12146	12638	-3279	9438
					281	769	6	1271	1526	935	-92	372	2206	-228	-182
1937	-622	345	-514	7287	10904	5256	1901	17559	24320	6093	3080	10979	23660	-3705	-1670
				2	497	74	-77	8	77			-29981	-18219	6458	8836
										5788	15766	6485	4991	-5804	2453
				-14	9	2		235	64	152					
1937	-622	345	-514	7276	11691	6100	1830	19073	25987	12968	18754	-12146	12638	-3279	9438
1937	-622	345	-514	7275	11691	6100	1830	19073	25987	12968	18754	-12146	12638	-3279	9438

表2－3－5 债券核

项目 \ 年份	1992	1993	1994	1995	1996	1997	1998	1999	2000	2001	2002	2003
债券												
资金来源合计	903	440	1567	2041	2238	3141	6597	4196	4050	3896	7058	9171
非金融企业部门	558	85	45	－23	70	35	42	102	100	147	325	358
广义政府部门	335	277	746	1014	1564	1865	4918	2776	3132	2598	3727	5213
金融机构部门	11	78	776	1051	604	1241	1638	1318	818	1151	3007	3600
国外部门												
资金运用合计	903	440	1567	2041	2404	3141	6584	4553	4050	3504	6500	8265
住户部门	704	300	432	585	1260	1330	1414	1616	696	764	879	626
非金融企业部门												
广义政府部门			19	－4			13	8	19	－23	14	114
金融机构部门	200	141	1116	1460	1143	1811	5157	2928	3335	2763	5607	7525
国外部门												
政府债券												
资金来源合计	335	277	746	1014	1564	1865	4918	2776	3132	2598	3727	5213
广义政府部门	335	277	746	1014	1564	1865	4918	2776	3132	2598	3727	5213
国外部门												
资金运用合计	335	277	746	1014	1564	1865	4918	2776	3132	2598	3727	5213
住户部门	272	217	387	608	1085	1814	1372	1531	770	711	463	443
非金融企业部门												
广义政府部门			19	－4			13	8	19	－23	14	114
金融机构部门	63	61	340	410	479	51	3533	1237	2343	1910	3250	4656
国外部门												
金融债券												
资金来源合计	11		776	854	801	1122	1638	1328	936	1151	1519	2056
金融机构部门	11		776	854	801	1122	1638	1328	936	1151	1519	2056
国外部门												
资金运用合计	11		776	854	801	1122	1624	1685	936	759	961	1151
住户部门	11				105	－519		－79				
非金融企业部门												
广义政府部门												
金融机构部门			776	854	696	1640	1624	1764	936	759	961	1151
国外部门												
中央银行债券												

算情况

单位：亿元人民币

2004	2005	2006	2007	2008	2009	2010	2011	2012	2013	2014	2015	2016	2017	2018	2019
13909	20961	20327	31849	26787	24586	28218	16195	41079	34615	54064	119008	160061	101689	115095	121321
327	2010	2266	2177	5523	12367	11063	13659	22532	18111	24329	29340	36337	2607	18298	28384
3174	2997	2675	17292	1027	8182	9735	6142	8783	12949	11804	47252	71207	55807	48532	47205
10408	15955	15387	12380	20236	4037	7420	-3605	9764	3555	17931	42416	48951	41412	45350	42387
												3566	1863	2915	3345
14695	20961	20327	31849	26787	24586	28218	16195	41078	34615	54064	119008	160061	101689	115095	121321
-206	240	410	-236	-911	746	112	-794	2629	4117	1224	4938	241	1338	1047	293
				87	-184	169	-86	1078	4559	-2966	3529	1031	3786	1049	662
-123	-30	-118	257	298	-141	144		420	-1088	3002	2695	226	1380	1049	-103
15023	20751	20035	31828	27314	24165	27794	17075	36951	27027	52803	107795	157364	91832	106833	117247
					0						50	1198	3354	5115	3221
3174	2997	2675	17292	1027	8182	9735	6142	8783	12949	11804	47252	72183	56126	48488	48176
3174	2997	2675	17292	1027	8182	9735	6142	8783	12949	11804	47252	71207	55807	48532	47205
												975	319	-44	971
3174	2997	2675	17292	1027	8182	9735	6142	8783	12949	11804	47252	72183	56126	48488	48176
-739	240	410	-236	-1220	746	112	-794	2594	3737	509	2112	245	537	843	30
				5	-19	2	-8	-31	410	-431	25	-7	-2	-4	-5
-114	-30	-118	255	298	-141	144		-133	-486	-6	-6	-30	-128	-40	19
4028	2787	2383	17273	1945	7596	9477	6944	6353	9288	11732	45121	70173	53847	43066	46610
												1801	1872	4623	1521
2369	5035	5715	7906	8926	9831	8837	16213	17614	11473	19171	42366	54769	42294	46691	43172
2369	5035	5715	7906	8926	9831	8837	16213	17614	11473	19171	42366	53173	41412	45350	42167
												1596	881	1341	1005
3154	5035	5715	7906	8926	9831	8837	16213	17614	11473	19171	42366	54769	42294	46691	43172
												-44	202	28	26
				72	-73	47	-13	-16	2325	-2490	381	-26	970	6	52
								20	-758	2627	331	-1	671	533	-71
3154	5035	5715	7906	8854	9904	8791	16226	17610	9906	19034	41654	54710	38899	45659	41869
												130	1552	465	1295

项目 \ 年份	1992	1993	1994	1995	1996	1997	1998	1999	2000	2001	2002	2003
资金来源合计		78		197	-197	119		-10	-118		1488	1544
金融机构部门		78		197	-197	119		-10	-118		1488	1544
国外部门												
资金运用合计		78		197	-32	119		-10	-118		1488	1544
非金融企业部门												
广义政府部门												
金融机构部门		78		197	-32	119		-10	-118		1488	1544
国外部门												
企业债券												
资金来源合计	558	85	45	-23	70	35	42	102	100	147	325	358
非金融企业部门	558	85	45	-23	70	35	42	102	100	147	325	358
国外部门												
资金运用合计	558	85	45	-23	70	35	42	102	100	147	325	358
住户部门	421	83	45	-23	70	35	42	164	-74	52	416	183
非金融企业部门												
广义政府部门												
金融机构部门	137	2						-62	174	95	-91	175
国外部门												

续表

2004	2005	2006	2007	2008	2009	2010	2011	2012	2013	2014	2015	2016	2017	2018	2019
8039	10920	9672	4474	11311	-5795	-1417	-19818	-7850	-7918	-1240	50	-4201	9	7	276
8039	10920	9672	4474	11311	-5795	-1417	-19818	-7850	-7918	-1240	50	-4222			220
												21	9	7	56
8039	10920	9672	4474	11311	-5795	-1417	-19818	-7850	-7918	-1240	50	-4201	9	7	276
					-98	-8	-22	-55	-12						
-8		0	2					-52	-8						
8048	10920	9672	4472	11311	-5697	-1410	-19797	-7743	-7898	-1240		-3834	9	7	276
											50	-367			
327	2010	2266	2177	5523	12367	11063	13659	22532	18111	24329	29340	37310	3260	19908	29698
327	2010	2266	2177	5523	12367	11063	13659	22532	18111	24329	29340	36337	2607	18298	28384
												974	654	1610	1314
327	2010	2266	2177	5523	12367	11063	13658	22531	18111	24329	29340	37310	3260	19908	29698
534				309				35	381	715	2826	41	599	176	237
				10	5	128	-44	1181	1835	-45	3124	1064	2817	1048	615
								585	164	381	2370	257	837	556	-51
-207	2010	2266	2177	5205	12362	10935	13702	20730	15732	23278	21020	36315	-923	18102	28492
					0	0						-367	-69	28	405

表2-3-6 股票核

项目 \ 年份	1992	1993	1994	1995	1996	1997	1998	1999	2000	2001	2002	2003
资金来源合计	175	198	50	23	306	1473	835	926	2100	1252	962	1438
非金融企业部门	175	198	50	23	306	1473	835	926	2100	1252	962	1438
金融机构部门												
国外部门												
资金运用合计	175	198	50	23	306	1473	831	926	2100	1252	962	1438
住户部门	175	198	42	23	306	858	766	875	1527	1144	636	681
非金融企业部门												
广义政府部门												
金融机构部门			8			146	2			38	140	117
国外部门						469	63	51	572	70	186	640

算情况

单位：亿元人民币

2004	2005	2006	2007	2008	2009	2010	2011	2012	2013	2014	2015	2016	2017	2018	2019
1687	2006	5879	7573	3951	9276	11564	5345	4862	4969	8093	11927	17127	14495	10626	11799
1687	1075	2814	5583	3846	5347	4193	5738	2129	4229	7011	7757	13414	9885	6758	6046
	931	3065	1990	134	1620	6800	-322	2861	584	996	1695	1153	2065	2696	3729
				-29	2310	571	-71	-128	156	85	2475	2560	2545	1172	2023
1687	2006	5879	7573	3951	9276	11564	5345	4862	4969	8093	11927	17127	14495	10626	11799
717	30	672	2148	2253	3359	5158	3278	1864	764	1212	3218	4501	3193	1694	2113
				-29	2310	571	-71	-128	949	1946	3662	5330	6936	3174	5292
					105	41	112	85	525	950	1397	2244	495	297	332
66	309	1790	4539	1205	1579	3672	1683	1062	674	736	2637	3620	1578	1447	964
904	1667	3417	886	522	1924	2123	343	1979	2058	3248	1013	1433	2293	4015	3098

表2-3-7 证券投资基

项目 \ 年份	2005	2006	2007	2008	2009	2010
资金来源合计	1479	1191	5437	3336	-1206	-308
金融机构部门	1479	1191	5437	3336	-1206	-308
资金运用合计	1479	1191	5437	3336	-1206	-308
住户部门	546	1519	3438	2936	-1018	-90
非金融企业部门	471	-132	408	8	-5	-111
广义政府部门				44	-1	-53
金融机构部门	461	-195	1591	332	-166	-50
国外部门				16	-17	-4

金核算情况

单位：亿元人民币

2011	2012	2013	2014	2015	2016	2017	2018	2019
2282	5198	1352	15328	23630	11754	21754	18784	7971
2282	5198	1352	15328	23630	11754	21754	18784	7971
2282	5198	1352	15328	23630	11754	21754	18784	7971
606	3097	369	3837	8927	3975	6949	5601	2380
860	29	382	6129	7837	3037	9527	8637	3426
416	142	253	3007	3876	1982	1078	981	374
376	1764	325	2093	2770	2606	3465	2771	1341
24	165	23	262	220	154	736	795	450

表 2 -3 -8 直接投资

项目 \ 年份	1997	1998	1999	2000	2001	2002	2003	2004	2005
资金来源合计	3880	3840	3355	3255	4232	4290	3884	4696	7408
非金融企业部门	3667	3622	3208	3179	3662	4081	3897	4547	6482
国外部门	212	218	147	76	570	208	-13	149	926
资金运用合计	3880	3840	3355	3255	4232	4290	3884	4696	7408
非金融企业部门	212	218	147	76	570	208	-13	149	926
国外部门	3667	3622	3208	3179	3662	4081	3897	4547	6482

核算情况　　单位：亿元人民币

2006	2007	2008	2009	2010	2011	2012	2013	2014	2015	2016	2017	2018	2019
7647	13191	13858	8340	16601	17435	19851	20443	22529	26467	25756	18239	19850	17489
6226	11886	9759	5341	12529	14224	15932	15926	17626	15169	11329	11358	13466	10749
1421	1305	4099	2999	4072	3211	3919	4517	4903	11298	14427	6881	6384	6740
7647	13191	13858	8340	16601	17435	19851	20443	22529	26467	25756	18239	19850	17489
1421	1305	4099	2999	4072	3211	3919	4517	4903	11298	14427	6881	6384	6740
6226	11886	9759	5341	12529	14224	15932	15926	17626	15169	11329	11358	13466	10749

表 2 -3 -9 国际储备资

项目 \ 年份	1992	1993	1994	1995	1996	1997	1998	1999	2000	2001	2002	2003
资金来源合计	-117	102	2631	1877	2632	2961	532	704	873	3917	6250	9686
国外部门	-117	102	2631	1877	2632	2961	532	704	873	3917	6250	9686
资金运用合计	-117	102	2631	1877	2632	2961	532	704	873	3917	6250	9686
金融机构部门	-117	102	2631	1877	2632	2961	532	704	873	3917	6250	9686

产核算情况

单位：亿元人民币

2004	2005	2006	2007	2008	2009	2010	2011	2012	2013	2014	2015	2016	2017	2018	2019
17080	16958	19692	32618	29119	27216	31934	25057	6069	26606	7181	-21390	-29469	6179	1250	-1331
17080	16958	19692	32618	29119	27216	31934	25057	6069	26606	7181	-21390	-29469	6179	1250	-1331
17080	16958	19692	32618	29119	27216	31934	25057	6069	26606	7181	-21390	-29469	6179	1250	-1331
17080	16958	19692	32618	29119	27216	31934	25057	6069	26606	7181	-21390	-29469	6179	1250	-1331

四、资金流量核算情况相关图表

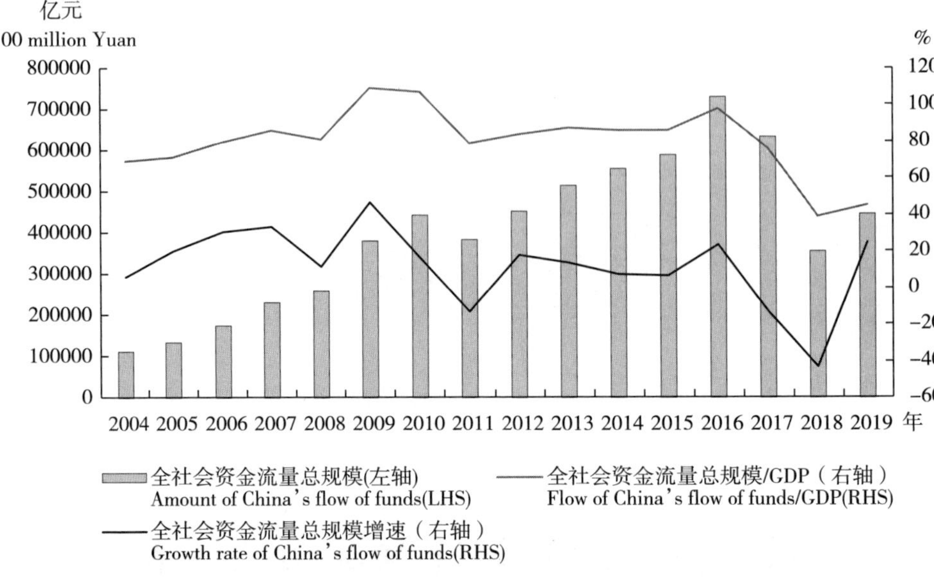

图 2-4-1 全社会资金流量总规模、增速及与 GDP 的比率

Figure 2-4-1 Amount, Growth Rate of China's Flow of Funds and the Ratio of Flow of Funds to GDP

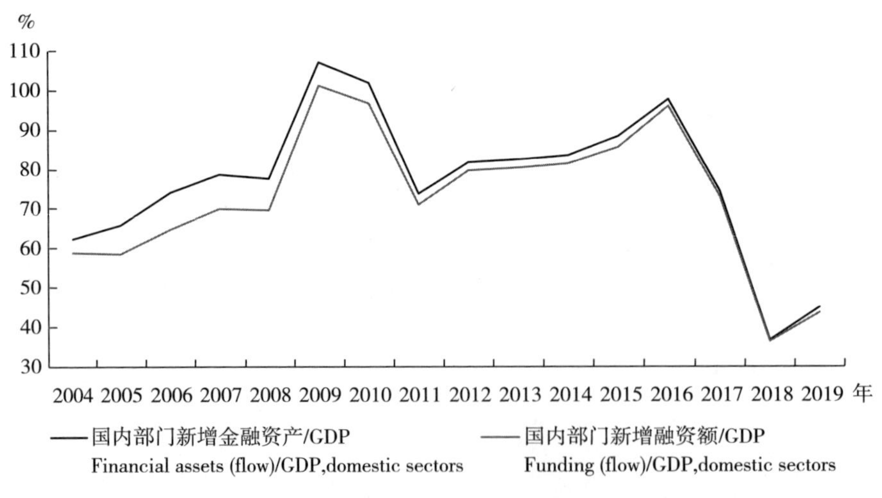

图 2-4-2 国内部门新增金融资产、新增融资额与 GDP 的比率

Figure 2-4-2 Ratio of Financial Assets (Flow) to GDP and Funding (Flow) to GDP, Domestic Sectors

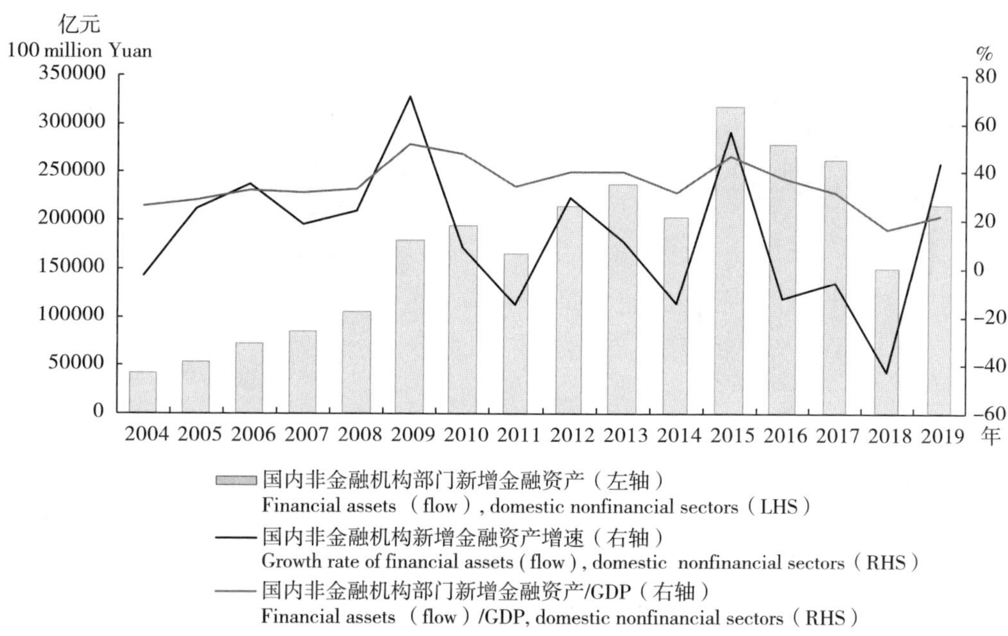

图2－4－3　国内非金融机构部门新增金融资产与GDP的比率

Figure 2－4－3　Ratio of Financial Assets (Flow) to GDP, Domestic Nonfinancial Sectors

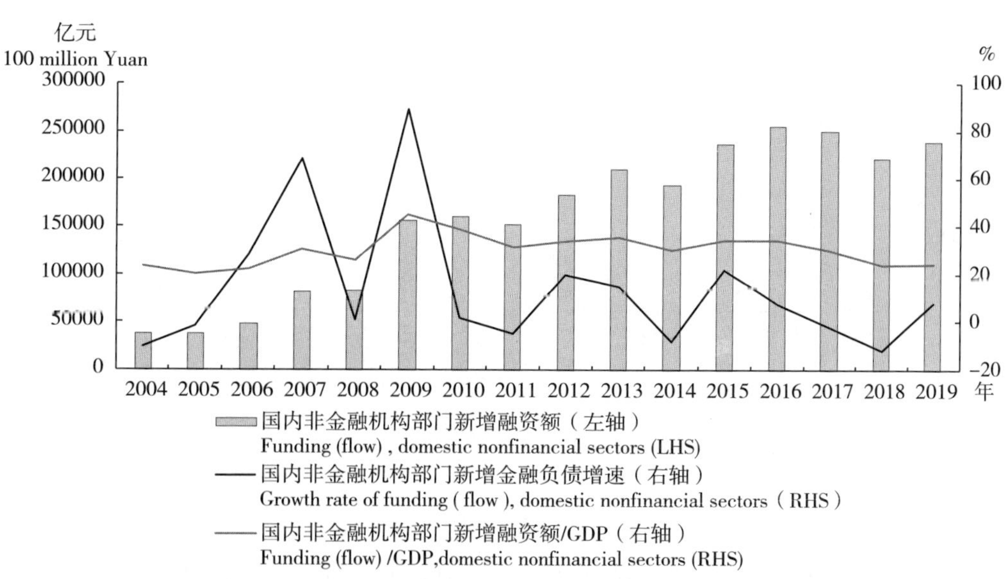

图2－4－4　国内非金融机构部门新增融资额与GDP的比率

Figure 2－4－4　Ratio of Funding (Flow) to GDP, Domestic Nonfinancial Sectors

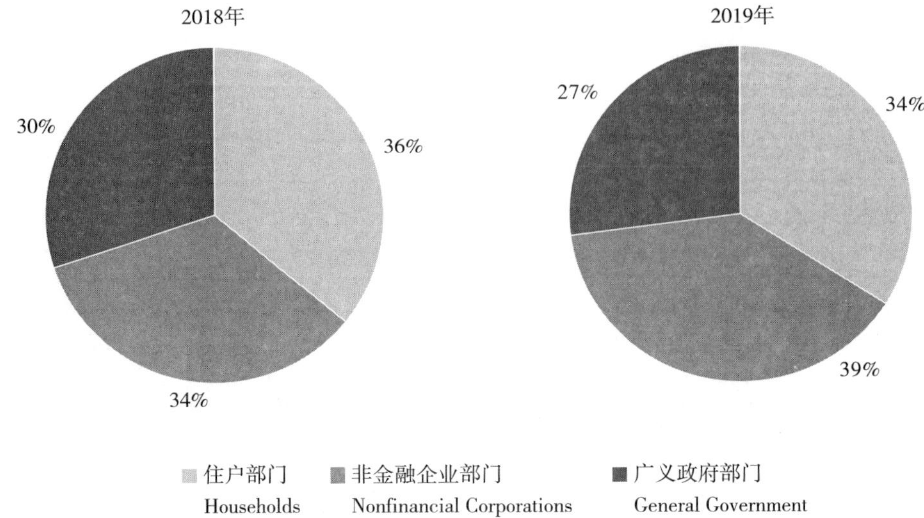

图 2－4－5　国内非金融机构部门新增融资额分部门结构

Figure 2－4－5　Structure of Funding (Flow) of Domestic Nonfinancial Sectors, by Sector

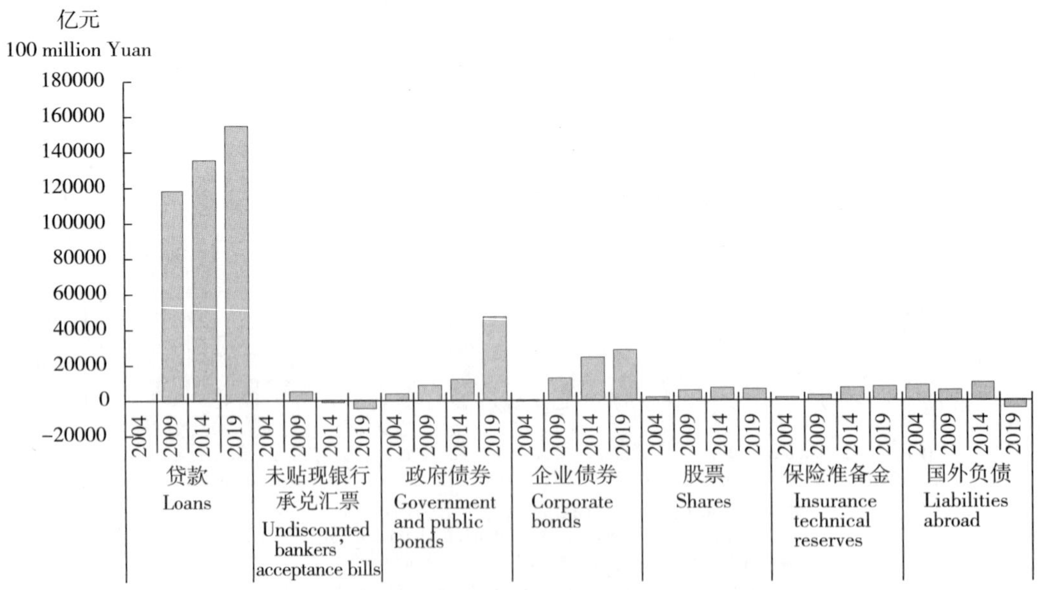

图 2－4－6　国内非金融机构部门新增融资额工具结构

Figure 2－4－6　Structure of Funding (Flow), Domestic Nonfinancial Sectors

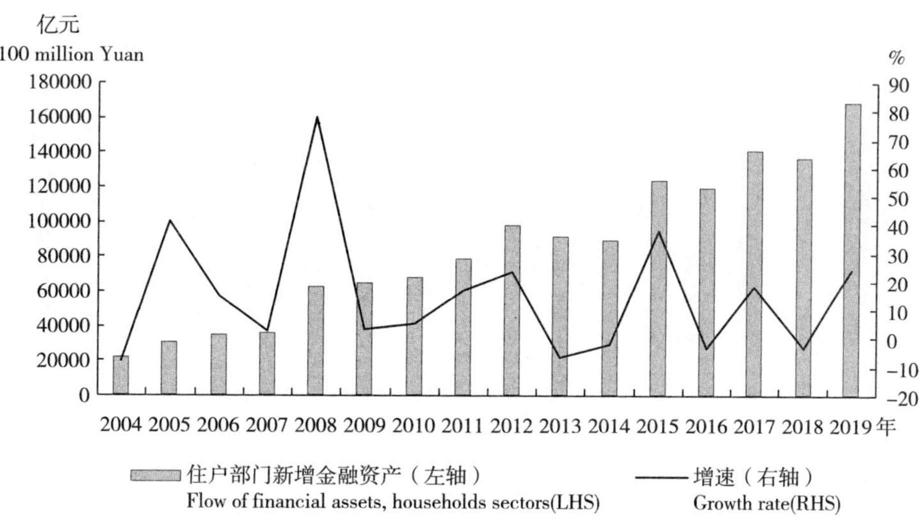

图2-4-7　住户部门新增金融资产及增速

Figure 2-4-7　Flow and Growth Rate of Financial Assets, Households Sectors

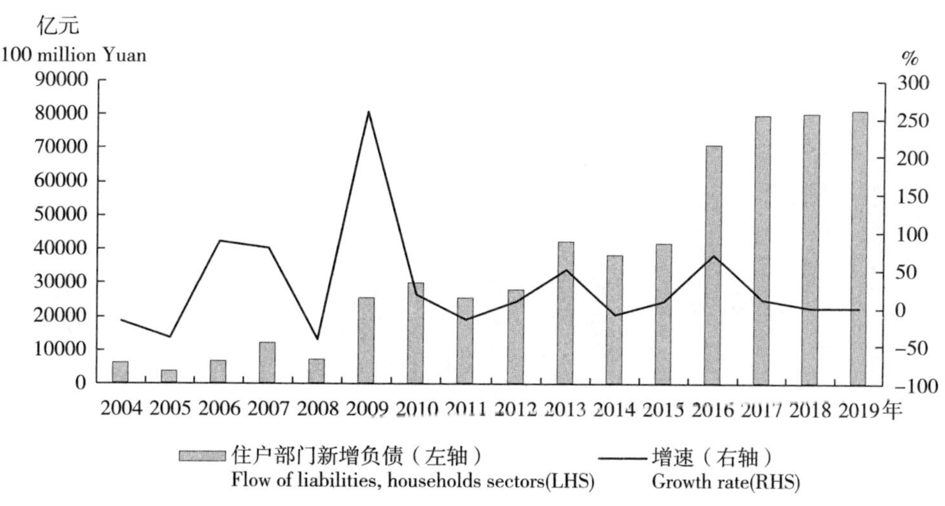

图2-4-8　住户部门新增负债及增速

Figure 2-4-8　Flow and Growth Rate of Liabilities, Households Sectors

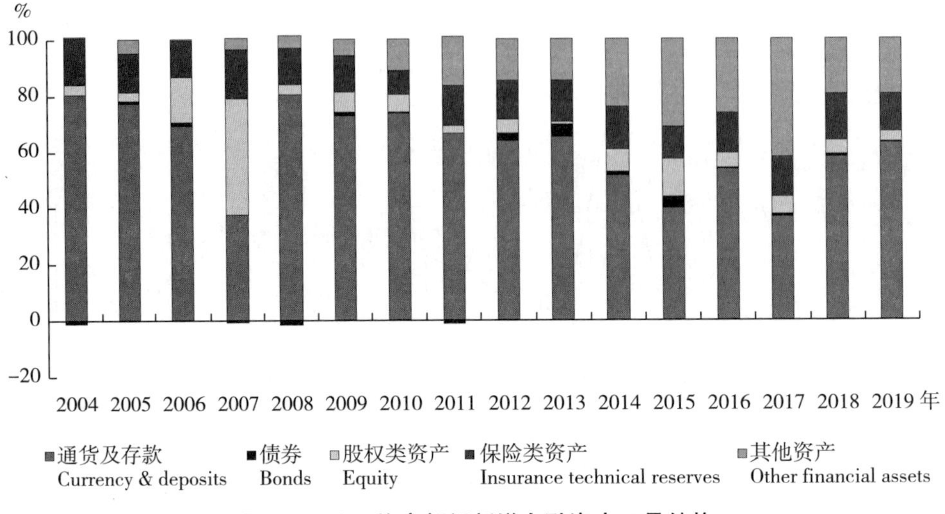

图2－4－9 住户部门新增金融资产工具结构

Figure 2－4－9 Structure of Financial Assets (Flow), Households Sectors

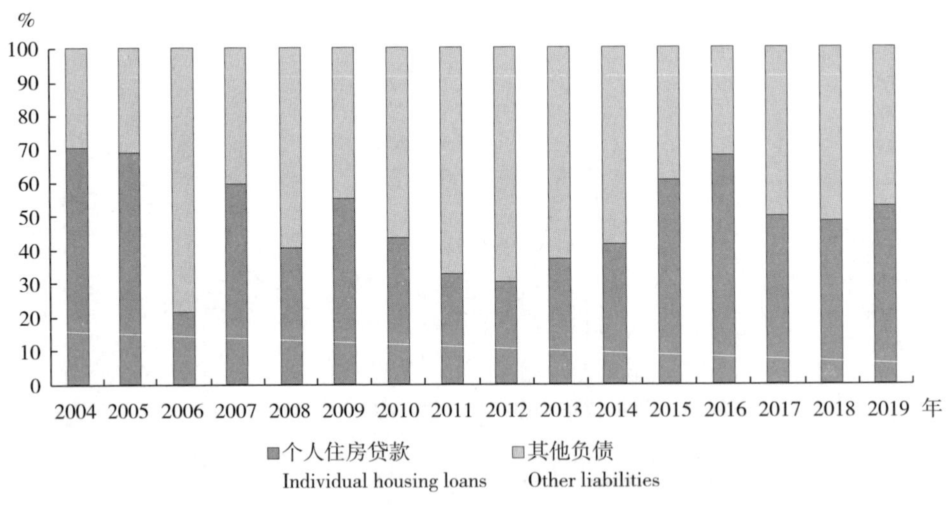

图2－4－10 住户部门新增负债工具结构

Figure 2－4－10 Structure of Liabilities, Households Sectors

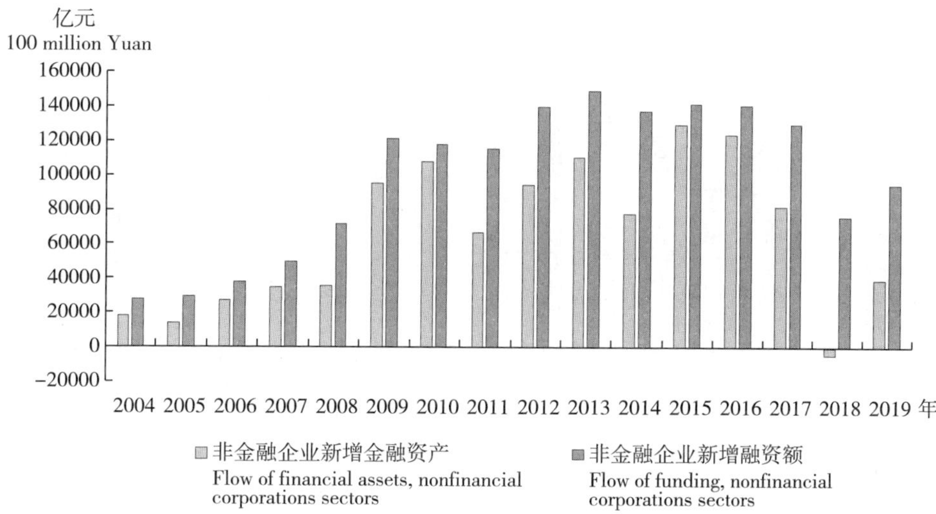

图 2-4-11　非金融企业部门新增金融资产与新增融资额

Figure 2-4-11　Flow of Financial Assets and Funding, Nonfinancial Corporations Sectors

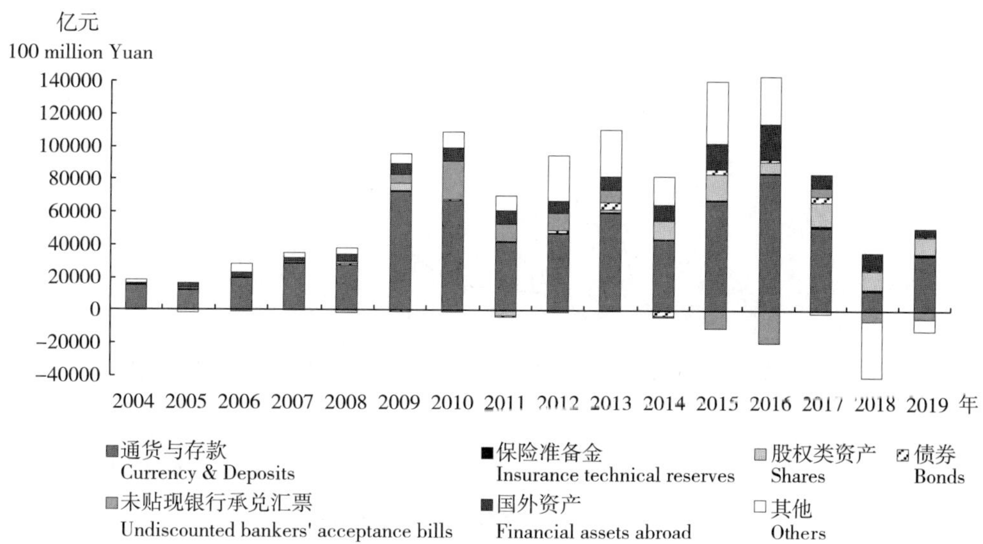

图 2-4-12　非金融企业部门新增金融资产工具结构

Figure 2-4-12　Structure of Financial Assets (Flow), Nonfinancial Corporations Sectors

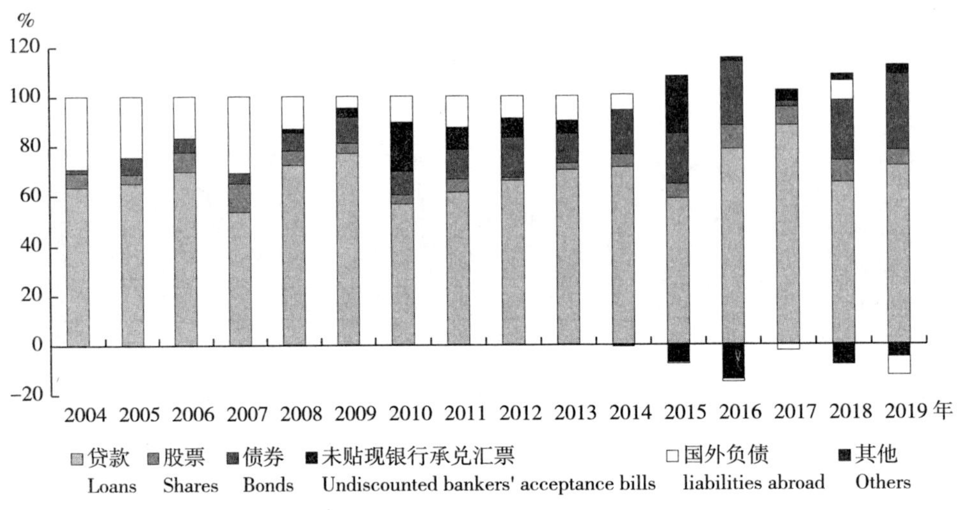

图 2－4－13 非金融企业部门新增融资额工具结构

Figure 2－4－13 Structure of Funding (Flow), Nonfinancial Corporations Sectors

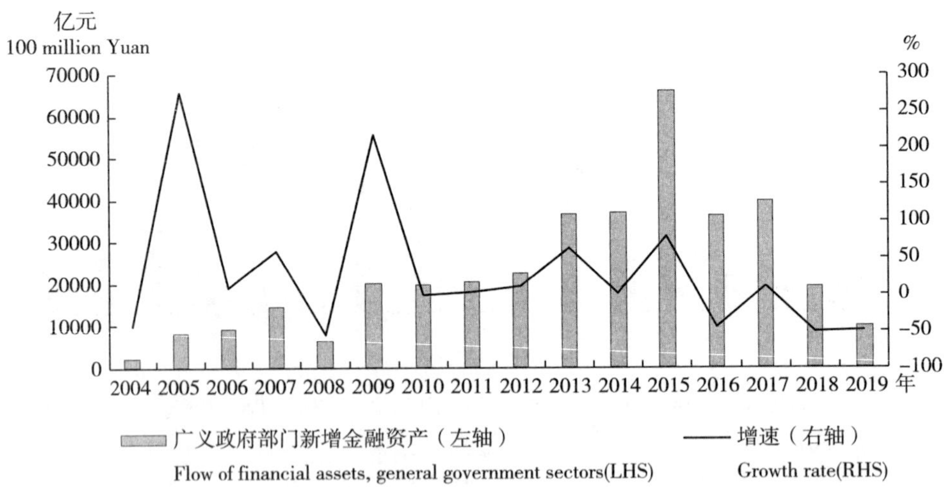

图 2－4－14 广义政府部门新增金融资产及增速

Figure 2－4－14 Flow and Growth Rate of Financial Assets, General Government Sectors

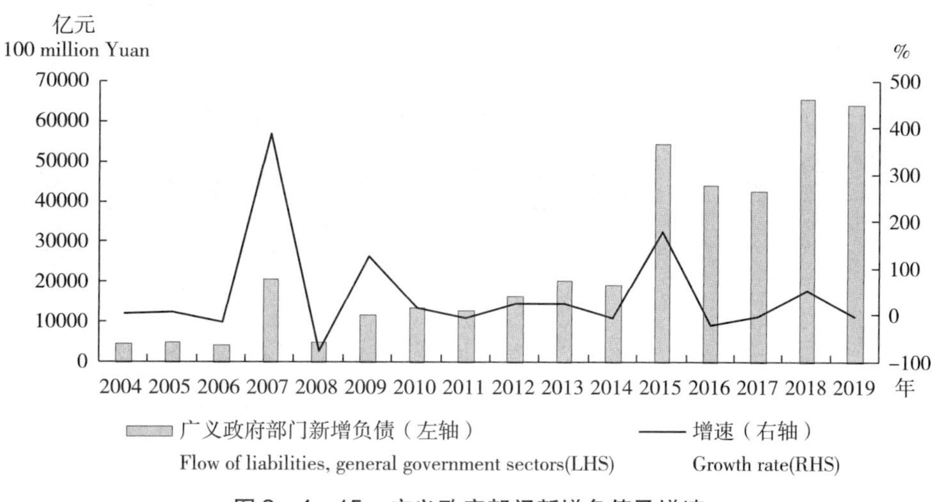

图 2－4－15　广义政府部门新增负债及增速

Figure 2－4－15　Flow and Growth Rate of Liabilities, General Government Sectors

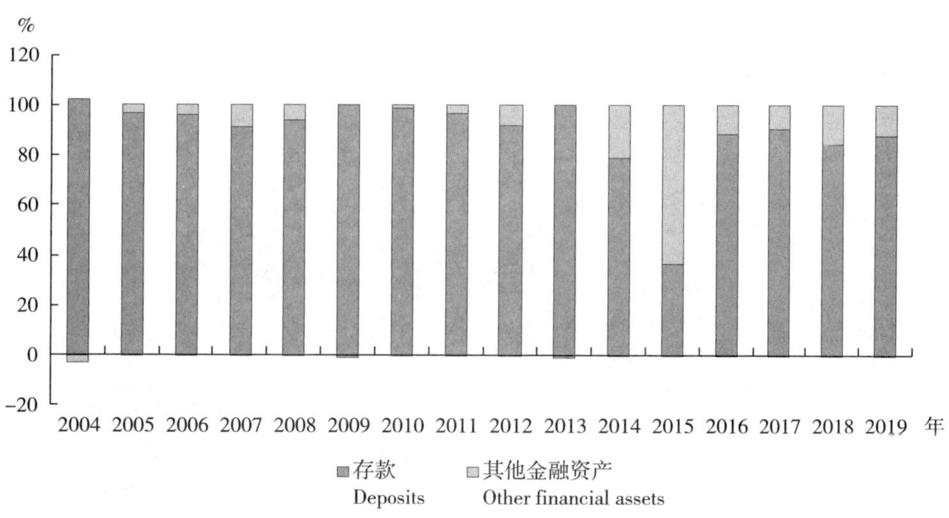

图 2－4－16　广义政府部门新增金融资产工具结构

Figure 2－4－16　Structure of Financial Assets (Flow), General Government Sectors

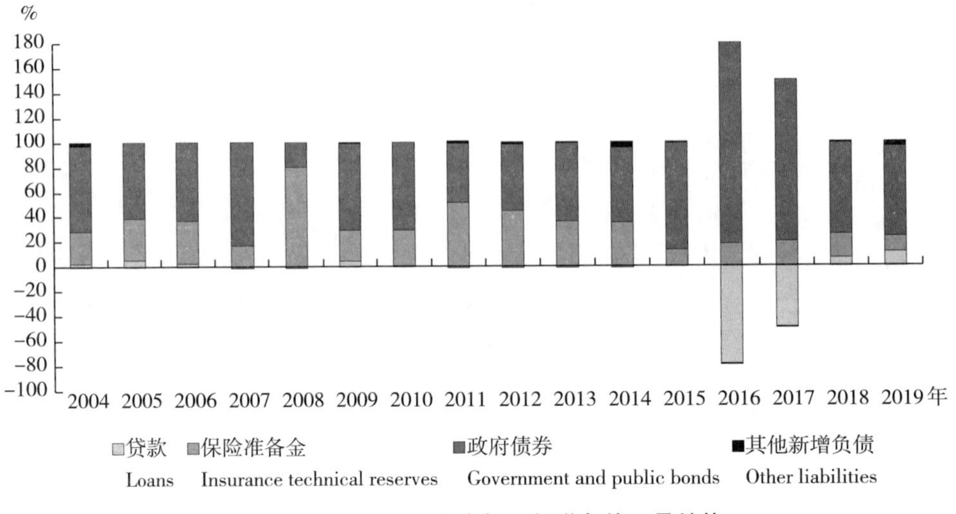

图 2-4-17 广义政府部门新增负债工具结构

Figure 2-4-17 Structure of Liabilities (Flow), General Government Sectors

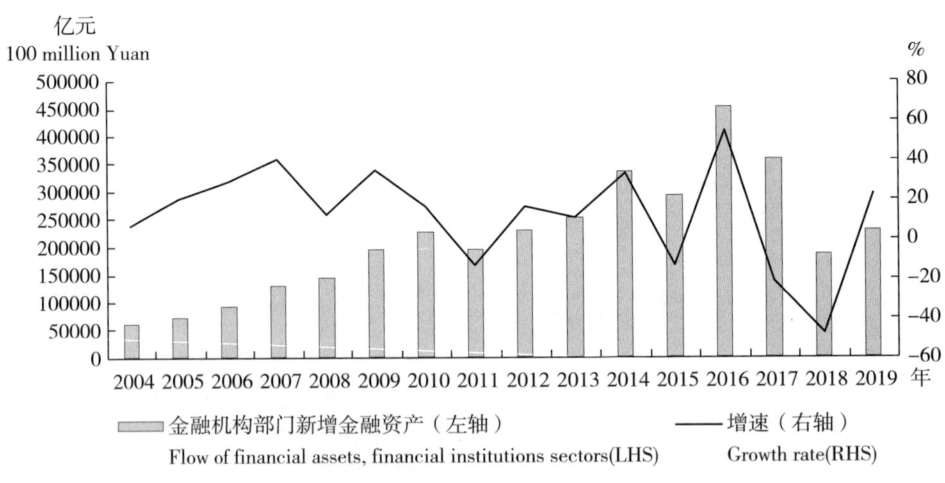

图 2-4-18 金融机构部门新增金融资产及增速

Figure 2-4-18 Flow and Growth Rate of Financial Assets, Financial Institutions Sectors

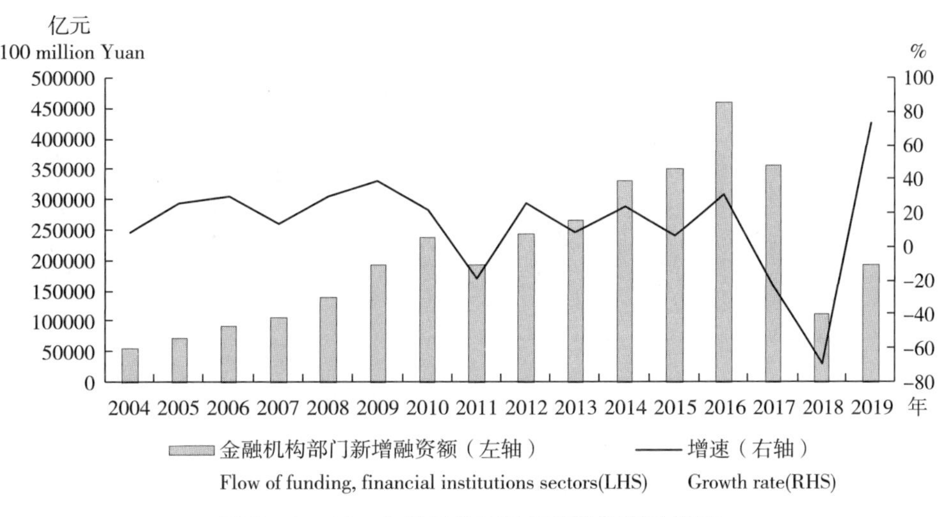

图 2－4－19　金融机构部门新增融资额及增速

Figure 2－4－19　Flow and Growth Rate of Funding，Financial Institutions Sectors

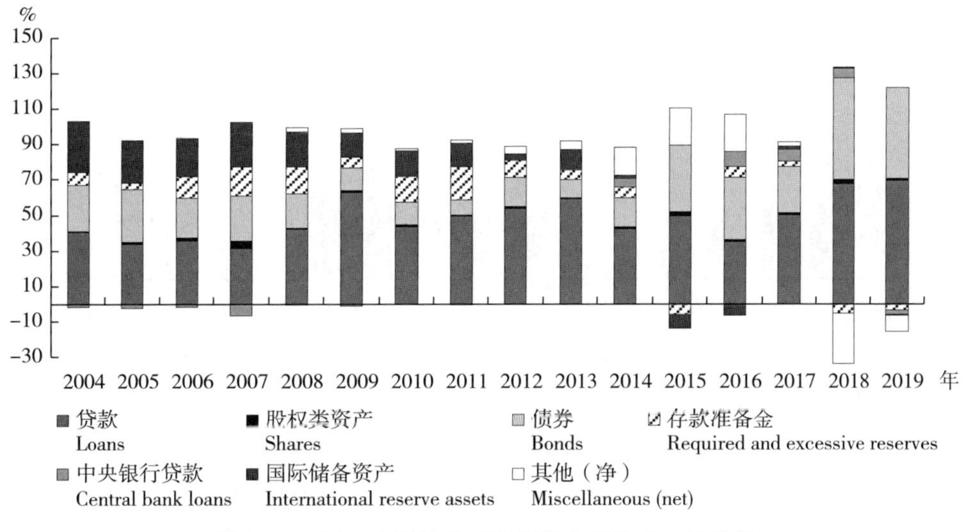

图 2－4－20　金融机构部门新增金融资产工具结构

Figure 2－4－20　Structure of Financial Assets（Flow），Financial Institutions Sectors

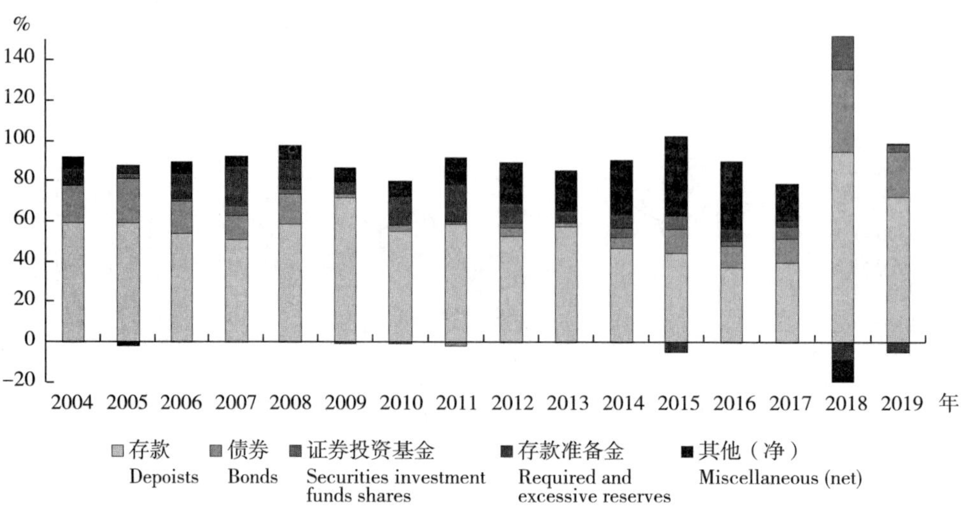

图 2-4-21 金融机构部门新增融资额工具结构

Figure 2-4-21 Structure of Funding (Flow), Financial Institutions Sectors

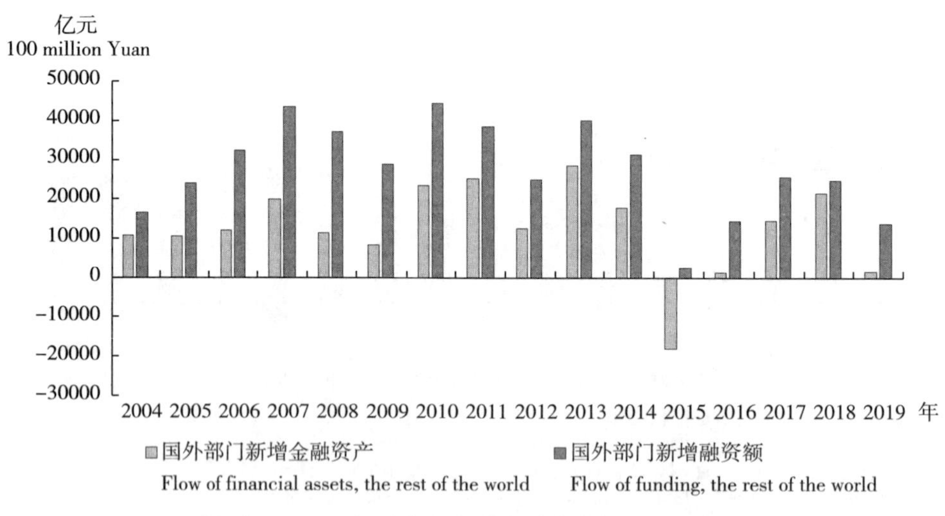

图 2-4-22 国外部门新增金融资产与新增融资额

Figure 2-4-22 Flow of Financial Assets and Funding, the Rest of the World Sectors

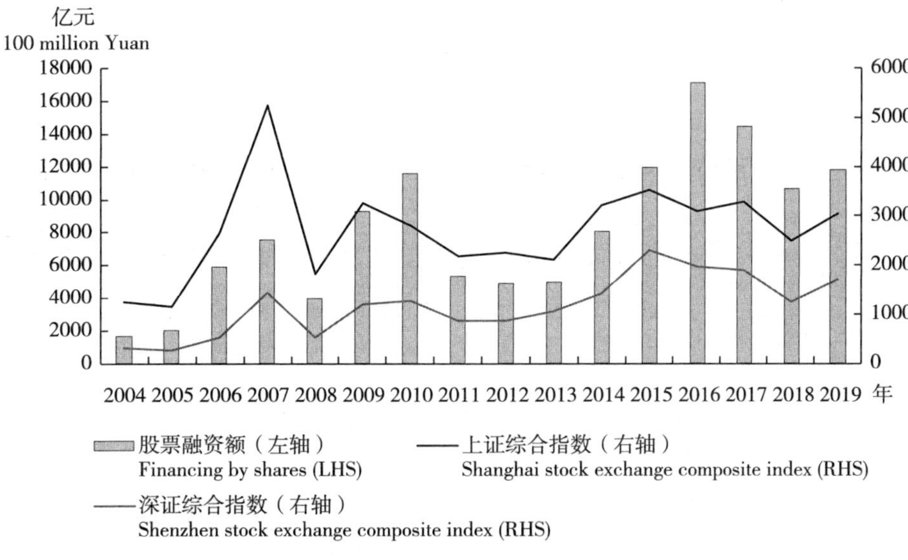

图 2-4-23 股票融资额与上证、深证综合指数

Figure 2-4-23 Financing by Shares, Shanghai Stock Exchange Composite Index and Shenzhen Stock Exchange Composite Index

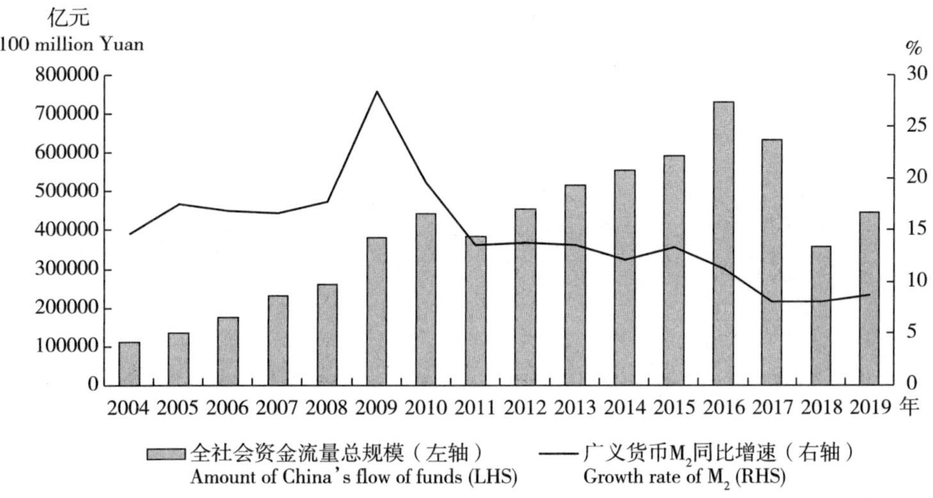

图 2-4-24 全社会资金流量总规模与广义货币 M_2 同比增速

Figure 2-4-24 Amount of China's Flow of Funds and Growth rate of M_2

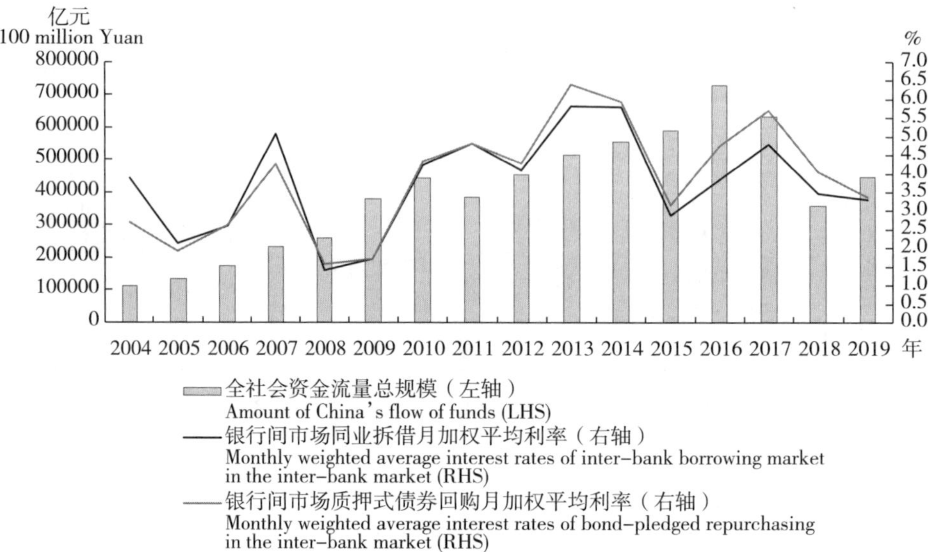

图2-4-25 全社会资金流量总规模与银行间市场同业拆借月加权平均利率、质押式债券回购月加权平均利率

Figure 2-4-25 Amount of China's Flow of Funds and Monthly Weighted Average Interest Rates of Inter-bank Borrowing Market and Monthly Weighted Average Interest Rates of Bond-Pledged Repurchasing in the Inter-bank Market

参考文献

[1] 易纲．中国金融资产结构分析及政策含义［J］．经济研究，1996（12）：26－33.

[2] 易纲，宋旺．中国金融资产结构演进：1991－2007［J］．经济研究，2008（08）：4－15.

[3] 易纲．再论中国金融资产结构及政策含义［J］．经济研究，2020，55（03）：4－17.

[4] 陈雨露．宏观审慎监管：目标、工具与相关制度安排［A］．中国人民大学国际货币研究所．《IMI 研究动态》2015 年合辑［C］．：中国人民大学国际货币研究所，2015：16.

[5] 陈雨露，马勇．中国逆周期资本缓冲的“挂钩变量”选择：一个实证评估［J］．教学与研究，2012（12）：5－16.

[6] 阮健弘．金融统计创新与发展［M］．北京：中国金融出版社，2018.

[7] 阮健弘．金融深化与货币政策和金融监管［J］．中国金融，2018（13）：36－39.

[8] 联合国，欧盟委员会，经济合作与发展组织，国际货币基金组织，世界银行．2008 年国民账户体系［M］．中国国家统计局国民经济核算司，中国人民大学国民经济核算研究所，译．北京：中国统计出版社，2012.

[9] 联合国，欧洲中央银行编．国民核算手册：国民账户中的金融生产、金融流量与存量［M］．中国金融出版社，2018.

[10] 中国人民银行调查统计司资金流量核算室．中国资金流量金融账户核算体系的形成及作用［J］．中国金融，1998（03）：23＋28.

[11] 中国人民银行调查统计司．中国资金流量核算（金融交易）：1992－2010［M］．北京：中国金融出版社，2014.

[12] 中国人民银行调查统计司．国际金融统计发展与比较［M］．北京：中国金融出版社，2018.

[13] 中国人民银行调查统计司课题组，阮健弘．IMF 宏观金融分析框架、分析方法及对我国的启示［J］．金融监管研究，2018（02）：1－21.

[14] 中国人民银行总行调查统计司课题组．广义信贷研究［J］．上海金融，2019（04）：1－16.

[15] 中国人民银行调查统计司课题组．美国金融账户编制方法研究［R］．调查统计专题研究，

(2020－06－30).

［16］巴曙松，王璟怡，杜婧．从微观审慎到宏观审慎：危机下的银行监管启示［J］．国际金融研究，2010（05）：83－89.

［17］巴曙松，吴博，刘睿．金融结构、风险结构与我国金融监管改革［J］．新金融，2013（05）：11－15.

［18］巴曙松，沈长征．从金融结构角度探讨金融监管体制改革［J］．当代财经，2016（09）：43－51.

［19］杜金富．货币与金融统计学：第4版［M］．北京：中国金融出版社，2018.

［20］朱启贵．金融调控与资金流量核算［M］．上海：上海交通大学出版社，2000.

［21］胡秋阳．投入产出式资金流量表和资金关联模型［J］．数量经济技术经济研究，2010，27（03）：133－146.

［22］刘挺军．中日金融结构比较及其对我国金融体制改革的启示［J］．经济评论，1996（04）：37－42.

［23］雷蒙德·W·戈德史密斯．金融结构与金融发展［M］．上海：上海人民出版社，1994.

［24］张南．矩阵式资金流量表与风险波及测算［J］．统计研究，2013，30（06）：67－77.

［25］张南．资金循环分析的理论与实践［M］．北京：北京大学出版社，2014.

［26］罗煜，贝多广．资金流量分析方法的最新进展［J］．经济学动态，2015（02）：87－97.

［27］高敏雪，李静萍，许健．国民经济核算原理与中国实践：第4版［M］．北京：中国人民大学出版社，2018.

［28］李宝瑜．中国社会核算矩阵研究［M］．北京：中国统计出版社，2014.

［29］龚强，张一林，林毅夫．产业结构、风险特性与最优金融结构［J］．经济研究，2014，49（04）：4－16.

［30］林毅夫，孙希芳，姜烨．经济发展中的最优金融结构理论初探［J］．经济研究，2009，44（08）：4－17.

［31］林毅夫，孙希芳．银行业结构与经济增长［J］．经济研究，2008，43（09）：31－45.

［32］林毅夫，姜烨．经济结构、银行业结构与经济发展——基于分省面板数据的实证分析［J］．金融研究，2006（01）：7－22.

［33］MOENJAKT. 中央银行学——维护货币稳定和金融稳定的理论与实践［M］．本书翻译组，译．北京：中国金融出版社，2015.

［34］宫小琳，卞江．中国宏观金融中的国民经济部门间传染机制［J］．经济研究，2010，45（07）：79－90.

［35］李波．构建货币政策和宏观审慎政策双支柱调控框架［M］．北京：中国金融出版社，2018.

［36］李文泓，林凯旋．关于用广义信贷/GDP分析我国银行业系统性风险的研究［J］．金融监

管研究，2013（06）：13－30.

［37］王文．宏观审慎政策框架的构建——读《金融稳定与宏观审慎：理论框架及在中国的应用》［J］．中国金融，2017（01）：102.

［38］王晓，李佳．金融稳定目标下货币政策与宏观审慎监管之间的关系：一个文献综述［J］．国际金融研究，2013（04）：22－29.

［39］吴晓灵．发挥中央银行在宏观审慎管理中的主导作用［J］．银行家，2011（06）：10.

［40］肖卫国，兰晓梅．影子银行对我国货币供给及传统信贷的影响——从信用货币创造到央行升级宏观审慎管理［J］．湖北社会科学，2019（02）：73－84.

［41］郑联盛．货币政策与宏观审慎政策双支柱调控框架：权衡与融合［J］．金融评论，2018，10（04）：25－40＋119.

［42］邹传伟．银行宏观审慎监管的基础理论研究［D］．中国人民银行金融研究所，2013.

［43］白川方明，何乐．宏观审慎监管与金融稳定［J］．中国金融，2010（04）：29－31.

［44］张新泽．流动性的概念以及目前我国流动性总量状况［J］．中国金融，2007（24）：32－33.

［45］王会芳，鲍勤，徐山鹰．中国金融可计算一般均衡模型及其在存款准备金政策研究中的应用［J］．管理评论，2013（08）：5－11.

［46］王广谦．中国金融发展中的结构问题分析［J］．金融研究，2002（05）：47－56.

［47］彭俞超．金融功能观视角下的金融结构与经济增长——来自 1989～2011 年的国际经验［J］．金融研究，2015（01）：32－49.

［48］张欣．可计算一般均衡模型的基本原理与编程［M］．上海：格致出版社，2017.

［49］张云，李宝伟，苗春，陈达飞．后凯恩斯存量流量一致模型：原理与方法——兼与动态随机一般均衡模型的比较研究［J］．政治经济学评论，2018，9（01）：154－179.

［50］张云，程远，胡秋阳．政府债务违约对中国宏观资金流转的数量影响分析——基于投入产出式宏观资金流量表方法［J］．财贸研究，2018，29（3）：1－10.

［51］Bank of Japan. Release of "Loans, Debt Securities, and Deposits by Maturity" and "From－whom－to－whom of Loans". ［EB/OL］. https：//www. boj. or. jp/en/statistics/sj/index. htm/.

［52］BCBS. Guidance for national authorities operating the countercyclical capital buffer［EB/OL］. https：//www. bis. org/publ/bcbs187. pdf.

［53］BIS. Documentation on data on "Long series on total credit and domestic bank credit to the private non－financial sector"［EB/OL］. https：//www. bis. org/statistics/totcredit/credpriv_ doc. pdf.

［54］BIS. Macroprudential policy tools and frameworks［EB/OL］. https：//www. bis. org/publ/othp13. pdf.

［55］BIS. Using financial accounts［C/OL］. https：//www. bis. org/ifc/publ/ifcb51. pdf.

［56］Breton G L, Be Duc L. Flow－of－funds analysis at the ECB－framework and applications［EB/

OL]. https: //www. ecb. europa. eu/pub/pdf/scpops/ecbocp105. pdf.

[57] Castren, O . and I . Kristian Kavonius. Balance Sheet Interlinkages and Macro – Financial Risk Analysis in the Euro Area [J]. Social Science Electronic Publishing, 2009.

[58] Celestino Giron. Use of financial accounts in the context of the ECB needs for monetary policy and financial stability analysis [J]. IFC Bulletins chapters, 2019, 51.

[59] Christiano L J, Eichenbaum M, Evans C. The Effects of Monetary Policy Shocks: some Evidence from the Flow of Funds [EB/OL]. https: //www2. nber. org/papers/w4699. pdf? new_ window = 1.

[60] Columba F, Bonci R. Monetary Policy Effects: New Evidence from the Italian Flow of Funds [EB/OL]. https: //doi. org/10. 1080/00036840801964492.

[61] de Almeida L . A Network Analysis of Sectoral Accounts; Identifying Sectoral Interlinkages in G – 4 Economies [J]. IMF Working Papers, 2015.

[62] Evans C. UK National Accounts, The Blue Book: 2020 [EB/OL]. https: //www. ons. gov. uk/economy/grossdomesticproductgdp/compendium/unitedkingdomnationalaccountsthebluebook/2020/pdf.

[63] GameiroI M, Sousa J. Monetary Policy Effects evidence from the Portuguese flow of funds [EB/OL]. https: //ideas. repec. org/p/ptu/wpaper/w201014. html.

[64] IMF. Monetary and Financial Statistics Manual and Compilation Guide [M]. Washington D. C. : IMF, 2016.

[65] IMF. Staff Guidance Note on Macroprudential Policy [EB/OL]. https: //www. imf. org/ – /media/Websites/IMF/imported – full – text – pdf/external/np/pp/eng/2014/_ 110614. ashx.

[66] Luiza A. A Network Analysis of Sectoral Accounts: Identifying Sectoral Interlinkages in G – 4 Economies [EB/OL]. https: //www. imf. org/ – /media/Websites/IMF/imported – full – text – pdf/external/pubs/ft/wp/2015/_ wp15111. ashx.

[67] Viñals J. Macroprudential Policy – An Organizing Framework [EB/OL]. https: //www. imf. org/en/Publications/Policy – Papers/Issues/2016/12/31/Macroprudential – Policy – An – Organizing – Framework – PP4545.